近代史資料

Sources in Modern Chinese History

中国社会科学院近代史研究所《近代史资料》编辑部 编

总146号

中国社会科学出版社

图书在版编目(CIP)数据

近代史资料．总146号／中国社会科学院近代史研究所《近代史资料》编辑部编．—北京：中国社会科学出版社，2022．10
ISBN 978－7－5227－0834－8

Ⅰ．①近…　Ⅱ．①中…　Ⅲ．①中国历史—近代史—史料
Ⅳ．①K250．6

中国版本图书馆CIP数据核字（2022）第162819号

出 版 人　赵剑英
责任编辑　王　斌
责任校对　张爱华
责任印制　张雪娇

出　　版　中国社会科学出版社
社　　址　北京鼓楼西大街甲158号
邮　　编　100720
网　　址　http://www.csspw.cn
发 行 部　010－84083685
门 市 部　010－84029450
经　　销　新华书店及其他书店

印　　刷　北京君升印刷有限公司
装　　订　廊坊市广阳区广增装订厂
版　　次　2022年10月第1版
印　　次　2022年10月第1次印刷

开　　本　787×1092　1/32
印　　张　8．875
插　　页　2
字　　数　231千字
定　　价　68．00元

凡购买中国社会科学出版社图书，如有质量问题请与本社营销中心联系调换
电话：010－84083683

目　　录

徐广缙致叶名琛信札辑录

徐　敏　王　涛 整理

说明：徐广缙（1797—1870），字仲升，号靖侯。嘉庆二十五年（1820）进士。先后担任四川布政使、江宁布政使、云南巡抚、广东巡抚、两广总督、湖广总督等职。本资料辑自刘志伟、陈玉环主编《叶名琛档案——清代两广总督衙门残牍》第6册（广东人民出版社2012年版，以下简称《残牍》），系徐广缙任职两广总督时致广东巡抚叶名琛的信札，共17通，时间跨度为道光三十年（1850）至咸丰二年（1852）。当时正值二人前往广西镇压农民起义之际，这一组信函反映了督抚之间的政务沟通和清军部署情况。

一①

道光三十年十二月初六日

昆臣仁弟大人万福：

本日未正甫专差赍呈一函，顷于未正二刻奉到手函，并恭阅批折。惟未见谕旨，或漏封耶？现在匪徒固专思逃避，然诚如来示，何能任其再肆蔓延。既经札函并严许令等，总当有以报命

整理者：徐敏，江西省社会科学院《鄱阳湖学刊》编辑部助理研究员；王涛，江西省社会科学院历史研究所副研究员。

① 《残牍》，第313页。

也。举劾手草密存（雨兄全同），明早即请雨田来署定议，后当由尊署包封寄清。手肃。奉请台安。

愚兄　缙顿首

十二月初六日申刻

二①

道光三十年□月二十二日

昆臣仁弟大人万福：

昨日申刻甫布一函，旋奉廿日午刻手书，备悉一切。复奏折内“追获廿余名”，已改为“四”字，今日卯刻拜发矣。许令既约齐兵勇分路进剿，其志总在必得黄毛五。诚如来示，若能殄灭此股，以后用兵更有把握。周亚华被杀既系误报，自须设法侦获，方除后患。总之，屡次奏报，所有首要均未露名，必得考订的确，方可放心也。劳辛陔复函切实透快，临淮入垒，当可望旗旌变色。兹将原函寄呈，阅后仍望发还。又手折一扣，乃李嗣宗访确面呈者，怀、贺两县各匪姓名、住址已照抄一份，密致劳辛阶。高、开、广三处严饬蔡守督缉，此折底即留尊处备查。又十六及本日拜发折稿四件并缴。现拟折稿三件，祈核定发还（即附尊署包封可也）。甫缮至此，又接廿一日戌刻惠函，恭读寄谕一道、批折一件。何万兴等赴廉札稿现已饬办，李守须候燂洗船只完备，到封总在月底矣。清协才具过软，竟难胜此重任，是以折内不得不斟酌其词，考语即用年终密考，一字不移。倘南雄赵协年前回省，拟即令其接署，卓见以为何如？手肃。奉请台安。

愚兄　缙顿首

廿二日未刻

① 《残牍》，第244－246页。

三①

咸丰元年正月二十五日

昆臣仁弟大人万福：

昨日巳刻奉布一函，谅邀鉴入。旋于午后接到廿三日午刻惠书，备悉兵勇进山，民心极为安贴；公平交易，米粮充足；逐日逼近围困，扫穴擒渠，计当不远，快慰无量。昨接玉山等来禀，知刘八已带同败散余党逃回博白龙潭老巢，即据禀飞咨青莲，并将严饬博白游令何以意存畛域、不行堵截之札粘抄。试问果谁富以其邻耶？彭、沈两公亦有禀到，在白沙一带堵拿，击毙、生擒者约百余名。我军佥壮，贼胆已寒。不独高郡路通，即钦、灵之贼亦当夺气。惟杨镇忽回高州，殊不可解，已飞札查询，令其明白禀复，以凭核办矣。手肃。奉请台安。

愚兄　缙顿首

正月廿五日申刻

四②

咸丰元年三月十三日

昆臣仁弟大人万福：

昨日申刻寄呈一函，计日谅邀鉴入。罗匪已解到清远否？此贼最为狡黠，设谋定计以及打单散帖皆出其手。史守被陷后，指东画西，口若悬河，亦皆系其所为。狡贼既擒，令人称快。邓十富想亦指日可得。虽未审邓匪获后，阁下是否即拟回省，强、刘、贾三员是否以渐酌撤，尚乞示知。顷接青莲密咨，折稿未知何日拜发？兹特附呈，阅后仍望发还。手肃。奉请台安。

---

① 《残牍》，第244页。

② 《残牍》，第243页。

愚兄　缙顿首

三月十三日未刻

五①

咸丰元年八月初七日

昆臣仁弟大人万福：

本日午刻，迭奉七月廿七、三十日两次手书，并承枉驾敝署，令儿孙辈谒见。至好关怀，铭感曷既！另纸抄示与他族往还照会，措词得体，佩慰良殷。细阅江苏两次来咨，一则彼处向不藉外夷之力，该夷何得妄拿水勇，希图领赏；一则宫升道所议章程如与该夷有碍，事隔数年，何以早不言及？似皆可一面照会，一面咨复。管见如斯，尚乞酌定。初二日之捷，卫佐邦因兵勇未齐（昨晚接罗定信云云），持重不进，而既已歼贼数百，夺械多件，似应先行驰奏，以慰圣廑。兹拟就折稿寄呈，伏祈核定，十六、十七两日皆可拜发。昨接赛、邹之信，似接到前寄刘八供折，皆有懊悔保奏游守之意，却又不肯明言，兄当即泐复，亦只字不提。惟朱伯韩因团练一事泐函，仍然负气不服，复函已照世兄弟称谓，将师生一层开除矣。《通商章程奏稿》江苏来咨并缴。手肃。奉请台安，并贺节喜。不庄。

愚兄　缙顿首

八月初七日申刻

再启者：刘、年两委员在营甚不出力，潮勇固称骁锐，然必须督率有人。该委员等何以先勇后怯，以鄙意揣之，此等微员，望泽幸恩是其故态。所以现经札饬，不得不为权宜之词，训骗兼施，以观后效。公牍附呈，想高明定能洞鉴也。又及。

① 《残牍》，第218－219页。

六[①]

咸丰元年八月十三日

飞启者：现在攻剿凌匪尚稽歼除，而何明科与梁廿大分踞信宜之金垌、筏步，杨镇虽带兵勇千名防堵，而疲软不堪，万难一战。前信已详言之。昨调增城、阳江兵六百名，尚□□单，兹特再调黄曜吉督同孔继尧，选募佛山壮勇五百，星夜来高会剿，即可先除何、梁二匪，以免牵我大兵之势。火箭、喷筒花地卖者颇多，望饬怀协赶为制备数百件，以备进兵之用（即交黄曜吉带来）。专差今日亦回，恐其到省在后，用再缮此。

再，查江道顷有禀来，儋州军务已有眉目。另单特系周旋文章，已批饬毋庸议矣。手此。奉请台安。

愚兄　缙顿首

八月十三日巳刻

七[②]

咸丰元年八月二十六日

昆臣仁弟大人万福：

昨晚包封到高。接午镇信，知湖南竟以清、英余匪千余人纠合窜扰具奏。今□□昆镇戎禀称，该匪在宜章县戕官伤兵，湖南想已入告。我们必须将桂阳如何知会东省，官兵几时已到桂阳，商□□办及现获人数详细奏报。若待廷寄下问再行复奏，已落后手。是否？祈即酌定。

再，十二日由六百里飞调增兵佛勇，至今未见据报□□程，究系何处延搁，令人闷闷。兹特抄录原文，移咨冰案。大营已于

---

① 《残牍》，第220页。

② 《残牍》，第224-225页。

廿三日移扎水摆，其余俱详廿五日之函，兹不再赘。手肃。奉请台安。

愚兄　缙顿首

八月廿六日巳刻

再，陆丞想已札调，俟其动身，望嘱雨田再筹款三万两，交其顺带。廉州亦于此处支取，并非一处费用也。外抄西省禀一份查收。

八①

咸丰元年闰八月初十日

昆臣仁弟大人万福：

今日卯刻接奉初四日午刻手书，知为内子患病，两劳台旆过署垂问，感何可言！细阅刘大使所批脉案，似药出对症，当可奏功。高州远隔千里，虽惦念，无益也。本日辰刻水摆标弁到高。初一日兵勇分两路进攻，三次抢上思子埝山梁，皆为贼炮火轰退。我军虽有大炮，非夺踞此山不能下击，不过毙贼四十余人，生擒一人。攻至未刻，因大风暴收队。看来非火攻不可。火箭、喷筒昨晚解到，现已速解大营。罗定标弁尚未到，想彼处已径禀矣。顷接西省禀报，永安州于朔日为会匪攻陷，迤北二百里即为湖南永明，信臣处乩语应矣。赛相又催海关解项，检查其总局折报，军饷可支至九月杪，恐又经续请。我们用项甚繁，似应嘱雨田细查用过确数，先发一报（即随昨寄折稿并进），以免部拨难应。可②否？尚祈卓裁。昨午泐函，甫言晴定，申刻又雷电交作，大雨如注，年岁大好而军营则不无阻滞矣。手肃。奉请台

① 《残牍》，第470页。

② 《残牍》中，本日信件分置于两处，“可”字以前在第470页，“可”字以后在第229页。

安。乌都护函附缴。

愚兄 缙顿首

闰八月初十日午刻

老伯大人前祈叱请。

承开示捐例折，明晰之至。望即饬舍弟照办为感。又家信一函，祈饬送。

九①

咸丰元年闰八月二十三日

昆臣仁弟大人万福：

十八、廿两日连泐两函，谅邀鉴入。昨奉十五日酉刻惠函，恭读上谕一道，□经尊处分别移行，自可毋庸重办矣。何匪仍在信宜北界一带。昨接黄开广来禀，现患足疾，不能前来，当即飞调信、罗两营兵勇七百名，由刘开泰统领。来信廿七日必可到。水摆、太平两处尚有兵勇五千，并不为单也。火器大炮闻日内可齐，或可望扫穴擒渠乎。言午节次具禀，放言高论，实皆择一无战之处藏身，兼欲调度乌、向两公，直同狂吠。今接西抚函，转谓其有干略，渎货者固如是乎？向提戎整顿军械，已于初十日驰赴昭平一带，与乌远芳为犄角之势，既便兜剿，兼防东窜，封川江口更可放心矣。顷接鹤相来咨，复奏寄谕饬查藩司劳某能否得力，显有中伤之处。始知辛陔请赴南郡，已早有所见。今南郡办理大有起色，唯鹤相亦不能不为揄扬矣。手肃。奉请台安。

愚兄 缙顿首

闰八月廿三日午刻

老伯大人前祈叱请。

① 《残牍》，第 232－233 页。

十①

咸丰元年□月□日

昆臣仁弟大人万福：

十五日申刻泐寄一函，并恭录批折两件，谅已达览。十六日戌刻奉到十三日酉刻手书，备悉种切。刘守之事诚如来示，总候罗镜蒇功，开入请奖单内，此刻自以不奏为妙也。十七日巳刻奉到批折两件，片三件（下缺）

十一②

咸丰二年正月二十八日

昆臣仁弟大人万福：

廿六日接十七日手书，领悉一切。前闻顾倅已亏累十余万，更改旧章，枪法颇乱，恐至难以收拾。又因福公从未晤面，年逾六旬，精神恐有未周，是以泐函奉商。今读来示，始知种种，前函自毋庸议矣。廿四、廿五西路各营派出健卒同投出之韦亚九，乘雨夜摸进贼之炮台。西墟防守甚密，竟难动手。惟东山背新街口炮台多系韦姓之人看守，备御稍疏，已令韦亚九潜勾内线，有机可乘（昨午始晴，殷盼数日开朗，火器方可施放），即从此路抢攻。大炮已运到，廿四日严札到营，颇觉振奋。缘□招为诱之策，即两路兵勇亦不以为然也。劳辛陔昨有禀来，兹特寄阅，可悉那芹一役之原委，仍望见还。手肃。奉请台安。

愚兄　缙顿首

正月廿八日午刻

老伯大人前祈叱请。

---

① 《残牍》，第292页。

② 《残牍》，第343页。

十二[①]

咸丰二年二月二十九日

昆臣仁弟大人万福：

廿六日寄回一函并抄呈张、许两道原禀，想已达览。今晨接西省来咨，知波山匪艇滋扰情形，业经具奏并□参梧州府、协，则江口十五日之捷似应赶紧奏报，且郭牧已于廿二日越境赴梧会剿，更觉气壮。望即由尊处拟稿，择日拜发。兹将原咨三件另纸录呈。又寄谕一件、孙学使片奏一件，均祈察入。闻得洪秀泉［全］、杨秀清已生擒，韦元玠、罗亚旺亦歼毙，未审是否确实。俟有的音，再当续布。手肃。奉请台安。

愚兄　缙顿首

二月廿九日巳刻

十三[②]

咸丰二年三月二日

昆臣仁弟大人万福：

上月廿八、廿九连布两函，谅均达览。昨晚接郭牧来禀，以永安逆匪现窜大广、桂花，逼近水路，而对河并无大兵拦截，恐其过河即入贺县境，开、广一带情形吃重，请先调兵□防。此自系应有之笔，想阁下必有布置矣。惟同日接平乐、昭平□禀，则称沿河船只早经调开，远处对河要隘均有兵勇堵御，与郭牧所言互异，且称贼匪不过携带数日之粮，现在古东、富玉、仙回等处尾追迎击之兵不少，较之永安情形似易得手。查洪逆既经生擒，难保不供出逭党，回东招码则捕获李北社等犯，似应赶紧具奏，

① 《残牍》，第350页。

② 《残牍》，第241－242页。

免落后手。至西省前咨，运饷改由开、广、怀、贺等路，此刻贼既窜出，该处正宜严防，自未便蹈险。东省兵船现驻梧州，似应解饷到梧，听西省如何分拨。管见如斯，尚祈卓裁。赵署镇忽患中痰，灌救逾时，已得醒转，始悟其到任以后所以疑忌操切者，竟系痰气用事。已饬请假医调，镇署事件且令海游击代拆代行，计福镇戎当亦不久可到矣。廿七、廿八两日大营聚炮攻墟，推倒墙壁颇多。贼惟坚匿不出，我军抢近墟边，则树林小巷枪炮齐发，兵勇受伤者廿余人。然粮实将尽，再迟数日，不患不骈首就诛也。手肃。奉请台安。

愚兄　缙顿首

三月初二日巳刻

老伯大人前祈叱请。

十四[①]

咸丰二年四月二十七日

昆臣仁弟大人万福：

廿五日卯刻奉到十六日申刻手书及折片稿五件，均已领悉。兄驻军将及一年，不能迅扫妖氛，以致重劳雄麾，殊觉抱惭无地。兹蒙忠荩为怀，不分畛域，俾得抽身赴梧，上符圣意，下顺舆情。虽至好不事浮词，而抚衷莫名感泐。惟愿临淮入垒，旌旗变色，一鼓擒渠，得以遄返会垣，镇抚百度，是则私心所翘祝者耳。余详折稿，兹不赘陈。除备公牍抄咨冰案外，手肃。奉请台安。

愚兄　缙顿首

四月廿七日辰刻

① 《残牍》，第247页。

十五[1]

咸丰二年六月十二日

昆臣仁弟大人万福：

十一、十二连奉初一、初十两日手书，并另录朱批及折片稿各一件，均已谨悉。以后兄处批折，望仍寄省署交舍弟收存为感。

罗镜贼巢既割去稗子十万余斤，凌廿［十］八又受刀伤，釜鱼阱兽，定可计日歼除。艇匪自经沈道三次击败，不敢盘踞浔州。十一日巳刻窜至梧州之长洲尾，距我炮船不过数里，而风逆溜急，势难迎剿，止好静镇以待。至未刻忽转东南风，我军扬帆驶上，炮无虚发，夺获大匪艇廿七只，击沉、烧毁大匪艇卅余只，另获小艇卅余只；击毙、烧毙、淹毙者约计千名以外，生擒不过四五名，各乡获送者亦十余名。我军仅受伤一人（尚不甚重），可谓大快人心。尚余小船数只，乘风上窜，因日暮滩多，风亦渐息，止得收队。此番痛剿，大匪艇歼除无遗，纵有小艇数只逃匿，亦属无几。已飞饬沿江各州县水陆一体截拿，当可一网打尽也。夺获炮位甚多，容俟查明，再当会列。右卫及辛陔后卫据实驰奏，西南长闻已经沈道击毙，任文丙坐船眼见烧沉，容确讯犯供，再行布闻。尤可笑者，兵勇夺船搜得紫榆镜架一百余副，皆娼妓之物。三军之惧，而又有桑中之喜，可谓无恶不作者矣。统容搜捕就绪，再定炮船撤回江口及径回省垣。逆匪仍踞道州，兵勇十余日未经接仗，又是永安局面，奈何！手肃。奉请台安。

愚兄　缙顿首

六月十二日未刻

① 《残牍》，第213－214页。

十六[①]

咸丰二年六月十九日

昆臣仁弟大人万福：

昨晚接奉十六日申刻手书，备悉种切。都中参二古月之折系上年三月初九日复奏，夏间并无寄谕，兹特抄稿寄呈。寿、张两镇今日已发札。宗小棠本系奏留，自应请旨饬令北上。沈道昨日来梧，其弁兵约明后日方能到齐，而富川飞禀告急，福镇到此尚须时日，定于派沈道之兵先行驰防富川，福镇来时即移剿北流、容县、郁林各土匪。又因沈道感受暑热，拟令在梧总办粮台，藉可将息。仍派玉游击为翼长，再饬郭牧会同前往，诸事商酌而行，更觉放心。惟黄护参将之兵勇不宜于陆，现已饬回海口。沈道之兵止有一千五百，富川独当一面，实属单弱。极知佛勇一千五百名，阁下必派往南、韶，惟思昆提戎处已有兵勇千余名，可否将佛勇分我五百，添派富川，兵力稍厚，容觉可恃。如以为可，祈即由尊处札饬蒋朝刚迅速带来，不胜盼切。本月兄处止有折两件，兹特固封，专差赍送尊处附进（缮正折及稿底并呈），并望代填日子。连日忙甚，京信尚未遑泐就，容再由包封寄省，嘱怀副将转交折弁也。手肃。奉请台安。

愚兄　缙顿首

六月十九日巳刻

① 《残牍》，第215页。

十七[①]

咸丰二年六月二十三日

昆臣仁弟大人万福：

廿一日奉到十八日申刻手书，备悉一切（辛陔原函并收到）。罗镜会禀已到而眉目不清，叙折时尚须大费椽笔也。连日讯办艇匪，已过堂者一千四百□九名，尚有七十余名未办。西南长昨已拿到（二千元花红），处以极刑，观者如堵，大快人心。今早奉到批折及寄谕一道，另备公牍恭录寄呈。仰窥圣意，益见郁林、北、容之役不容稍缓也。手肃。布请台安。

愚兄　缙顿首

六月廿三日未刻

① 《残牍》，第217页。

仪若日记（二）

邹嘉来 著　本室　郭黎鹏 整理

光绪二十一年乙未

自癸巳夏末书，日记随事补录。

正月初一日癸酉　早晴，过巳阴。余年四十三岁。

自癸巳八月十一日先慈见背，景彭弟（嘉永）先于八月初二日病卒，时惟三弟同在京邸，苫块昏迷，赖戚友经纪丧事。于九月十五日奉父扶护起程至津，乘新济轮船南下。十月初二日到沪。二弟由广东，六弟由江西，三弟妇率儿女、六弟妇先后由湖北奔丧，即易民船。初五日解缆。初九日抵苏，泊胥门。十一日奉灵柩暂安枣市桥侧牛王庙丙舍。十三日奉主入吉由巷新宅。十九日开吊稍暇，偕二弟赴乡觅地，凡六七次，最后在长邑二都十六图圌山湾后高垫山之阳，卜得一区，计五亩七分有奇，其地距五岳浜祖茔不三里，羊山祖茔约三里余，遂购定焉。甲午春，培土修筑。谨择夏四月十九日，同时奉先慈灵柩安葬，亡室徐恭人、朱恭人、景彭五弟及五弟妇顾孺人均祔。先是，五弟有遗腹于癸巳十二月二十八日生，弟妇产后感痛得病，次年正月十六日遽逝，亦可伤已。计癸巳岁，共得四男。应欢，六月十一日生，乳名喜，余出。应菘，十月二十六日生，乳名闻，二弟出。应

整理者：本篇由近代史研究所史料学研究室及中国人民大学清史研究所博士研究生郭黎鹏共同整理，其中光绪三十年至三十二年由郭黎鹏承担。

英，十二月二十四日生，乳名畤，三弟出。五弟所出，名应苞，乳名同，以与乃父生同日，且取康成命孙小同意也。二弟以降服期年，于去年九月初二日至广东需次，弟妇暨儿女本留粤寓。惟大侄应苍于八月十七日回苏应童子试，县考再复，正案八十八名，府考终复，正案三十九名。六弟为缉廷表叔招往台湾道署，始委电报局差。去秋缉叔升署台藩，随至台北，致委筹防局差遣，封篆后归来度岁。

初二日甲戌　晴。仙洲叔、陶声甫表弟、邵少泉（景尧）来。

初三日乙亥　晴。卢赋棠（荣）先生初二日作古，往送殓。

初四日丙子　晴。以在制中，五日内不出门贺岁，惟随侍父亲至圆妙观散步而已。

初五日丁丑　晴。父亲邀刘东生（传林）、彭受臣两姻叔，石子元叔岳，陶声甫、顾聪生两表弟午饭，后仍偕至观中雅聚园茶叙。

初六日戊寅　阴，小雨。拜客竟日。在刘少楠妹倩处饭。知东生已行，渠系实缺，广粮通判，岁杪归视嫂侄，旬日即返。接薇卿兄书，惠海螺，并云顾康民表叔已于元旦随张樵野（荫桓）少司农、邵小村（友濂）中丞使节，附英公司船往日本矣。

去年五月，朝鲜东学党叛，国王乞师。北洋大臣李鸿章遣直隶提督叶志超率师二千余人，往定其乱。时日本已以重兵入韩京，据要隘多所，要挟议和，不果。我兵驻于牙山，势寡不敌，请济师。当局者应之缓。于六月二十一日，始由高升轮船，载兵千余东渡，师期漏，倭舰围而击之熸焉。护送之济远兵轮遁，操江为所劫。七月朔，奉旨宣战，北洋派盛军统领总兵卫汝贵驰援。奉天则总兵左宝贵，毅军则总兵马玉昆，叶志超亦由公州退归，皆集平壤。叶军沿途并未接仗，捏报击败倭兵五千余人。优诏奖叙，命挽各军进剿，乃株守一隅，漫无布置。盛军奸淫掳掠，韩民怨之。八月中旬，遂为倭人所乘，师溃而北，平壤失守。叶、卫遁过鸭绿江，弃地数百里，左总兵死之，马玉昆全师而退。

朝命四川提督宋庆帮办北洋军务，由旅顺驰至九连城等处，分兵防守。时海军战船以护送铭军登岸，亦于八月十八日与倭舰战于大东沟。致远管驾总兵衔邓世昌猛冲敌舰，与之俱沉。救出后，奋身自掷于海，死事最烈。毁敌舰三，我舰焚毁者五。九月杪，倭渡鸭绿江，攻陷九连城、凤凰城、安东、宽甸等县，旗军、铭军俱不战溃。宋师退守摩天岭。倭又由貔子窝攻金州，陷之，大连湾继失。旅顺旋于十月二十四日不守，道员龚照屿，守将黄仕林、卫汝成皆遁。岫岩洲、复州、海城、盖平自十月至十二月相继沦陷。命两江总督刘坤一为钦差大臣，四川提督宋庆、湖南巡抚吴大澂帮办军务。吴大澂统湘军驻山海关三阅月，至是于新正初二日出关迎剿。以上皆战事之大略也。议和之使则因我师屡败，浼美使为调停之计。

特遣张侍郎、邵巡抚出使日本，畀以全权。张系总理衙门大臣，邵由台抚调权。湘抚侨寓上海，未赴任，因而命之。康民表叔充总署章京，由主事递保员外郎中，已补刑部实缺，为张侍郎奏调随员，十二月十二日出京，十八日到沪。余即于二十日偕受臣丈、声甫、聪生同行，廿一夜抵沪，住联元栈，访知康叔寓虹口同文书局，次早趋晤，畅叙数日。

廿六，附木轮船。二十七，返苏。补记于此。

初七日己卯　晴。无事，观《普法战记》。

初八日庚辰　晴。初六接二弟书，复之。

初九日辛巳　阴雨。上铜井叔书（即缉叔，署台藩）。夜就声甫饮，鲍子约（焕文）来。

初十日壬午　辰刻立春。课萱儿读《书经》。去年延谱兄陈菊坪（然）之弟枚生（骏）教读，时不到馆，因自课之。潘子静表叔来。是日阴雨。

十一日癸未　阴。闻宗师于昨日按临。龙芝生（湛霖）学使，壬戌翰林，湖南人，官刑部右侍郎。

十二日甲申　阴。晚过子约，同至仪凤，与杨寿卿（学沂）同年茗叙。谈及威海卫炮台于初八日失守，倭于去腊廿五日由落凤湾登岸，扑陷荣城，即水陆夹攻威海。各将士苦战浃旬，竭力抵御，卒以众寡不敌，遂为所乘，然倭之伤亡亦众。我海军因守刘公岛，战甚力，击沉倭铁舰一，水雷船二。传闻绥巩军统领刘某遁，戴宗骞为丁汝昌救出。山东巡抚李秉衡由烟台进兵宁海，奏调提督董福祥回军、总兵丁槐苗军，以图恢复云。致支伯云(南昌)、朱远生内阮各书。

十三日乙酉　阴。过芷叔、子元叔岳，并晤少楠、聪生。明日为童（经古）场，聪生与苍侄应考。夜子刻，即点名，送之入，然后归。早间，姨甥钱凤年、鹏年由常熟来，凤应童试，鹏应岁试。连日阅申沪报，知我使至日本者，因所议不合，即日将返。

十四日丙戌　阴雨。童古学，伍子胥为涛神，赋以素车、白马望之如云为韵。邓尉观梅，赋以山多梅树，开时如雪为韵。苍侄作一艺。声甫来，与同过子静表叔。

十五日丁亥　阴。接远生书，送食米卅二石来，即复之。上铜井叔书。阅《申报》，东使奉电旨，仍留长崎，再赍国书，重申和议。

十六日戊子　阴。五弟妇小样，在宝积寺调经。晚，过子约饭。寿卿同坐，出示燕台友人书，倭于十一夜，扒开水雷，以鱼雷轰沉定远、来远、威远、宝筏各船。丁汝昌率五船冲出，不知存亡。刘公岛被踞，孙总兵金彪回守燕台，李巡抚退至莱州。时事至此，同声一叹。闻所调董福祥援师未允，改派程提督文炳一军，兵力仍亦不厚也。

十七日己丑　晴。过仙芷叔。童古学案，聪生、苍侄均未取。

十八日庚寅　晴。偕仙芷叔、六弟作邓尉之游，午前解缆，至善人桥泊。夜雨。

十九日辛卯　阴雨。晨至光福，见许香树世兄之夫人，去年六月鹤巢先生暨香树乔梓均逝于京邸。同门徐子丹（鋆）舍人，于九月间送旅榇归，风义甚笃。鹤师无后，香树仅有两女，师门零替可慨也。其族侄实甫（荣钊），议嗣一子为香树后。是日游虎山岳殿。宽甫又偕游铜佛寺、水阁等处。

二十日壬辰　阴。雨止，游柏因社，观清、奇、古、怪四柏，其妙处四字尽之，而生气勃勃，尤征地脉之厚。登圣恩寺，寺僧福安导游松风水月（此圣祖赐书）阁、晋郁恭立墓、地藏殿殿足印（为戒行僧立足处）、真假山诸胜。出示郏公Ꮝ钟及拓本，吴愙斋中丞以篆多俗字，疑为赝鼎云。归途过铧园，为太姨丈潘伟如中丞别墅。伟翁去年八月作古，停灵园中，将于三月内安葬也。仍由西崦岭回舟，梅花合苞未开，且多桑树间之，闻不及昔年之盛矣。实甫偕游，与之别，即返棹，泊善人桥。

二十一日癸巳　阴，大风，早雨即止。过木渎，晤李昂之、潘以衡。偕芷叔相宅数处，无当意者，乡屋之愿不易遂也。薄暮抵家，知张、邵两星使已由日本折回，昨日到沪。

二十二日甲午　晴。仁昌来电，康叔已到，作函寄去。接铜井叔书。声甫、钱搏甫（即鹏年）来。吴颖芝来（去年送眷由京回苏）。

二十三日乙未　阴雨。至贡院送考。夜子刻即点名，丑刻封门，即在考寓小卧。闻雷。

二十四日丙申　早阴，午后微有雪。归后仍往接考。吴县题：入于海；次：思以一毫挫于人。诗：满山楼阁上灯初，得初字。

二十五日丁酉　阴。送宗子戴（舜年）孝廉（至温州）行，乃翁湘文丈（源瀚）现署温处道也，未晤。闻汪荃台（凤瀛）由京口回，其太夫人于去冬在镇江学署仙逝，现归视茔地。询知药阶昆仲俱已奔丧到镇矣，吊汪鲁岩年丈丧。

二十六日戊戌　晴。子约来，知菊坪两郎，长（毓麟、达甫）、次（学曾、省三）均游泮，走贺之。看三县提复牌，聪生、苍侄及诸熟人均未取。途过寿卿，询悉北洋水师及刘公岛将卒叛降于倭。十八九日，丁汝昌及刘、张两统领自尽，倭将降卒、西人驱之离岛，铁舰掳回伊国，燕台以守公法未攻，李巡抚退驻黄县云。朝命李鸿章为全权大臣，王文韶署北洋直督，月杪交替后入都请训。二月初至旅顺，倭派伊藤博文来，仍议和事。此前数日所传说。

二十七日己亥　晴。少舫族叔于二十日在殷家汇电局作古，伊家于今日设座。为作彭新三书，托其照料。支伯云来。阅邸抄，道员戴宗骞扼守威海卫炮台，以力竭自裁，奉旨优恤。

二十八日庚子　晴。支伯云至刘宅开馆，偕往，晚饭后归。

二十九日辛丑　晴。致豫斋（即康叔）书，询行止。

三十日壬寅　晴。董彦和来。致詹辅庭（甲午放苏州遗缺府，补徐州署常州）前辈书。

二月初一日癸卯　晴。少楠家少卿弟来。刘乙青来。

初二日甲辰　晴。昨接豫斋书，即复之。

初三日乙巳　阴。又致豫斋叔书，并上铜井书。闻倭舰游弋闽台洋面，甚念。声甫来。

初四日丙午　阴雨。菊坪之继母开吊，走奠之。过刘季云（昌熙）谈。答乙青不值。接铜井书。

初五日丁未　阴，有雪。声甫来。聪生来。

初六日戊申　晴。仙叔来，偕过声甫。又至干将坊巷，观顾鉴孙族中祭祠，为明巡抚侍郎顾（其志）及子殉难知县，谥节愍、绳诒二公，因留午饭。姨甥赵霁云（景崇），武进人，去岁中举，过苏来晤。接豫斋叔书。

初七日己酉　晴。邀乙青、子约、吴景千（家骏，竹孙先生长子）、彭衡如（鋆实，受臣丈子），又选青（铨士，新三子）在义乐园便饭。

初八日辛亥［庚戌］①　晴。闻颖芝明日行，走送不值。过菊坪谈。

（眉注：初八日起，应以庚戌递推至廿一日癸亥更正。）

初九日辛亥　晴。

初十日壬子　晴。陶宅来云，豫斋叔将到，至阊门走迓，久之未至。偕馥庭在探桥午饭。夜接豫斋书，今日由沪动身，始知前信误传云。

十一日癸丑　晴。答景千，晤。子约来，将往常州阅卷。豫斋叔申刻抵里，留之下榻。接铜井叔书。

十二日甲寅　阴雨。偕豫斋至杨巷谒拜其先茔。声甫、六弟、聪生同往。

十三日乙卯　阴。思贻邀豫斋游花舫，余未去。绥之、子丹来谈。又接铜井叔书。

十四日丙辰　阴，微雨。子元丈、汪理仲（颉）、林振卿、彭麟（保）、沈兰台（维聪）公请豫斋，竟日作纸窗竹屋之叙。（此十六日事，误记。是日晴，仙叔早饭，少楠处晚饭。）

十五日丁巳　阴，偶有雨。豫斋率聪生至富家巷展墓。又至长泾庙拜其太岳母徐夫人墓。又至高垫山先母及五弟夫妇茔次。余偕六弟同往。

十六日戊午　已记十四日下。昨晚就范久也招。

十七日己未　阴。豫斋率聪生至紫石山展墓。归途过木渎看任氏屋，即与定议，余家及芷叔、声甫同赁，共每月房租十元。

---

① 自本日至二月二十一日干支均误，以下径改。

是日，芷叔、声甫、六弟均偕往。夜就张瀚伯招。

十八日庚申　阴，大风。豫斋率聪生至杨巷辞墓、圩田展墓。余与仙叔、三弟、伯云同往。舟中与伯云议定，令聪生受业。夜在其昌小饮。

十九日辛酉　四更后雨雹，继之以雪。早起，缤纷未已，薄暮暂止。偕声甫邀豫斋竹游竟日。晚并邀瀚伯同饮。接孙紫绶（传澍）师书（现为来安教谕）。

二十日壬戌　雪又竟日，寒甚。豫斋叔欲行，不果。思贻、子元两丈，理仲、少楠、仙叔、声甫均来，为纸窗竹屋之叙。朱砚生（以增）丈本居对门，亦邀之来。夜间，醵分，在怡园小饮。接朱远生书。

二十一日癸亥　晴。送豫斋叔行，在正元馆便饭。酉刻，木轮船即开，六弟同至沪。

二十二日甲子　晴。上铜井叔书。复远生书。

二十三日乙丑　晴。送聪生入学，从支伯云受业。台北来电云，斯美昨赴沪。谣犹未息，致豫酌行。接二弟书。

二十四日丙寅　晴。声甫来。致六弟书，寄台电。

二十五日丁卯　阴雨，午后止。仙叔、赋婶来设祭，以赋泉叔无后，立仙叔殇子嘉乐为嗣子，以三弟第三子应英为嗣孙，上续半村叔曾祖宸卿叔祖之绪。台北电云，澎报见倭船数只。即致聪生拟电作复。褚浚三来（德宣，爽斋师之孙，纪常之子）。

廿六日戊辰　晴。接豫斋、六弟书，知豫斋昨尚未行，即作复，并函致仁昌夏甘棠、康竹庵。

廿七日己巳　晴。答褚浚三。过王君九（季烈）处。豫斋叔还款。又过少楠，晤。祝少怀由安庆回。又过子元叔岳，预贺其嫁女之喜。中旬传闻，吴清卿中丞师溃，牛庄、营口相继被陷。嗣奉谕旨：吴大澂身为统帅，徒托空言，疏于调度，业经交部议处，著开去帮办军务，来京听候部议。李傅相陛辞出京，十九日由天津径赴日本马关议和。

廿八日庚午　晴。复二弟书、铜井叔书。接詹辅庭前辈书，去岁放苏州遗缺府，补徐守调署常守。又接铜井叔初十日书。闻官电，倭船犯澎湖，为我军击沉两只、击伤两只而遁。

二十九日辛未　晴。偕三弟至高垫山新阡祭扫，并约王少梅（杲）同往刘宅账房，去年浼其料理坟工者也。接六弟书，知豫斋叔已于廿七早展轮北上。

三月初一日壬申　晴。自昨起，天气骤暖。复铜井叔书。致豫斋叔京师书，并寄复庵一纸。复庵即耕生别号。旋接其二月望书，知已遣眷回凤阳矣。

初二日癸酉　阴，午后雨，寒可御裘。接六弟廿九书，倭于澎湖文良港登岸，我军相持一日，未见胜负。又接仁昌复书，有李相在倭议和，为倭奴枪伤之说。夜过仙叔谈，拟至常熟。宿舟中。接方岂南书，以道员在江宁候补。

初三日甲戌　昨夜始闻雪珠声，淋漓蓬窗，继以雨雪，天明止。三弟本同宿舟次，发哮喘旧恙，舆而归。北风，大舟未开，余亦登岸，在仙叔处早点，后返舍。复岂南书。申刻风止，解缆。亥初，抵相城泊。

初四日乙亥　晴。晨过昆成湖。巳刻抵常熟，晤远生、王云卿，又新延账房刘月卿。余家自己卯年，在常熟置田约百亩，历年由云卿经理，增益至三百亩，又亡室朱匳资积田六十余亩。核对租契账目，俱有条理，此亲串之力也。访李玉舟前辈（前年亦奉讳归里）、王叔藩（三弟等旧受业）、钱相吉，均晤；言酉山、归秀岚、蒋石岚先生，均未晤。

初五日丙子　晴。返棹，过滨坝、蠡口、陆墓，由齐门登岸。知六弟已由沪回澎湖，闻竟不守。李相在倭议和，道左为倭人小山击伤面颊。吴清卿中丞部议降三级调，奉旨改为革留，仍饬回湖南巡抚任。宋祝帅部议降二级，亦改为革留。

初六日丁丑　晴。过少楠、伯云、聪生、子元叔岳。闻受臣丈奉张芗师委，至皖劝捐，将行，走送之。偕伯云至雅聚茗谈。接铜井叔电，汇五竿，嘱代收存。两弟至五岳浜展墓。

初七日戊寅　阴，午后雨。六弟赴沪，向台湾后路转运局赖云芝（鹤年）观察处取铜井叔汇款。仙叔、聪生来，偕侍父亲至怡园小坐。

初八日己卯　晴。上铜井叔书。致六弟书。薇卿兄于初四来苏下榻，今日扫墓回，始晤。

初九日庚辰　昨夜雨，早阴，旋开霁。至羊山展墓。族中到者，敏之、铠之两叔，薇卿、仲寅、少卿、友仁、余与三弟，苍侄、萱儿共十人，在阊门外得月楼茶室齐集。舟行，由虎丘进射渎桥，过五岳浜，至石羊头汤巷登岸展拜。归途在五岳浜墓庐饭。余以初六日未到，因补敏焉。夜又小雨。得六弟书，款已取到。

初十日辛巳　晴。偕仙芷叔，约薇兄、声甫、仲寅、浦莹谷游天平。接远生书，汇田租余款。

十一日壬午　晴。清明祀先。与芷叔在酒家沽饮。

十二日癸未　阴，午后雨。接周庚五（传经）谱兄书，即复之。庚兄需次天津，为武备学堂提调，壬辰冬双亲入都，癸巳秋扶护南归，皆赖照料一切，挚谊可盛。薇兄回沪。致六弟书。汪药阶昆仲扶母柩由京口回里，舟泊胥门，往吊之。庚五书，津门得李相电，二月二十八日会议，申正归途遇刺客，用手枪击中左颊，血流不止，眩晕时许复苏，随带洋医及倭主遣医诊治。子入骨二寸余，难取出，幸部位尚不致命。倭举国震悚，慰问纷来，和议冀渐就绪云。

十三日甲申　晴。接六弟书。

十四日乙酉　晴。菊坪来，偕至雅聚茶叙。

十五日丙戌　晴。吴桐士（大梓）表弟由奉天回，略谈战事，将不知兵，士不用命，可叹可慨。接铜井叔书。子约由常州回，来谈。

十六日丁亥　晴。过菊坪，馆中晤。其徒潘子乐、子欣寓同巷，伟如太姨丈之侄，俊如之子也。接六弟书、彭秋溪（治河）书（江苏候补直隶州，写联语）。

十七日戊子　晴。过邵少泉。吊卢赋棠师。师于元旦作古，年七十有三，无子，仅师母存。两婿徐金如、王选卿，任丧葬事并养赡。忽有族侄巧福、掗继，以家无长物之老诸生，犹觊觎其有遗资。世风浇薄，出乎其情理之外。大殓时，阻扰不已。禀县，批令族亲调处，至今日始举丧焉。余稍为照料，以尽分谊。接二弟书。

十八日己丑　阴雨。叔祖朴园公八十冥诞，仙叔在昭庆寺追荐，父亲及余兄弟皆往。

十九日庚寅　阴。过子约、声甫。复二弟书。偕声甫答李小帆（宗汉）不值（台湾刑席，闻警归来者）。

二十日辛卯　阴寒，巳刻有雪珠，薄暮见日。复铜井叔书、远生书。夜有雨。

二十一日壬辰　阴，晚晴。徐悦庭叔岳来。菊坪、声甫来。

二十二日癸巳　晴。致豫斋叔，复庵芸巢书。（味同侄种痘。）

二十三日甲午　晴。过吴扆臣（颖芝长郎）、潘仲午、吴梦辙，均晤。又过桐士，闻清卿中丞假归，即日赴湘。

二十四日乙未　晴。过子元叔岳、聪生。答芝房昆仲，彼此往还相左。寄六弟书。

二十五日丙申　晴。过芝房昆仲晤谈，为托皖吏张升甫办列籍事。仙叔定议，偕仙婶到鄂。

二十六日丁酉　阴，夜雨。六弟回。声甫、李小帆、聪生来送仙叔行，明日解缆。闻和议已成，廿三日十句钟签字，李相四点钟起程回国。条款尚未详悉，惟台湾已在割界之列。上铜井叔书，请遣眷先归。

二十七日戊戌　阴雨。仙叔午后解缆。

二十八日己亥　晴。侍父亲至怡园，牡丹已开。

二十九日庚子　晴。王锡卿来，缉叔幕友，返自台北。潘履新来，出示官电，中倭议和条款：一、朝鲜自主；二、割台湾；三、失地尽归于倭；四、赔兵费二万万两；五、苏、杭、沙市、重庆开埠通商；六、内地码头均通商；七、威海驻兵，岁给兵费五十万两；八、两月派员割地；九、所掳之人各自送还；十、三个月后撤兵。胡绥之丁母忧，往送殓。过夏润芝（孙桐）同年谈（江阴壬午同谱，壬辰庶常，去岁假旋，结寓吴门）。接铜井叔书，拟先遣眷回里，与租客张叔鹏家商晤，腾让后进五楼五底，以备同居。又接豫斋叔书。

三十日辛丑　晴。偕六弟、锡卿过聪生，又过子元叔岳、徐思泉内弟，见刘内姑母，问王六姑母疾。致夏甘棠书，向取铜井叔汇款。久也来。

四月初一日壬寅　晴。接芷叔书。

初二日癸卯　晴。复豫斋叔书。聪生、菊坪来，偕至雅聚茗叙。

初三日甲辰　晴。过□宅看屋，知租出矣。铜井叔来电，斯美轮船由台开沪，令六弟、聪生前往接眷，即日偕行。复铜井叔书、芷叔书。张翰伯、李小帆来，同游怡园。

初四日乙巳　晴。偕小帆看史家巷吴姓之宅。得沪电，知台眷已到。寄六弟书。

初五日丙午　阴，午后雨。寄二弟书。

初六日丁未　晴。过清臣叔、伯云、少梅。寄六弟书。接芷叔书。金表妹四月十九日出阁，寄洋蚨二十圆。

初七日戊申　晴。访谢绥之、尤鼎甫，答王选青，皆不值。

过王六姑母看屋。

初八日己酉　阴雨。六弟二鼓归，知顾姑母船已到，泊葑门。俄、法、德有不许割地与倭之说。

初九日庚戌　晴。谒见姑母，照料登岸，即偕住濂溪坊清芷叔处。芷叔是晚由昆山来。

初十日辛亥　晴。至濂溪坊，偕芷叔游怡园。是日为兰花会，游人甚夥。

十一日壬子　晴，午后阴有雨。至濂溪坊。澜芝来谈。接铜井叔廿九日书，闻和约已批准，俄船离长崎矣。一叹。

十二日癸丑　晴，立夏。复上铜井叔书。夜，芷叔召饮。

十三日甲寅　晴。至濂溪坊。王锡卿来。张叔鹏回。（租屋书明缓议。）

十四日乙卯　晴。致豫斋叔书。接远生书，即复之。

十五日丙辰　阴。至濂溪坊。又至刘宅，议聪生双归事。

十六日丁巳　早阴雨，午后晴。至濂溪坊。又偕芷叔过仲寅，议清理乐桥先祠界址。

十七日戊午　晴。至濂溪坊。接豫斋叔书。

十八日己未　晴。至濂溪坊。又至刘宅，少楠适归。

十九日庚申　晴。至濂溪坊，偕芷叔料理一切。接二弟书，已于初三日奉委缉私总巡。

二十日辛酉　晴。聪生夫妇双归，照料竟日。

二十一日壬戌　晴。过子元叔岳、少楠、颉林。答冯稚珏僚婿（世昌，景亭先生之孙，培之观察之子，元丈之三婿也），未晤。过聪生、芷叔，适新阳县苏静庵同年之弟瀚之来，晚饭后归。

二十二日癸亥　晴。伯云来，同至雅聚茗叙。接铜井叔书，即送呈姑母。芷叔今日回新阳署。

二十三日甲子　昨夜雨，早阴，旋晴。三、六弟，内子均随顾姑母至五岳浜高垫山展墓。作铜井叔书。夜与少楠、聪生公请冯稚珏。

二十四日乙丑　晴。昨接铜井叔十六书，加复二纸，傍晚又得十八书，即作复。和约虽换，俄阻割辽东地，法亦阻割台岛，或有转机也。姑母来家，侍游怡园。

二十五日丙寅　晴。谒姑母，知小有感冒。寄豫斋叔书。过润芝谈。

二十六日丁卯　阴，午后雨。谒姑母，疾小愈。接铜井叔廿二书。致二弟书。

二十七日戊辰　晴。萱儿读《书经》毕，课以《左传》。

二十八日己巳　阴。致夏甘棠，复王秀山、唐客川、铜井叔各书。

二十九日庚午　晴。答褚浚三不值。接豫斋书云，中倭和约十四日已在烟台互换，仍照李议，未增减章。俄约德法以重兵压倭，阻割辽东，倭许退出。惟台湾不在力阻之列，商之于法，意亦支吾。倭已派水师提督桦山资纪为台澎巡抚，限两礼拜赴任。廷议踌躇未复。

五月初一日辛未　早晴，午后阴，大风，夜雨。聪生来，偕三弟至雅聚茗饮。晤施懋君，公车罢归。又晤王锡卿、潘履新。吊胡绥之母丧。夜与菊坪小酌。

初二日壬申　淡晴。接夏甘棠书。

初三日癸酉　晴。声甫、王少梅来。

初四日甲戌　晴。接芒叔书。过聪生。为顾氏求田，得元和田卅六亩，少梅经手，今日其始基也，故记之。各报言台湾省自主之说，电询铜叔近状。

初五日乙亥　阴。午节，祀先。子约由常州回，菊坪、季云均过访，即偕至玉寿仙茶叙。晤胜之（王同愈）太史，前为日本参赞，军事起，归，后又经吴清卿巡抚奏调随营。吴师失利，咨回衙门，即归省。闻胜之于巡抚谋不见用，所拟辄阻，命也。内人及六弟归，皆患感冒。

初六日丙子　阴。复芷叔书。得铜井叔电，云已到厦，候船至沪。因谒姑母，商同聪生明日往接。

初七日丁丑　淡晴。偕聪生赴沪（四点钟，木轮开行）。再致芷叔书。又致俞训庵（亭）书，代领诰轴。邵少泉来。

初八日戊寅　晴。到沪，午刻登岸，住级升栈。晤少楠。偕聪生访仁昌（寄二弟书）、夏甘棠、康竹庵、立记、陶幼亭乔梓。询厦门船消息。游张园。

初九日己卯　晴。过薇卿兄，适患疸未愈。又过仁昌、立记。声甫、少帆、澄远、锡卿均由苏来，并晤潘似莘，皆台幕也。夜，幼亭表叔招饮。

初十日庚辰　晴。偕聪生谒宗载之丈不值。仍游张园，礼拜日，士女甚多。闻台湾奉唐抚为民主总统。李经方奉使割台，已由沪往。夜在仁昌便饭，遇雨。

十一日辛巳　晴。偕锡卿访程履庄、薛汝舟。闻招商局电，铜井叔有由厦门乘飞捷来沪之信。就潘仲午招。

十二日壬午　晴。午刻知飞捷船到，偕聪生往迓，途遇铜井叔，觌面喜甚。即至级升栈小住。夜在酒楼畅谈。

十三日癸未　晴。侍铜井叔至仁昌，因偕少楠延至一品香食番菜，并邀沈兰阁台、少帆、锡卿、声甫、聪生。旋游张园、愚园。晚归，就宗载丈招。

十四日甲申　晴。过薇卿，稍愈。致新三书。铜井叔、少楠、聪生在春申楼同饮。台北消息甚恶。

十五日乙酉　早阴雨，午后晴。随铜井叔回苏，未刻开轮（舟二，附小轮拖带）。

十六日丙戌　晴。午初抵苏。

十七日丁亥　晴。吴时卿来，徐子丹来。

十八日戊子　晴。铜井叔来看父亲，侍游怡园。

十九日己丑　晴。过缉叔，看竹。昨仲庄表妹婿伉俪归宁。

二十日庚寅　晴。各报言台北兵乱，总统遁。

二十一日辛卯　晴。

二十二日壬辰　晴。连日无事，惟与濂溪坊往还。

二十三日癸巳　晴。朱远生侍母来就医。

二十四日甲午　晴。早侍缉叔在声甫处看竹，夜就张瀚伯招。接豫斋叔书。

二十五日乙未　晴。偕声甫请缉叔、姑母、仲庄伉俪、聪生兄妹游吉公祠、留园。

二十六日丙申　晴。过药阶谈。又过缉叔，看竹。

二十七日丁酉　阴雨。在声甫处，侍缉叔看竹。接二弟书、新三书。

二十八日戊戌　阴雨。过缉叔。

二十九日己亥　早阴后晴。缉叔招同声甫、仲庄、六弟游天平。（连日为蚊所困，夜不成寐，易帐始安眠。）

三十日庚子　晴。过胡绥之。

闰五月初一日辛丑　晴。过伯云，见刘内姑母。旋至缉叔处。接京信，豫斋叔将送眷南归，木渎之屋，只能专归顾府，余家同居之议，又将中止矣。

初二日壬寅　阴。至濂溪坊。寄豫斋书。

初三日癸卯　晴。王锡卿来。接豫叔书

初四日甲辰　阴雨。芷叔回邀，陪缉叔看竹。

初五日乙巳　晴。缉叔来。陆凤石司成乞养归，过访。

初六日丙午　晴。答陆凤翁，晤。又答曹既怀、王胜之，访恽叔远（毓荣，幼年同学），均未值。董彦和由京回，接眷。缉叔处定于初八日移居木渎，先期搬运家具，往为照料。

初七日丁未　晴。至濂溪坊照料。天气骤热。

初八日戊申　晴，夜有阵雨。送缉叔移家，六弟随往。送彦和行。

初九日己酉　晴。为大人致秦荫丈书。

初十日庚戌　阴雨。顾次皋（彦夔）表弟随其外舅周立可太守（志靖，由刑曹改官浙江，小棠京兆夫子之侄）回南，留午饭，偕游怡园。

十一日辛亥　阴。偕立可、次皋赴木渎，缉叔留饮。仍送立可回舟，渠明日解缆回宜兴。

十二日壬子　阴。过时卿，晤乃郎。过子丹、少泉谈。

十三日癸丑　晴。菊坪、张蔚如来。寄缉叔书。

十四日甲寅　阴。豫斋叔来电，准归，即寄缉叔。李小帆来，子约来。有雨，甚凉。致二弟书。

十五日乙卯　阴。芷叔由吴江至木渎小住二日。回城，接缉叔书。早雨晚止。

十六日丙辰　晴。致豫斋叔书。吊吴清卿中丞夫人之丧，昨已奉旨开湘抚缺，来京候简矣。翁印若来，即答之。

十七日丁巳　晴。子约来，偕过陆凤翁。归，访声甫不值。过朱砚翁谈。谒子元叔岳、刘内姑母。过芷叔不值。

十八日戊午　阴。偕伯云乘便航至木渎，缉叔赴冯氏竹园未归，伯云不及候，即觅小舟回城。余留宿，夜侍缉叔小饮，剧谈。

十九日己未　阴，微雨，凉似深秋。昼看竹，夜饮。

二十日庚申　阴。冯培之（芳植）来，即随缉叔走答，留看竹。座有伊侄伯澜（世澂）茂才、沈子良（维璁）孝廉。子良亦由城移居木渎者，余前日过访，邀游端园，已污井颓垣矣。沈昂青来谒缉叔，夜共饮。

廿一日辛酉　晴。偕王锡卿附航回城。就子约招，座有凤石司成、程序东（其珏）直刺、刘季云（昌煦）孝廉、王襄卿

（有赞）学博、陈端生茂才。稍热。

廿二日壬戌　早晴。锡卿偕其兄瞻卿来。过芷叔、子元叔岳谈。遇雨，归。夜大雨。

廿三日癸亥　早阴雨，晚晴。子元叔岳来。

廿四日甲子　晴。接缉叔书。夜凉又雨。

廿五日乙丑　阴。寄缉叔书，豫斋叔、耕荪书。访张蔚如。夜雨。聪生由木渎来。

廿六日丙寅　阴雨。接缉叔复书。

廿七日丁卯　阴。张蔚如来。过芷叔、【子】元叔岳、聪生、药阶。夜雨。

廿八日戊辰　阴，夜雨。寄二弟书。接俞讱庵书。

廿九日己巳　阴。沈子良来。

六月初一日庚午　晴。过久也，晤；子约、声甫不遇。邵少泉来，偕至观前小饮。

初二日辛未　先晴，午后阵雨。三弟往木渎。

初三日壬申　淡晴。菊坪、子约来。早晚仍凉。

初四日（三弟木渎回）至十六日　酷暑异常，惮于出户。惟十二日视风石太夫人疾。十四日知咏春处伯母有恙，走询，则咏兄得电，已于十二日由京遄归，北堂无恙，同以为慰。聪生十三来城，十五即去。

十七日丙戌　得雷雨一阵。三弟妇于未刻诞一女。

十八日【丁亥】　寅刻立秋。接聪生书，知缉叔受暑小恙。

十九日【戊子】　陆宅来报，风石太夫人于昨晚仙逝，即往唁，送小殓，归。薄暮大雷雨，稍入清凉矣。

二十一日【己丑】　至陆宅，送大殓。

二十三日【庚寅】，缉叔来下榻，盘桓于纸窗竹屋者旬有八日，七月初十日始回木渎。两旬中，天气畅晴，秋暑未解，早晚多风且爽，不似正伏之甚也。初九雨竟日。初十以后，亦阴多晴少。十三日雨尤大。十四日始霁。王芾卿家中得京电，芾卿初一日辰刻染时疫而殒，长子君九（季烈）于初四日奔丧入都，偕余仆李升随往。伊家于十四日成服，时往照料。接豫斋书云，同乡之染疫者，尚有周鹤亭（龄）太史，周明斋（大澂）司务，始只负苦之人，继而祸及衣冠，苏城亦患疫。今若此，北更甚于南矣。得顾少轶比部两书、于海帆同年书。承同年张仲廉明府补送先慈奠仪四金，可感。闻房师张书城夫子之丧。夫子祥琴甫赋，梁木遽拥，身后清贫，曷胜心痛。

近日朝政，济宁尚书开缺后，徐用仪退出军机处及总理衙门，钱应溥入枢廷，翁、李两尚书兼译署，许应骙升总宪，徐郙升兵尚，廖寿恒调仓督，汪鸣銮转吏右。臣工条奏以变法为自强之计，得旨，交各疆臣议复。裕庚为四品京堂，出使日本，李鸿章留京入阁办事，王文韶调直督，崧蕃升云贵督，魏光焘升云抚，陈湜升江西藩司。甘回滋事，势甚猖獗。山东黄河有决口之说。

【七月】十五日癸丑　早雨，旋晴。至观前晤颖如（由鄂回）、少楠。熊怀之（存仁）昨来，索取裕朗西星使书，即赴沪。

十六日甲寅　阴。少泉来。吴承璐升苏臬，陆元鼎调苏粮道，联元升广东惠潮嘉道。

十七日乙卯　阴，薄暮雨。芷叔因钧弟病，伴送回郡，邀少泉往诊。大风竟日。

十八日丙辰　晴。家仲寅、馥庭来，李澄远来。作复少轶、海帆、复庵、豫斋各书，并谢张仲濂（则同）同年寄先慈奠仪。寄缉叔书，旋得来信。

十九日丁巳　晴。复上缉叔书。芷叔来。侍父亲至雅聚茗坐。六弟随姑母到城，留住。

二十日戊午　晴。过芸巢（咏兄别字）谈。答林养亭（昶隽）。余牙痛多日，今始稍止。

廿一日己未　晴。子约来。

廿二日庚申　晴。

廿三日辛酉　晴。过凤石乔梓谈。与子约、端生、咏梧看竹。聪生来城，未晤。

廿四日壬戌　早有雨，旋止。颖如挈眷赴鄂，少楠送妹至扬，拟往送，懒步而止。

廿五日癸亥　阴。菊坪来，王亦藩来。

廿六日甲子　阴。久也来。昨李玉舟前辈由常熟来，走会之。又过润芝谈。

廿七日乙丑　阴。接缉叔书，云昨午后唇微麻，右臂无力，微动风气，属姑母早回，即复。江西巡抚德馨以贪婪荒纵削职，德寿调江抚，陈宝箴升湘抚，胡聘之升陕抚。伯云来。

廿八日丙寅　阴。寄缉叔书。

廿九日丁卯　晴。偕清、芷两叔，三、六两弟至五岳浜高垫山茔次祭扫。朱阿虎之子土泉疫没无后，阿虎妻将以外甥孙保金承祀，未定。归途与芷叔棹小舟，过观音山、金山浜，出灵岩之背，至木渎。视缉叔，手足微麻，外貌尚不觉，姑母亦由城回，谈至夜分。

三十日戊辰　晴。巳刻回舟，聪生同行。至胥门饭，午后到家。阅报，王廉调直藩，于荫霖署皖藩（被议再起），龙锡庆升浙藩，恽祖翼升鄂臬。

八月初一日己巳　晴。过芷叔、伯云、颉林、王姑母处。三弟偕聪生至杨巷顾茔，因有獾洞也。接耕荪书。张蔚如来。

初二日庚午　阴雨。景彭弟大祥，假宝积寺设祭。

初三日辛未　早阴，晚晴。聪生回渎。陆凤石处请司丧。

初四日壬申　陆宅开吊，作陪。

初五日癸酉　晴。蔚如来。接缉叔书，即复。

初六日甲戌　晴。陆太夫人发引，至阊门外永善堂，往送。

初七日乙亥　晴。苍侄卜吉于十月初三日迎娶，送吉期于吴宅。寄二弟书。接蔚卿书。

初八日丙子　晴。聪生偕仲庄来下榻。

初九日丁丑　晴。缉叔来，侍游怡园。接二弟书。牙痛甚剧，服彭萸村方。

初十日戊寅　晴。竹游。王云卿由常熟来。

十一日己卯　先慈二周忌日，唪经设祭，到者缉叔、子元叔、唐兰室、汪东搏、吴功甫叔、相士、王少梅、张叔鹏、邵少泉、声甫、顾星若、清叔。缉叔之内侄陈彦升来晤。

十二日庚辰　晴。张瀚伯来。服萸村方，牙疼愈。

十三日辛巳　晴。谢客。晤少楠、【子】元叔岳。

十四日壬午　晴。接夏甘棠书，即致缉叔。

十五日癸未　晴。过声甫，晤；子约未晤。

十六日甲申　晴。缉叔来，次皋表弟随至。

十七日乙酉　王芾卿柩回籍，入城往吊。缉叔至杨巷展墓，三弟随往。六弟偕弟妇赴常州，因史宅葬事也。接朱远生书。

十八日丙戌　同缉叔过咏兄。

十九日丁亥　连日俱晴。偕毂人至濂溪坊，芷叔尚在吴江未回，因吴江县李君撤委，往为料理交卸事。咏兄来。

二十日戊子　晴。少楠招饮，并为纸竹之叙，缉叔、三弟同往。豫斋叔考御史第三，记名。

廿一日己丑　晴。声甫、毂人来，陪缉叔看竹。

廿二日庚寅　晴。同缉叔过张瀚伯，未遇。即过声甫，看竹。夜小饮，芷叔亦到。

廿三日辛卯　晴。寄豫斋（附复复庵书）、夏甘棠书。午后过芷叔，看竹，晚饭后归。山西巡抚张煦病故，胡聘之调晋抚，魏光焘调陕抚，黄槐森升云抚，游智开授粤西藩。京信云，倭还辽东，索五千万，俄法断偿三千万，通商条约仍归李相专议。甘回猖獗，西宁告急。董福祥一军将度陇，牛师韩一军由水路赴援，迟延未到，陈湜一军须募员二十营，尚未启程。

廿四日壬辰　晴。得豫斋叔十五日书。

廿五日癸巳　阴。偕缉叔访咏春，即同过凤石，归途仍至咏处晚饭。

廿六日【甲午】　晴。接毕少斋书，随其东人阎季生赴泾县本任，寄赠茶叶、宣纸。又接芷叔、夏甘棠书。

廿七日【乙未】　晴。声甫偕其族叔云生来（仲仁同年之兄），看竹。言西山由常熟来。

廿八日【丙申】　阴雨。周立可由宜兴来，晨起偕缉叔棹小舟访之于阊门外舟次，在泰来馆便饭，飞舟阁茶话。晚就夏润之同年招。

廿九日【丁酉】　晴。子约、少泉、縠人来。立可赠《晋略》及《卢忠肃集》。先祖讳日设祭，严亲寿辰，不便行礼，晚吃面。次皋表弟由木渎来。

九月初一日戊戌　晴。次皋往视立可，已解维矣。声甫偕颜闰生（元）来。

初二日己亥　晴。侍缉叔过声甫，食蟹，看竹。

初三日庚子　晴。声甫仍偕闰生来看竹。

初四日辛丑　阴雨。缉叔回木渎，同至元兴馆早点而别。午后，次皋夫人由京附徐氏伴抵苏，渠即往视，于次早赴乡。接豫斋书。接二弟书，汇三百金来。

初五日壬寅　阴。王芾卿开吊，往陪客。午后与季云、子约茶话。复二弟书。

初六日癸丑　晴。上缉叔书，旋接来书，知于昨日进城。复豫斋叔书。

初七日甲辰　晴。缉叔申刻到。声甫来，偕访瀚伯，同至鲍三阳食蟹，福星园晚酌。

初八日乙巳　晴。缉叔偕声甫赴沪。受臣叔来。倭员到苏勘视通商地界，府县延绅士会议。

初九日丙午　淡晴。为苍侄行聘吴氏，延少梅司账，冰人顾少逸、曹耕荪。皆官京师，两家从省，不倩代媒，惟补送张蔚如（象辉）一帖，系颖芝姨侄、三弟同窗，托其从中关说也。傍晚过咏春谈，与少梅至玉楼□晤伯云，茶叙。

初十日丁未　晴。致芷叔书、远生书。

十一日戊申　阴，午后雨。钱芒剑（由沪回虞）长子相吉故，书以慰之。

十二日己酉　阴雨。复彭秋溪、毕少斋书。□少英、馥庭来。

十三日庚戌　晴。清叔来。过采南同年谈。

十四日辛亥　晴。过菊坪，渠小极静憩，谈一晌，至鲍三阳持螯。

十五日壬子　阴雨。同族人展墓，到者念椿叔祖及子金宝、潘生，敏之、杏卿两叔，仲寅、辅之、卓人三弟。在胥门外含芳阁会齐，巳刻解缆，午刻到西跨塘，坐山轿，入九龙坞椒园（又名茅家场）。拜扫毕，回舟过木渎，见姑母及聪生、次皋昆季。夜抵善人桥泊，风雨声彻晓。

十六日癸丑　阴寒，风雨甚大，不克入山。唤坟丁来，假市梢城隍庙偏院，次第设祭。归途，过木渎，仍谒姑母，匆匆而别。行至西跨塘时，方过午。始而雪珠渐沥，旋且雪花飞舞。□刻抵胥门，冒雪步归，入夜始止，南中□□见也。

十七日甲寅　晴。上缉叔书，并致夏甘棠书。傍晚，芷叔来，即偕候其居停。新阳令苏静□（品仁）同年、子丹来。俞寿田（锡畴）在抚幕以书问讯，复之。

十八日乙卯　晴。接芝剑书。过芷叔，并与清叔同至酒肆食蟹。

十九日丙辰　晴。过咏兄谈。

二十日丁巳　晴。王少梅来，商喜事各项。

廿一日戊午　晴。

廿二日己未　晴。缉叔由沪回，同至鲍三阳食蟹。过颜闰生、胡绥之。陈蓉曙（遹声）同年以翰林截取知府，分发江苏，来晤。

廿三日庚申　晴。侍父亲、缉叔至观前吃羊肉面，缉叔即返木渎。

廿四日辛酉　晴。俞讱庵（立诚）由芜湖来晤。阅《泰西新史揽要》。

廿五日壬戌　晴。至玉楼春晤冯伯渊昆仲、□□受臣丈乔梓、振卿，小饮。致二弟书。

廿六日癸亥　晴。韵生舅氏由常州来，将赴粤东谋馆。夜邀讱庵、韵舅、少梅、祝少怀三景园小酌。接缉叔书。

廿七日甲子　晴。复缉叔书，交韵舅便带□，渠往访也。子约来。接二弟书，八月十九日得女。

廿八日乙丑　晴。韵舅行。声甫来。过子丹、少泉谈。致二弟书。熊晋笙（仕进）来，凤阳茂才。

廿九日丙寅　晴。接康叔书。

卅日丁卯　晴。上缉叔书，为购许民田。晤香树，十人在矣。

十月初一日戊辰　晴。过俞讱庵。至濂溪坊谒顾姑母，并见八妹，昨由木渎来也。

初二日己巳　晴。过张蔚如，交吴宅临门喜稿。芷叔由新阳到。延王少梅并其弟幼梅经理账目。接朱远生书。景如丁嗣母忧，往唁。

初三日庚午　早晴后阴。为应苍侄迎娶。父亲以拜起不便，邀芷叔代应宾朋。午时发轿，申时结亲。到客午五席，夜六席。行庙见礼。

初四日辛未　阴。

初五日壬申　阴。偕朱砚文、瀚伯、少帆同舟至永善堂，因陆太夫人告窆也。归途过宝园，与同族议义源仁铜锡铺加租事。铺主□□卿坚执未决。闻何梅阁来，访之不值。

初六日癸酉　晴。吴宅接回门，到客六席，并作戏法、调狮子，以娱亲庭。

初七日甲戌　晴。菊坪来，知冯梦华（煦）放凤阳府。

初八日乙亥　晴。杨昌濬开缺回籍，陶模署陕甘督，饶应祺署新疆抚，成允署广东抚。苏城开办商务，以陆凤石司成为总董。

初九日丙子　晴。新亲吴扆臣（铭丹）、鼎臣（铭常）、新臣（铭盘）昆仲来，设筵款之。致二弟书。

初十日丁丑　晴。奉缉叔书，即作复。在彭振卿处公祝唐兰室七十寿，便衣竹叙。

十一日戊寅　晴暖。远生侍母来迎兰女，与谈竟日。夜过芷叔，明日将回新阳也。立可来，赠小棠师《期不负斋集》。

十二日己卯　晴。接杨仲庄书，赠杭菊。

十三日庚辰　晴。缉叔来城。少楠来谈。

十四日辛巳　晴。邀立可、瀚伯、屺怀、润芝、子丹、少帆、缉叔于三景园午酌，复至雅聚茶叙。

十五日壬午　晴。过少泉，午饭陪其新婿陆成之。父亲于午初食羊肉面，偕缉叔、声甫至庙前观文班戏，忽呕吐，以肩舆迎归，倦甚。延少泉、萸村、吴小舫问诊，未敢轻易进药。夜与两弟轮睡互侍。

十六日癸未　阴，时有雨。仍延少泉、小舫来诊。与缉叔商服小舫方，夜得安眠，日间进粥数瓯，坐倚藤椅，不能步也。

十七日甲申　阴。亲体如昨，仍服小舫方。夜作豫斋、复庵书。

十八日乙酉　晴。延小舫开方，嘱服三剂。

十九日丙戌　晴。微窥亲颜，口眼微斜。

二十日丁亥　晴。连日体气渐平，得大解。

廿一日戊子　阴。仍延小舫开【方】，嘱服五剂。

廿二日己丑　阴雨。先慈除座释服。亲友□□约廿余处。

廿三日庚寅　晴。亲恙日减，饮食稍加。

廿四日辛卯　晴。绢叔邀至彭振卿处，看竹，夜饮。清叔、芷婶移居昆山，昨往送行。

廿五日壬辰　晴。偕六弟至吴宅答拜，留宴，顺道谢客。冯梦华（煦）同年新简凤阳府，过苏，见访未值。至咏兄处，适蓉曙在座，约明日公请梦华。

廿六日癸巳　晴，大风，寒甚。早过咏兄，约蓉曙、小舟访梦华于阊门外舟次，邀至泰来馆便酌，因游留园，作别。薄暮归，仍延小舫诊亲疾。日来扶掖强步，气色亦正。

廿七日甲午　晴。无事。

廿八日乙未　晴。偕声甫、颜闰生陪绢叔至杨巷展墓，舟中看竹。晚至阊门□□和食羊肉。途过子丹。

廿九日丙申　晴。邀苏侣生、声甫、绢叔看竹，晚间小酌。颉林适来，同饮。接二弟书。

十一月初一日丁酉　晴。过咏兄。午后绢叔□□吴清卿中丞适谢湘抚事，甫□家也。汪郎亭侍郎于十月十七日奉旨，与长石农侍郎同罢官。汪、吴姨表兄弟，与绢叔皆甲子同年。

初二日戊戌　晴。偕咏兄至长春栈定寿木，在老德和午餐。仍延吴小舫来诊。

初三日己亥　晴。菊坪来。致朱远生书，告以彭宅允出八字。

初四日庚子　晴。运寿板至宝积寺。

初五日辛丑　早阴，旋晴。绢叔回渎。吊彭松期及其祖母。

贺咏兄嗣子尊联娶妇。

初六日壬寅　晴。祀先。吴小舫来诊云，以后可定膏滋方带服。

初七日癸卯　晴。长至节，父亲前叩贺，连日觉体倦畏寒。阅抄，知河州围解，回氛可靖。

初八日甲辰　晴。致远生书，寄彭宅八字。伯云来。六弟赴渎。

初九日乙巳　晴。早闻六弟妇忽腹痛汗甚，延少泉来诊，专函递六弟归。接缉叔书。

初十日丙午　阴晴不定，天气颇暖。子元叔来。凤石来谢。复杨仲庄表妹婿书。

光绪二十三年丁酉

正月初一日辛卯　早晴，午后阴。余年四十五岁。

去岁十月在京师接三弟信，知父亲大人于初间患足肿，延及少腹，继以喘逆，延潘子牧表叔进温中培土之剂，渐有转机。当即电询情形。十六日申时，在总署司股掌，未散直，接回电云："亲稍愈，酌归。"因告康民表叔雇车，准十七起程回南。薄暮，谒燮臣孙尚书夫子，次早谒□□□□，均陈明乞假省亲。两公意甚关切。耕生、颖芝来送。午后，率仆李升就道，二更抵张家湾。十八日抵杨村。十九日午初，抵紫竹林义和栈，稍憩，即趁汽车抵唐［塘］沽，登通州轮船。二十日黎明，展轮出大沽口。夜亥刻抵烟台泊。二十一日申正始开。风渐大，震荡不宁。忆自丙子出京遇风，此为第二次。偃卧一日两夜，二十三日辰刻抵沪，即向源裕小轮局包一房舱。晚间解维，二十四日辰刻抵苏，在盘门外步归。讵料父亲已于二十二日申时弃养，颜色如生，攀号莫及。今春若不出门，犹得侍疾。若闻病早回数日，犹得闻训言。以乞养归，而未遂一日之养，不孝之罪，上通于天，以致连其祸而降之罚也！呜呼痛哉！尚可以为子哉！闻亲病于二十日加剧，芷叔适来苏。缉叔二十二日午后由乡间赶到，犹一颔之，诸事均赖指示。谨于二十四日酉时小殓，二十六日酉时大殓。二十七日，六弟自江西奔回。二十八日，撰哀启，嘱族弟祖荫书之。十一月初八日，二弟挈弟妇、侄男女同归，即分寄各处讣启。邀夏晋卿择葬期，谓年内山向相宜，定于十二月二十二日安窆。先期于十八日请缉叔题主，声甫、少楠襄题。十九日领帖。赵展如（舒翘）中丞、聂仲芳（缉椝）方伯、陆春江（元鼎）观察、柳正霑（泽）郡尊、元和李紫璈（超琼）大令、吴县项诗侣（兆骧）大令均往吊。绅士亲友到者百余人。申刻发引，至胥门码头登舟。奉主回宅后，与二弟、六弟到舟伴宿。二十日午刻舟抵□小湾前村，看坟人朱阿虎之妻已唤集后村乡人八名。奉灵柩过□山岭，而至高垫山茔次。二十一日开圹。二十二日巳时登位，与先慈合葬。请缉叔祀土神。少楠、彭衡如亦到。马涤尘（文清）、王少梅□经理丧葬各事。三弟同寿属，俱已初到，午后仍回。涤少衡俱迎缉叔回木渎，留少梅帮同照料。昼夜踏作，共二十五班。于二十四日午时掩藏，继以负土。申刻携少梅开船，戌刻回宅。自腊月上旬多雨积沤，漆柩十三次尚干洁。望后开霁，风日和暖，皆托先灵默佑，实深哀感。廿六以后，则又阴雨连绵矣。丧葬所需，向陆介眉贷千金，六厘息。

初二至初五　皆淡晴，甚寒。余以痰温肝郁，旬日来头目易眩，腹易饥，静养不事事，日以石决、明黄、甘菊、蔻仁、陈皮四［五］味煎汤代茶，渐已向愈。

初六日　早起。积素盈瓦，竟日雪不止，寒甚。

光绪二十八年壬寅

四月初一日辛卯　晴。早，答朱伯平（有基）。时自云南回部，以户部郎中借补外务部员外郎，去年调赴云南差遣，以水土不服告归。出城取印结，并长元吴馆捐。自停捐后，弹冠者纷至，结费甚丰。余上年即得帮管，照章分股半，前月有四百金，在恒裕取票，交仁昌存折。至会馆，晤郑仲星（祖庚）、韩晋卿（兆魁）、曹菊尊（恭安，耕生同年之侄）。又答汪云翀（鸣鹤），未晤。到署，已过午，王夔石（文韶）、瞿子玖（鸿机）两枢堂均来。左堂那琴轩（桐）、右堂联春卿（芳），因赴使馆西人莲花池马会之约，联暮来，那未来。余补庶务司主事，调充和会司帮掌印。自分司后固逐日到署，现寓羊尾胡同，距署咫尺，尤便趋公。接三弟信。弟于二月廿六日送内子，兰、澄、阳、喜诸儿到京，三月十三日南旋，二十三日抵里。总理衙门于二十七年六月初九日奉旨改为外务部，庆亲王奕劻总理，大学士王文韶、尚书瞿鸿机以军机大臣兼会办大臣。徐寿朋补左侍郎，旋于九月二十日因病出缺，以户部左侍郎那桐兼署，联芳补右侍郎。十一月十三日奏补左丞瑞良、右丞顾肇新、左参议陈名侃、右参议绍昌。十九日奏补和会、考工、権算、庶务四司郎中、员外郎、主事各八员。二十八年正月二十八日补行引见，并奏补司务二员，皆政务处会奏新设之缺也。司员姓名不备录。自庚子事变，日记久辍，嗣后凡前两年事可记忆者，将随笔补叙焉。

初二日壬辰　晴。苏府同乡以余与顾康民表叔，秦韶臣（夔扬）、曹再韩（福元）两太史，李菊庄（传治）比部皆年五十，又李橘农（传元）太史年五十一，甫自粤西试差回，在陶然亭公宴，便服称觞，藉联乡谊，并为纸窗竹屋之叙，尽欢竟日。今日午正为俄国使臣雷萨尔带领其国水师思克得罗福觐见皇太后、皇上于乾清宫。余与豫斋丈以同乡之情难却，未克进内。《辛丑和约》改觐见仪节，凡各国使臣递国书、敕书，皆以绿呢黄襻轿遣兵队迎，直进大清门，至午门外换椅轿，进至乾清门阶下，步进乾清宫递书。时，上亲接受。礼毕，出景运门换轿回馆。其寻常觐见，则各使自乘轿进东华门，至景运门换椅轿，出亦如之。至使臣带领其国官员觐见，则自此次俄提督始，仪节与各使入觐同。

初三日癸巳　微阴。到署。俄使雷萨尔来询，交还津京铁路合同有径达英武员，及准英承办各支路事。此系署北洋大臣袁世凯与侍郎胡燏棻与英武官所订，未商外务部，径自上陈。其中如津保支路有碍卢汉旧议，法比使以为言；自京津达长城以北支路有碍俄约，俄使以为言。本部已将窒碍情形于今日具奏。交涉事宜，不筹全局，冒昧应许，殊费周折已。美使照会，以山东学堂因奉教学生不拜至贤逐出，执词争辩，颇难著笔，姑行山东巡抚查复再办。新修《会典》，奉旨交外务部石印进呈，贴黄多页，尚须缮写。堂宪派余与恒子友（文）考工司员外郎，王丹揆（清穆）榷算司员外郎，章甓庵（士荃）庶务司主事，共司校对。

初四日甲午　晴。贺同部陈亮伯（浏，榷算司员外郎）娶妇。祝聂献廷（宝琛）仪部母寿。过仁昌，晤再韩同年、孙景同（传棨）世兄，询知燮臣师相病渐愈，拟十四日销假（现官体仁阁大学士，管理吏部兼翰林院掌院学士）。前年拳匪之变，师已予告居京邸，为武卫军抢掠一空。六月出都，寓其侄韵生（传棫）刺史赵州官廨。余于是年七月挈眷偕耕生过赵，晋谒后，师赴行在，授礼部尚书。去年十一月二十八日，銮舆回京，师十二月始到即病。病中大拜屡谒，尚未见也。（师名家鼐，寿州人，壬午顺天乡试座主。）到署，拟日斯巴尼亚国报其叔母之丧，请旨致唁片稿。广宗土匪起事，为首者名景延［廷］宾，焚教堂，杀法教士司德浦，踞件只村。直督调兵往剿，电奏于初二日击溃，现尚缉拿首要云。

初五日乙未　晴，早风大。偕陶声甫表弟（正月廿七日由苏来京谋事，先住豫叔处，后住余处。曾代至塘沽接眷）同出崇文门、永定门，至十里庄苏太谊园，同乡共到廿二人，公祭范文正公、顾亭林先生。归途，在四合轩茗谭，返寓已五点钟。寄三弟信，附致宋芝龄（光裕）同年、祝少怀（延厘）信。

初六日丙申　晴。到署。管述庭（祖章）表妹婿现当电报局差；金声侣（寰）表侄，湖北巡检，现解贡锡在京，均来晤。曹菊尊回苏就亲，即赴皖，来辞行。广宗匪均击散，景廷宾闻丘毙。

初七日丁酉　早，黄沙蔽天，午后四五点钟更黑，屋内须然烛。雷声起，并小雨，始渐开朗。到署，为邸堂拟致蔡和甫（钧）星使信，现使日本。

初八日戊戌　晴。到署。拟致日本使臣内田康哉信，嘱将日皇寄赠两宫礼物送署进呈。津路交还合同，初三奏比使照会情形，本日奏俄使照会情节，奉旨：袁、胡议处，仍责成与英使续行厘订。拟翻译官程遵尧开河南汜水县缺，以道员留部当差片奏稿。是日直班，住署，与收掌饶简香（宝书）对稿。

初九日己亥　晴。在署。那、联两侍郎蒙赏《平定粤捻回方略》，为拟谢恩折稿。晚过康叔、少楠谈。少楠妹倩前年五月率苍侄、萱儿避乱南下，至津已不及航海，闯关走山东，七月到苏，岁杪赴行在，去年十一月回京，与余同住豫叔处。今年二月，其续弦任夫人与余眷同至京。余移羊尾胡同，少楠则偕住豫叔后院。其弟宾如（家愉）住余处，每晚偕萱儿随少楠、汝言从一陈姓习英文。接三弟三次信、家咏春（福保）侍讲信。苏城患疫，咏殇二子一女，现为学堂总稽查，家居不欲出。又接陶念乔（治元）信，捐中书，托办核准。念乔为桂门（文潞）先生之孙，乃先祖受业师也。念乔壬午副贡，称同年，论姻小余一辈，论世谊则长一辈。又接宗载之（得福）世叔信，现署湖北应山县，补东湖，与先君联谱，托询赴引事。

初十日庚子　晴。在三胜馆邀恽厚存（学基）广东候补道，叶英斋（炳章）安徽候补府，郑仲星（祖庚）浙江试用县，韩晋卿（兆魁）湖北试用县，章彦远（宣寿）安徽州同，朱莘耕、金声侣、钮伯雅（德荫）光禄午酌。伯雅夫人金氏，远房从母也。其子重先（仪贵）表弟延为阳侄、喜儿课读。又述庭表妹倩亦在座。翁印若（绶琪）候选知县，未到。慰李玉舟（士瓒）礼部丧子，不值。王丹揆与同住，晤谈。玉舟寓大宝吉巷，现管江苏印结，自停捐后，捐官者陆续来京验看引见，结费甚丰。翰林科道欲分润，兼及内阁，本月起加结费半张。

十一日辛丑　晴热。到署。接三弟两信。

十二日壬寅　晴。到署。今日邸堂具奏会议创办工巡折，奉旨：派肃亲王（善耆）督修街道工程，并管理巡捕事务，补授步军统领。事权归一，可期收效。又奏请简派奥、义、比三国使臣。向系兼充，今因三国之请，改派专使。奥，吴德章；义，许钰；比，杨兆鋆。又三馆经费每年三万，参随不得逾四员。附片又翻译官程遵尧请开汜水县，留部当差。附片、奏稿皆余所拟也。先曾祖兰谷公生辰，设祭。

十三日癸卯　晴。到署。拟复义使黄村购地、建造兵房事。地归中国给价，房由义造，仍与声明撤兵时或拆去，或售与我，届时商办。彭心安（诚保）、汪东搏（福森）均到京。陆松龄（宗鑫）表舅由山东来。

十四日甲辰　晴。心安、东博来。金立诚自安徽来，带有刘云生（家藩）信。少楠堂弟甫以知县到皖，出京未两日也。接三弟信。收拾考具，于四点钟至隆宗门外迤北内务府茶房，与汪兰楣（凤梁）太史、章甓庵同寓，王雅云（度平）仪部约而未来，现直枢垣，系伊承办。

十五日乙巳　风大，淡晴。五点钟起，七点钟点名，由中左门入至保和殿，坐殿左。题为明于其利达于其患论；加税免厘得失策。论策皆低二格，准添注涂改。自奉诏废八股改试策论，殿廷考试则自此次考差始，卷用横直格，不写白折。余下午四点半钟完卷。计到百五十一人，外部则余与甓庵及和会司主事绪鸿

（臣儒）三人而已。

十六日丙午　晴。莘耕来，偕至仁昌。又至会馆，晤东搏，知心安捐案尚未查出，恐在被驳之列。到署。

十七日丁未　晴后阴，夜雨。答陆松龄、全[①]、汪子年（麟昌）太守，并晤范卿。就蒋浩泉（楙翰）大令省馆之招。归途，答晤宜兴人任文杰，为其父任克成殁于朝鲜，随员，曾经许星使请恤，托查案也。

十八日戊申　晴。到署。拟致奥使齐干信。五月初五日午正，慈圣召各使馆内眷入宫游宴，先行知照。奥使领衔，由其转致，届时亦归其带领也。就塔木庵（克什讷）、诒鹤青（格）两翻译官余园之招。昨寄三弟信。

十九日己酉　晴。到署。拟复英萨使照会水师相遇升炮礼节事，并咨南北洋稿。商约大臣吕海寰、盛宣怀电陈加税免厘各议甚详。心安来云，伊捐案尚无眉目。

二十日庚戌　晴，又阴。贺齐荫甫比部（普松武之弟）续娶。荫甫本总署同事，其兄安甫（阔普通武）则丙戌同年也，现为西宁办事大臣。就瑞鼎臣余园之招。席间十六人皆同部，共照一相。散后到署，拟新传章京试看三月奏留片稿。共八人，豫少庭（敬）、恒一山（林）、钟蔚生（棫）、文博庭（溥）、饶简香（宝书）、王子谦（履咸）、吴健秋（锜）、许孝升（枋）。寄三弟书。

二十一日辛亥　晴。与豫叔、再韩、韶臣、橘农、菊庄仍在陶然亭答席。同乡到者陆凤石总宪，汪药阶（凤池）比部，兰楣（凤梁）太史，殷柯亭（柏龄）比部，彭子嘉、刘少楠、潘仲樵（其相）三农部，李玉舟（士瓒）仪部，顾汝言内翰，汪范卿（朝模）、潘经士（盛年）两工部，吴颖芝（荫培）太史，

① 原文“全”字后空两字。

徐君善农部，王仲诒（大勋）大理，朱莘耕孝廉，彭翼仲（诒孙）别驾，张采南（官劭）铨部。刘映藜（俦远）光禄未来。谈宴竟日。答晤史芹浦（久藩），六弟之内弟，以知府分发；又经伟臣（康杰），芜湖人，先君门下士，以知县分发江苏。知心安捐案已查明可办。接张仲仁（一麐）同年书。

二十二日壬子　晴。到署。美日战后，古巴归美管辖，现许其自主立总统。美使照会，请以驻华美领事代办古巴交涉。允之。昨仲午同年办照复稿，声明中国驻古领事应照旧。余办咨南北洋札总税司稿，该岛有华工须保护，前曾与日国订约，现伍秩庸（廷芳）星使须改订云。晚就同和楼保久山（恒）消寒之约，已第十四集矣。

二十三日癸丑　晴。昨归途进堂子胡同，有东洋车灯闪动之际，骡惊大奔，车夫跌于地。驰至东口，有人勒而止。虽受惊，幸无恙，惟车夫伤颇重，须为医治耳。寄缉叔书、郑陶斋（官应）书、韦星浦（承基）书。一系招商局总办，一系文案。余前年归里，缉叔招之至局办理文案，九月到局，去年二月十三日起程到京局，薪支至岁杪，藉济三弟家用，皆缉叔之惠也。到署，拟致振贝子电，询到日本日期。

二十四日甲寅　晴。吏部引见考试试差人员。昨七十九名，今日七十八名。余黎明进内，至巳初始带引。散后回寓。刘叔南（瞻汉）由刑部主事选邠州直刺、李叔东（世震）表弟均来晤。午后到署，夜值班。

二十五日乙卯　晴。李文忠灵柩起程回籍，外务部江苏同乡在朝阳门大街设路祭，余皆到。散后至福全馆饭。到署。俄国亲王耆理勒由大连港来京，俄使援德国亨利亲王例，请派大员至塘沽迎接。今日邸堂面奏，派联侍郎前往。余拟请定觐期奏稿，明日具奏。俄馆翻译柯理崇福来署，同人与议礼节，缮问答，请示邸堂再定。又拟请旨赐各国驻京使臣及其眷属每岁游宴。奏稿

“游宴”二字，本因端午召各使馆内眷入宫致奥使信中酌拟，今即作为典要矣。

二十六日丙辰　晴。俄亲王耆理勒到，庆邸迎于车站。日中办理行文函件，甚忙。接三弟信。

二十七日丁巳　晴，郁热，晚，阴雨数点即散。史芹浦（久藩）因引见短二百金，暂假应用。晤刘叔南，欲索去秋印结，业已拟分，同局多不愿，为商玉舟，尚无调停之法。与悦陶同拟俄亲王入觐礼节：出入大清门。皇太后见于乾清宫正殿。颂答词皆立奏立听。皇上则见于西暖阁，起，握手，赐坐。颂词坐奏，答词坐听。礼毕，回上书房。上亲往慰劳。大致仿照二十四年德国亨利之例。彼皆力争。庆邸奏准。拟答敕二份。寄三弟、六弟书。

二十八日戊午　晴、热、雨均如昨。到署，仍料理觐见事。少楠为使奥吴（德章）订三等参赞，豫叔荐。

二十九日己未　淡晴，仍热。和约所定偿款四百五十兆两，每年四厘息，分三十九年拟还。本年应还一千八百九十余万，镑价已增至二千二百五十余万。还金财力不支，南洋大臣、沪道屡争还银不得。商约大臣与议，亦无把握。请部中主持。鼎臣拟平金价说帖。瞿堂仍主还银，嘱豫叔拟稿，照商各使。此系榷算司事，两君皆倩余为之。事关大局，遂不辞，然与修约还金不符，姑拟呈堂，亦未知照会空言能否挽回耳。

五月初一日己未［庚申］①　晴。俄国亲王耆理勒于午初刻觐见如仪。上步至上书房慰劳。礼成，同人至余园饭。是日，皇太后赏各使馆内眷兰花、广东玉兰、石榴、栀子，使臣妻四盆，余二盆。

（眉注：是日应作庚申，至廿二日均误。）

---

① 自本日至六月二十八日干支均误，以下径改。

初二日辛酉　晴。过史芹浦、恽厚存。至恒裕取印结，有四百余金，即交仁昌收账，并取零票，开销节用。到署，拟复南洋运《图书集成》、上海道购洋桌椅□。

初三日壬戌　晴。到署，与子友、甓庵校《会典》。

初四日癸亥　晴。贺夑师节，祝凤石生日，竹游。晚归，仍至署一转。

初五日甲子　晴。各使馆内眷入宫游宴，余畏热未往。过节，祀先。约心安、衡如、东搏、声甫竹游。

初六日乙丑　晴。接二、三、六弟书。到署。拟赏花谢恩代奏片。札华俄银行代办璞科第，俄文学堂每年在中国所存五百万息款内，拨大学堂二十万外，余利拨给二万五千。照复英使，水师互拜，暑热，易换服色，中国与西制不同，并咨南北洋核准。照复德使派员赴东诘会，并行荫使照复和使所送弭兵会清单、执照已存案。计稿七件，皆一手为之。赔款还银事，瞿堂稍易办法，照会各使，今日美、奥、德三使已驳还，而语气尚不过执。

初七日丙寅　早阴，午后雨，至夜未止。久旱得此甘霖，可喜。寄二、三弟书。三弟旋又有信来。到署，拟各使眷端午游宴谢恩片稿。

初八日丁卯　晴，夜雨。到署，与同人检点存稿，并校《会典》。接六弟书。

初九日戊辰　晴。答俞寿田（锡畴）大令未值。在三胜馆邀汪子年（麟昌）太守、施稚桐（启宇）刺史，经伟臣（康杰）、吴殿臣（允升）、张福申（文専）、钟体乾（人麟）、孙汉槎（宗华）、史芹浦（久藩）诸大令，金子纯（立诚）醝尹便酌。散后仍到署，检点存稿。

初十日己巳　晴。到署。使奥吴焕其（德章）星使来拜，并留别。驻俄代办使事胡馨吾（惟德）电称，俄外部以津榆铁路交还合同英议未惬，东三省约不能如期互换，已电其使雷萨尔云。此事又费周折矣。

十一日庚午　阴，傍晚大雨，至夜未止。到署。留部新同人豫少庭等八君，又全兴九（龄）司务在福全馆公请，筵席丰盛。赴约时尚未雨，归途则冒雨回署值班。少楠来谈。

十二日辛未　晴。到署，与子友校《会典》。

十三日壬申　晴。昨颖芝放福建副主考，往贺未值。适省馆团拜，公请新任江宁藩司李香垣（有棻）方伯。颖芝亦到，同僚到者亦不少。散后，过经士，与豫叔、药阶弹雀，小胜。归途，过少楠谈。

十四日癸酉　晴。到署。美有提督来京，又愿请觐，办理一切函牍。史芹甫来，又假百廿金。

十五日甲戌　晴。到署。拟庶务司员外郎朱有基由云南回京供职，补行引见奏稿。英君本月廿一加冕之期，钦奉懿旨：派醇亲王载沣届日至使馆致贺。照会英使萨道义。直督袁、江督刘、鄂督张奏请变通外籍及出使人员章程，余拟奏稿，因原奏奉朱批中有“所陈甚是，著外务部查照办理”之谕，就向章之未及者推广之，已及者申明之，大致与原奏用意相符，而窒碍处亦不能不斟酌，措词颇曲达。鼎臣呈邸堂，尚以为妥。又有请仿各国蓝皮书编案颁发片，则拟片稿驳之，复呈枢堂，未阅定。

十六日乙亥　晴。到署。答李叔东（世震）表弟，本在京；陶枚臣（钧鏶）表弟以江西通判来赴引，均晤。就礼部隆振轩（端）、曾月梅（衡）、李玉舟（士瓒）、刘子沄（思翥）聚宝堂之召。散后到署，与子友校《会典》。美提督请觐，定于十九日午初刻，行文各处。接三弟书。

十七日丙子　晴。到署，办存稿。颖芝、莘耕来。

十八日丁丑　晴。到署，校《会典》。俞寿田（锡畴）来。

十九日戊寅　晴。华子宣（堪）世兄完娶，往贺，送分者皆从丰。到署，拟致驻俄胡代办（惟德）书。

二十日己卯　晴。祝凤翁夫人生日，弹雀胜。送史芹甫行。

廿一日庚辰　晴。到署。知英君患肠痈，经医剖治，加冕展缓，后传电旨问候，使馆礼节亦停。赔款送银事，各使不允。伍使电谓美廷允助，然与其使康格照复语气不符。

廿二日辛巳　晴。约东搏、心安、少楠昆季、声甫、汝言在寓午酌旧叙。午后到署，校《会典》。心安假一百七十六金有零，明日动身。

廿三日壬午　晴。声甫本拟与心安同行，忽头疼暂止。送颖芝，假伊百金，廿七行。过俞寿田。到署。夜雷雨。

廿四日癸未　晴。声甫愈，仍动身。接三、六弟，君修书。到署。

廿五日甲申　阴。复三、六弟，君修各书。英君宴专使毕，各遣回国。振贝子于廿五赴比，由比至法，至美，由美至日本。到署，校《会典》。驻俄胡参赞电，交收东三省约于二十四日互换。接声甫抵塘沽书。

廿六日乙酉　晴。到署，拟复蔡星使书。

廿七日丙戌　晴。到署。就陈梦陶右参之招，系为余与康叔祝生日。鼎臣亦四旬，因病未到。梦陶乱中得字画，皆精美，余亦陈设得宜。

廿八日丁亥　晴。赔款还银事，美允照银数，先还八年。商约事，英使马凯允加税，至值百抽十二·五，吕、盛两大臣同往江鄂会议，再定厘金全免，留销场税。户部复电，须争留产地税。拟据直督咨催还天津照会德、英、俄、法、义、日本稿，以设都统衙门者，系此六国也。接三弟书。

廿九日戊子　晴。复张颂仁同年书。晤管成夫（尚平），充使俄学生，由苏来京，偕伴前往。过少楠谈，知其初三准行。豫叔在福全馆大宴同僚，午雀，赴之。各堂约李提摩太（耶稣教会）到署，议民教相安章程。谓教民、平民同系中国子民，须守王法，教士毋预词讼，否则撤换、遣回国。惟须将诬蔑教会之书禁绝，以息浮言。其论理财，须讲制造与铁路，以流通货物。其论学堂，以译书为首务，各学堂每年会议两次，毋重复。现在先翻字典，将人名、地名、数目定一准名，以免互歧。西人各种学问，各有专门之学，非个中人不能译，尤须延聘得人云。接张玉甫叔书。

六月初一日己丑　晴。到署。致复庵同年书。法使鲍渥升越南总督，明日行。

初二日庚寅　晴。到署。议复袁、张、刘条陈变通外部出使人员章程。瞿堂阅定，略有更动。蓝皮书片稿亦未改。又拟请简俄、法、美三国使臣奏稿。少楠来辞行。

初三日辛卯　晴。四钟起，至车站送少楠、宾如行。过寿田、稚桐谈。到署。

初四日壬辰　晴，酷热。到署。复宗载之子戴书。

初五日癸巳　晴，昨夜雷雨，时甚暂，天气则稍爽矣。邸堂于早九钟到署。德使穆默请假回国，来辞行，并谈交还天津及不允赔款还银而允用金纳税事。拟穆使蒙赏代奏谢恩片稿。

初六日甲午　晴。到署。史芹甫借款无信，函催之。寄三弟书。

初七日乙未　晴。到署。

初八日丙申　晴。到署。接三弟书。

初九日丁酉　晴。到署。昨递请简使折，胡惟德使俄，孙宝琦使法，梁诚使美、日、秘，均加三品卿衔，行文各处。曾月楼初二作古，往吊之。早雨，夜又阴雨，热稍减。

初十日戊戌　晴。到署。日本、德使照会交还天津各节，畅道驻兵照旧；炮台拆完，不设防；华兵须距天津二十里外；各国军队于铁路、电线、联军人及物产者，有权察办账目案件；赋税各清界限。如本部复准，即于四礼拜内交还直督自治。即函寄北洋。

十一日己亥　晴。喜儿十岁生日，食面后到署。英、法、义照会亦来。北洋复电无异议，余拟奏稿。

十二日庚子　晴。到署。接三弟书。

十三日辛丑　晴。还津奏上，奉旨：依议。即拟复各使照会，并电咨北洋。

十四日壬寅　早阴雨，后晴。发照会，除五国外，复知照俄、美、日、奥、和、比各使。俄与前五国均设都统衙门。俄武官先去，此次未来照会，余则皆同议公约者。接江、鄂督，吕、盛大臣电，免厘加税已与马凯定议，请代奏。昨祝钱干臣（能训）母寿。

十五日癸卯　晴。加税议，电旨须从长计议，仍饬江、鄂两督单衔具奏。

十六日甲辰　晴。昨复三弟书，附复声甫一纸。京师时气颇盛，去春祁冕廷交携之救疫雷公散，及新制救急雷公散即五虎达腹丹，均已散罄。至西鹤年堂，各配三百包。到署。拟致奉天将军信，为日本小松亲王将由俄铁路取道东三省回国接待照料事。又拟英使信，请留文登祝令事，未便干预，并咨东抚酌办。接史芹甫信，知已到常，因其五叔作古，汇款须稍缓。镇江关长久山、江海关袁海观信，送冰敬，托重先作复。过汪东搏谈。送陶枚臣行，未值。衡如自保定来。

十七日乙巳　晴。润澥来。到署。免厘加税事，江、鄂督又电陈足敷抵补。奉旨照办。夜阴雨。复三弟信、史芹甫信。致六弟信。

十八日丙午　阴。答杨莘伯之子、新分户部员外郎朝庆，晤。答孙慕韩未晤。到署。拟致奉天将军，论俄兵撤退接防及交还牛庄应先期筹备信。美国议在散鲁伊斯地方开博览会，派总理巴礼德邀请中国赴会，请入觐。拟奏，即于明早呈递。

十九日丁未　晴。接钱搏甫信，知其因验疫，由沪折回，即复之。又接六弟信，寄归萼生信并执照，托办注册。又接三弟信，附张叔鹏信。到署。奉旨：巴礼德于二十二日巳正觐见。即办照会。拟请赏俄员巴乐克，比员法郎机、魏来嘎宝星片稿；各使照复七月十二日交还天津咨北洋稿。霍骞甫复回署，答拜之。三弟书，莲侄女订姻刘氏（东生之孙），茂侄聘心安之女。

二十日戊申　晴。答同年陈西岑（志喆）大令、陈蓉曙（遹声）观察。松筠庵举丙戌夏团，即邀两君并与新放湖北副主考沈子封（曾桐）作饯。到署，拟巴礼德觐见答敕。史芹甫来电云，款已汇出。接韦新甫信。沈一舟来。接子静信。汪东搏来，假百金。

二十一日己酉　晴。寄三弟书，言兰办嫁事，并宋光镐、陈声福注册照件。到署。

二十二日庚戌　早晚皆阴，时有雨。巴礼德觐见，进内面呈刻银请帖，礼成而出，独未雨。散后到署。和兰署使送其女主上年成婚国书，请代递，因其时銮舆幸陕，稍迟函告也。即拟奏稿，并答复国书稿。

二十三日辛亥　阴雨。四川拳匪滋事，川督电奏，适该省言官亦参督藩首府，有旨诘责。江、鄂奏留美使伍廷芳，有旨暂留使任，并以四品京堂候补。昨，曹再韩同年简典晋试，杨味莼同年副之，朱益斋同年典秦试。到署，拟咨复伍使查办金山总领事何祐免其置议稿。

二十四日【壬子】　日夜雨。到署。衡如由保定回，将赴天津，假廿金去。闻乙舟亦同行回南，未及往答，赠以京中食物，并嘱喜事与三弟面商。阅报，知恽菘耘师故于常州宅第。

二十五日【癸丑】　雨，酉刻始止。义国星使许静山（珏）同年来晤，向晚召饮，以雨大泥淖，辞不赴。致三弟书。复韦星甫书。到署，拟议复科布多参赞大臣瑞洵，请将俄商局改为洋务局奏稿。

二十六日【甲寅】　淡晴。皇上万寿庆贺，休沐一日。在康叔处，与何云帆、子恒、汝言弹雀。

二十七日【乙卯】　阴。答许静山，晤。到署。比主电贺万寿，拟答复国电。接芷叔、少楠、宾如各书。

二十八日【丙辰】　晴。过俞寿田谈。到署。浙抚电询衢府停考，外县拨府各生乡试如何办法，昨拟复电，不必标明府学字样，今日又拟稿知照礼部，转行他省学政照办。昨日英萨使到署换照会，定于七月十一日交还津京榆铁路。

二十九日丁巳　晴。复三弟、芷叔、少楠、宾如书。袁、张、刘三督奏改外务部及出使人员章程，今日复奏，准由出使大臣保送参随，考取记名，与各部院人员相间传补。又，本部司员派充参随外，并准部院督抚保送，由本部考察记名，一体派充出洋游学。学生准保送充翻译。本部实缺司员京察年分，亦准保送外官。惟出使人员仍论差，不设缺。奉旨：依议。又仿蓝皮书办法，另片议驳。奉旨：知道了。皆余拟稿也。今日礼部奏派顺天考官，余已请假。

三十日戊午　晴。到署。拟朝阳门外苗家地借作各国操场并围墙工程提款修理片稿。顺天主考陆润庠，同考于齐庆、鲍心增，皆同乡。

七月初一日己未　晴。朱积臣（正元）来，办理《江浙闽沿海图说》成，各堂许为进呈，并予奖叙。到署。许静山来谈。傍晚，根生之长郎涤新来晤，赴汴乡试过京。

初二日庚申　晴。陈蓉曙来。到署。四川拳匪滋事，总督奎乐章开缺，岑春煊调署。李兴镜调署粤抚，柯逢时护理江西抚，赵尔巽护晋抚。

初三日辛酉　晴。到署。密旨派振贝子查东洋留学。

初四日壬戌　淡晴，午后微雨。在省馆约静山、寿田、海帆、润漪、骞甫、霁生、仲午、亮伯午酌。接史芹甫书，还二百零二两，余一百四十两划归伊叔季超礼部，于回京时带还。

初五日癸亥　立秋，阴雨。复史氏叔侄书，并寄三弟书。豫斋叔于昨日丑时得孙，早间来谈，即往贺，见豫婶、汝言。到署。日本师范学校长喜仙治五郎来谒。各堂谈约束学生事。孙伯英，本号廷扬，名多杰，到京谈事并候办验看，将分发北河，系业师孙紫绶（传澍）先生之长子。接祁冕廷书，寄来救疫散二千服。

初六日甲子　晴。寿田来辞行。到署。拟海参崴商务委员保奖奏稿；又崴埠洋员请奖宝星片；又朱正元图说进呈并请奖奏稿。是日，英君补行加冕，各堂均往贺。

初七日乙丑　晴。到署。

初八日丙寅　阴，午间雨，旋止。送寿田，答伯英，过润漪、许鲁山（汝棻）农部，均晤。到署。校《会典》。拟致伍大臣电稿，论古巴自主，派使议约、递国书事，应查考通例电复。接咏春兄书。

初九日丁卯　晴。接六弟书，上月鄱阳厘差到班，方伯照章请委，中丞以幕府前嫌不允。大吏而私喜怒，殊难服人。李已调署粤抚，或有挽回，即作复，并致子静书，嘱再向方伯说项。又复三弟书、咏兄书。到署，校《会典》。

初十日戊辰　晴。昨信均今日发。到署。檀香山领事为言者劾其不法，交部查办，拟稿行伍大臣。

十一日己巳　晴。同乡同饯凤公于其邸寓，并雀叙竟日。夜雨。

十二日庚午　晴。方西伯（燕庚）来拜，定远人，内阁中书。到署，校《会典》。北洋来电，今日交还天津。

十三日辛未　晴。复平泉、祁冕廷、韦星甫、衡如各信。到署，校《会典》。

十四日壬申　晴。东安典史马维霖（梅□），木渎人，去年入计典，贫不能归，凤石总宪及康叔与余均酌助之。到署，拟古巴自主译呈国书并答复国书奏稿；又请派驻美使臣兼使古巴、与之立约片稿。接三弟信。祀先。

十五日癸酉　晴。送凤翁、润漪行。到署。日本内田使函云，永平有马贼窜据，该国已加兵驻守。如其扑攻，不免交锋助剿，预先知会。时庶司尚无人到，豫叔拟电北洋，余拟复信，恐外人助剿有碍大局也。萱儿搬进五城学堂，明日开馆。接六弟信。

十六日甲戌　晴。到署。驻藏大臣奏，英人驻兵藏界，藏番不遵。委员会商请照会英使转电印督和商，并札税司会办。英俄皆垂涎藏地，藏番愚梗，其心已离。中国鞭长莫及，藩服又将不我属矣。奈何！接陆松林表舅汴梁信。

十七日乙亥　晴。接子静书、张梦梅汴梁书。

十八日丙子　晴。到署，校《会典》。王友梅信，论喜事。

十九日丁丑　晴。到署。拟咨伍大臣，檀香山领事杨蔚彬又为美使言其被华人控告苛虐各节，归入前案，一并查办。又复美使稿。英使萨道义因湖南辰州杀英教士二人，来署请查办。复王友梅信，以子静拟送三百金为其子就亲事，拟不收财礼，亦不计较，听其酌办。适三弟连来两信，并以此事告之，又嘱其托毛仲明向雷宅议萱儿婚事。又寄衡如信。

二十日戊寅　晴。知张采南同年丁外艰，往唁。答王漱铭（清鼎）正挥，丹揆之堂弟。过玉舟谈。到署。湘抚昨即电奏，杀教士属实，已奉旨严办。比署使贾尔牒将归，请派子弟至伊国学堂学习，谈汉口租界事。

廿一日己卯　晴。到署。拟咨粤督抚毋苛虐出洋华民家属稿，为杨领事而发也。拟许静山原有盐运使衔或改三品顶戴，或照章给二品顶戴片稿。寄三弟信。接少楠信。

廿二日庚辰　晴。早，到署。午后就同乡吏部刘诚甫（显曾）、丁锡臣（福申）、孙子均（培元）惠丰堂之招。因查结事，有新选吏主之宋捷三（子联）科分在先，彼此争论，邀正帮管公断，商劝未洽而散。接韦星甫信。答金瑞卿（东辉）。

廿三日辛巳　阴，午后雨。复衡如、星甫信。寄二弟信、少楠信。到署。拟致美康使信，以德、日本洋人黑夜敲人门户，须各国自行查禁，由领衔转致。据五城察院咨也。就新简使法孙慕韩（宝琦）京卿之招，在灯市口德昌番菜馆。

廿四日壬午　晴。寄钱搏夫信、三弟信。接芷叔、子静、衡如信。就王丹揆、漱铭昆仲省馆之招。过恽薇孙同年。至五城学堂视萱儿。孙伯英捐款不足，向仁昌代担六十金。

廿五日癸未　晴。接子静信、友梅信。到署，办存稿。

廿六日甲申　晴。许静山招同人饮于福全馆，渠近奉旨赏加二品顶戴。今日奉谕旨，加税免厘已定议，嗣后各省用款统筹拨补。吕、盛两大臣定明日与英使马凯在沪画押。到署，拟致领衔美康使信，商酌上年画押议约各使宝星等第。又拟咨复粤督所商洋教习、法教士请宝星事。复子静信。接东搏信，到津，得榷署文案。

廿七日乙酉　晴。到署，办存稿。

廿八日丙戌　晴。复东搏、衡如信。到署。吕、盛大臣来电，因拨补事前论不便入约，且有各国业经定议，即著裁去厘卡等语，恐电码有误，拟请用“著照所请办理”六字。奉旨：仍责成江、鄂妥酌，如无意见流弊，即传旨著照所请。钦此。“业经定议”，中外皆以为言传，莲甫拟以“一”字易“业”字，则化板为活。枢堂已照更正此字，诚一发千钧也。俄雷使来署，谈商约、电线事，于交还东三省之期尚多藉词延宕。寄二弟书。

廿九日丁亥　晴。到署，办存稿。萱儿散学回寓。学堂定章，初一、十五皆休息也。

八月初一日戊子　晴。到署。拟复美康使，中国律例并无代众受罚之条，已行粤省，嗣后毋苛待出洋华民家属稿。接衡如信。

初二日己丑　晴。过金瑞卿，知其接电，母病危，行止未决，劝之归。吊王厚□丧弟。又过孙廷扬，云已向广裕借定大衍，仁昌代担，十月归款云。到署。拟日主之祖薨逝，奏请致唁片稿。又日主亲政，复贾署使照会稿。薄暮，暴风雨即止。接石君修内弟信。

初三日庚寅　晴。到署。拟古巴兼使伍廷芳国书并片稿；法国延笔帖式富惠至越南充教习，请免开缺停俸行内务府咨询稿。复君修、衡如信。王仲彝借百金，言一月归还。接冯梦华信。

初四日辛卯　晴。豫叔新孙弥月，往贺，弹雀饮宴竟日。王友梅自保定来，议喜事。

初五日壬辰　晴。瞿堂为言官王乃徵所劾，自请开去重要差使，得旨慰留。闻疏中多论外务部近事，不知何人漏泄也。到署。子静由保定来，薄暮适雨，冒雨往谈，在豫叔处共酌。《中英商约》今日在沪画押。

初六日癸巳　晴。到署。拟寄古巴兼使国书、韩国称庆国书、奉旨复电咨各件。晚，子静邀至福寿堂，与孙慕韩（宝琦）同饮。早访友梅，未晤。渠将回苏，托带三弟书并饮抽各件。瑞卿母病有转机，初七引见后即归。贺周小帆（兆祎）比部娶媳。送许静山同年行，承其惠别。

初七日甲午　晴。英萨使来署，因报章有与俄订藏约事，疑而致问，并言驻兵藏界，即以防此，否则必不多事。各堂力辨无之。英俄相忌，政府必不为此，报馆造谣，不知从何而起。韩君遣员赍送喜庆玉册二方至津，托袁帅代达，由枢廷进呈，拟电复之。朱心耕来，言王仲彝借款多诈。人情真不可测度，余太直率矣。晚，托汝言治菜，仍就豫叔处，与子静同叙并弹雀。复冯梦华信。

初八日乙未　晴。至心耕处，晤王仲彝，案欠先还一年，明日即偕金瑞卿回南，余且留俟回京再算。贺席翰伯（淦）兵部娶妇。接归蕚生（宗洵）信。到署，拟致北洋袁使韩许信，送贺韩称庆国书也。

初九日丙申　晴。上缉叔、芷叔书。寄三弟书。过徐鞠人（世昌）同年，托孙廷扬到东省，请其弟友梅（世光）太守照拂。到署。接史芹甫信、衡如信。

初十日丁酉　晴。到署，拟日本武弁前年守护大内，遵旨请赏宝星奏稿。

十一日戊戌　阴。到署。接三弟两信，即作复。又复衡如信。

十二日己亥　晴。两宫驻跸颐和园，邸、枢堂皆随往，那堂亦以左翼总兵须值班，惟联堂与两丞留署，两参议、四司掌印即轮赴园。到署。比署使雷尔牒回国，接署者葛飞业来见联堂。葡使白朗谷来议澳门商约，彼许我设关，我许彼由澳造支路。已□勘界一节从缓，而彼另有照会，意仍包含在内，尚须商驳。印藏界事，英人因藏番未肯勘界，遣兵驱出。前议哲孟雄界外，来照声叙，似尚无格外占地意。已电驻藏大臣妥办。

十三日庚子　晴。到署，校《会典》。

十四日辛丑　晴。到署。校《会典》。俄使允于九月初八日为第一次交还奉省西南段至辽河及营口，拟请派盛京将军届期接收奏稿。

十五日壬寅　晴。贺孙燮师节。送廷扬行。到署。午后至豫叔处雀叙。

十六日癸卯　晴。上赏各使馆内眷桂花月饼，料理分送。俄允交还关外铁路并有条款，大致与英交铁路同，全权画押，并派员接收工司。拟奏华俄银行存息六十余万拨交大学堂拟咨札稿；

寓美商民报效工程捐款拟请奖叙奏稿，系邸堂单衔。夜直，检点送圈文件。

十七日甲辰　晴。到署。朱正元禀请接办北洋海图，拟稿咨商北洋。接悦廷叔岳书。

十八日乙巳　晴。到署，校《会典》。

十九日丙午　晴，午后阴雨，夜又雨。到署。今日拟折，交还奉省西南段及营口派增祺接收，关外铁路派袁世凯接收，即办照会发电。拟德国海军提督盖斯乐请觐奏稿。振贝子来电，十八由马关行，廿二晋京。电致北洋及胡侍郎备车照料。

二十日丁未　阴，午后晴。到署。德馆翻译盖斯伯（卜海）来论盖提督觐见事，办理知照各处片文。接三弟两书、六弟书。

廿一日戊申　晴。贺陈梦陶嫁女、殷柯亭娶媳。到署。未正二刻，俄使雷萨尔到署，以交还关外铁路条款与庆邸、王相画押。据云，俄主意在两国和好，东三省必次第照约交还，亦不欲侵占中国土地。各报每言俄觊藏地，致英人驻兵藏界，其实俄无此事。如有言者，请不必信云。振贝子奏复查办蔡使与留学生龃龉事，调停两边，均不置议。奉旨：外务部知道。比太后逝，拟电传旨致唁。又保护雍和宫之俄官高耶福及喇嘛请奖咨管理查核稿。夜大风雨，四更止。

廿二日己酉　晴，风大。卯初登车，与悦陶约于东华门桥上相候同行。出西直门，沿石路至本部公所，时甫辰正二刻。少顷，德使葛尔士、提督盖斯乐及随员等共十六人亦到。更衣毕，巳正二刻进东宫门，向西进仁寿门右门，先至南配殿内小坐。入觐礼毕，因风大，不能坐船，由庆邸带领向西北渡桥，一亭仰望宫殿楼台，湖光山色。仍由原路出，至公所，留饭，而后回馆。余等亦进城。到署。英翻译梅尔思来论交还铁路事。是日，振贝子回京。

廿三日庚戌　晴。祝童瑶圃六十寿，未见。答广东解饷委员常州同乡吴孟斐（贞亮），又答韩峨生（仁祖）兵部，均谈。到署。英萨使照会，与德、法、日本三国商撤驻沪洋兵，约在十月初二日。即与仲午拟电南洋并复。又拟致领衔美康使信，奉懿旨：定初二日午刻在颐和园召各使馆内眷入觐游宴。又拟比主进国书谢派使片稿。复比署使照会稿。接子静信。

廿四日辛亥　晴。贺朱古微（祖谋）侍郎视粤学，壬午同年。吊赵星楼（世德）仪部，亦壬午同年，因病作古。过刘绍岩谈。就刘芾青省馆之招。接三弟、六弟信。

廿五日壬子　晴。复子静、衡如信。到署，拟请赏议约使臣等宝星奏稿。

廿六日癸丑　晴。早就文博廷、吴剑秋福全馆之招。晚与同司七人公请两君作饯，并承参、翻译诸君。汪伯唐随振贝子初归，邀之未到。复三弟书。接咏春信，重九边到京。

廿七日甲寅　晴。到署。日本使馆卫兵拟至京北一带行军操练，内田使遣翻译来说。拟函致顺天府出示晓谕，姜提督派弁照料。

廿八日乙卯　晴。豫叔嘱，代拟领侍卫大臣议复徐德沅侍御奏汉侍卫发往南北洋学习稿，庆邸所命也。接三弟两信。关内外铁路，英俄俱交还。

廿九日丙辰　晴。到署。顺天府、姜提督均复到，即拟，亦复内田使。美康使开来入觐女眷单，照录进呈。先祖忌日、先君生辰，早晚设祭。

三十日丁巳　晴。到署。美康使开送女眷入觐衔名进呈后，准其由广源闸乘船至玉澜堂下船，即作函行文。并有税司等女六人同觐，复赫德。寄三弟、六弟书。

九月初一日戊午　晴。根生由宣化调大名，其眷属已径由通州水路去，渠自赴保定，过京来晤。访经士不值。视仲午恙。到署，料理明日游宴事。署中至颐和园提署公所新置德律风传话，其应如响。俄约交东三省第一期，系奉省西南段至辽河，政府议谓盛京亦在其内，拟谕将军增祺。增即照会俄员，致俄使来问此事。慈廷寄后，已函知将军，声明枢堂嘱以此拟稿照复。接三弟两信。

初二日己未　晴。黎明出西直门，沿河堤至万寿寺行宫，有小轮船带大船二只，泊广源闸。内务府大臣世续、外务部左侍郎那桐、总管李连英均到。候至九点钟，美使康格率翻译七人、各使馆内眷三十一人均至（原单三十八人，不到七人）。同司诸君及翻译各员均随船。余与绪鸿臣乘车先驰至公所，则堂官、丞参已进内。随进东宫门，在仁寿门外立候，又在玉澜堂沿湖堤候良久，十二点过船始至。康使、翻译在南配殿，内眷在北配殿。少坐，即由本部堂官带领进仁寿殿。皇太后正坐，皇上坐东侧。康格带其妻先进颂，余以次登陛。先见皇太后，握手鞠躬（如双膝请安状），次见皇上，亦如之。礼毕，皇太后下纳陛，复坐殿东偏，一一慰问后，在乐寿堂赐宴，复令乘船游览。余等先出，至公所少憩，由原路回城，已薄暮矣。嗣知各洋眷因时已晚，不及游，即由原路回馆。上赏康格及其妻，又日本使内田之妻，法贾署使、日贾署使、奥讷署使、英吉提督等之妻画屏、绣件各一幅。

初三日庚申　晴。皇太后御笔画二卷、字一卷，皇上御笔字一卷，颁给美使康格，存美国博物院，赛会大臣巴礼德即拟函致康格转寄。今日皇太后复令外部遣员至各使馆慰问。

初四日辛酉　晴。到署。拟复比葛署使，中国学生入比国武备学堂学习，俟遣派时商办照会稿。接六弟信。复徐子丹信，现署德安县。夜有雨。寄三弟信。

初五日壬戌　早阴，微雨即止。昨汪桐侯（承晋）来，苏人，浙江知县。吊徐仁甫（堉）侍御之兄，仁甫仪曹旧同僚也。过管述庭谈。到署。拟供事武弁例保奏稿，并请奖电报学生、同文馆汉教习片稿。又札朱正元赴北洋接办沿海图说稿。南洋大臣、江督刘坤一出缺。

初六日癸亥　晴。到署。根生来。刘制军进赠一等男，予谥忠诚。以张之洞署两江，端方兼署湖广。

初七日甲子　晴。答汪桐侯。过根生。因杨莲甫（士骧）升直臬，与渠儿女姻亲，须请回避，不赴大名，明日仍回保商酌。到署，拟复德葛使上海撤兵事照会稿。唐蔚芝回京。接三弟信。

初八日乙丑　晴。寄三弟信、子静信。到署。法提督马立山请觐，明日具奏，料理各事，并答敕名单之类。夜直班，至公事齐乃归。

初九日丙寅　早，微雨即晴。为澄儿捐监，报考大学堂速成师范科。到署。拟美康使因赐博物院字画谢恩片稿、为日本同文会长请赏宝星片稿。复奥使唁刘忠诚照会稿。复俄雷使催还营口照会稿。法提督马立山定初十日巳刻觐见，即发照会。又十七日，召各使及参随等游宴，拟致美康使信底。接王幼梅信，兰赘姻定于十一月十六日。接施列仙（樑）信，广东盐大使，二弟同事。

初十日【丁卯】　晴。过经士谈。答广东知县蒋慰农（钟炜）。在省馆邀张仲濂（则同）同年、直隶知县汪桐门观察（鸣銮，柳门侍郎之弟，分发江苏）、玉舟、佛青、蔚之、橘农、丹揆、漱铭午酌。朱古微、夏闰枝（孙桐）未到。

十一日【戊辰】　晴。到署。骞甫调和司额外帮掌印，多一帮手。拟复盛京将军电，告以缓交营口事。闻俄使雷萨尔病笃，此事恐有周折。拟保军机章京兼行奏稿。复法贾署使赠联堂宝星稿。日本翻译郑永邦来言，俄交奉省第一段，宜照会内田使，允派四堂办理。

十二日【己巳】　晴。到署。拟咨复内务府笔帖式富惠为法聘越南教习，准其前往，惟不能免扣资俸稿。又复法贾署使长江一带权利不能让与他国、早撤沪兵照会稿。骞甫拟议复吴蔚若奏川省筹闲款派高材赴日本学师范稿。

十三日【庚午】　晴。萱儿考大学堂首场。拟初二日使馆女眷游宴代奏谢恩片稿。接三弟书。

十四日辛未　晴。到署。葡约派庆邸于四点钟，与葡使白朗谷画押，我许彼以铁路，彼许我以设关，交换利益，界务从缓，征点值百抽五，不作梗。究系小国，蹉磨尚易就范。寄三弟书。为根生乃郎□恂就亲于彭氏颂田之女，汇一竿、自汇一百。

十五日壬申　晴。咏春兄于十三日到京，卸装会馆，往晤谈。就张仲濂之招。到署。拟十七日答敕。拟奏复给事熙麟奏日本警察学生玉权退姻，并无其事；延龄虽系独子，情殷向学，应俟卒业回华片稿。萱儿考大学堂二场。

十六日癸酉　晴。到署。英萨使以辰州教案办轻来信，辞不赴园。邸令曾敬贻（广铨，文正之孙，本署差委，通英文）与之说开。虽不到，不提此事。钱甥搏夫以议叙通判来京引见，偕往，托仁昌料理。

十七日甲戌　晴。赴园。各使及参随、翻译到者四十七人，觐见于仁寿殿，赐宴于南北配殿（堂官陪各使、翻译在南，司官、翻译、官陪、参随在北），余亦入座。宴毕，在玉澜堂（宸居）前码头上船，至涵虚堂（在湖中心，俗名龙王堂），迤南有十七孔桥，可达岸。桥南一亭。堂之四面皆临湖。其山涧曰“岚翠间”。游览一周，复乘船至清宴舫（俗名石舫）。如船形，前后两间，上有高阁。从此登山，向东迤逦而上，约行二里许，登景福阁。阁之西偏有野茶馆。向南下山，过颐乐殿（即德和宫），前有戏台，出即仁寿殿前。仍出东宫门，回公所小憩。进德胜门，复到署，略检点公事，回寓已上灯后矣。

十八日乙亥　晴。北闱揭晓，南元为杨朝庆，常熟莘伯太守之子。阮子衡，中第十八，余无熟人。到署加班。奏保奖各折片，均照复。接汪郎亭信、君修信。

十九日丙子　晴。早，钱搏夫来，偕至仁昌。因其议叙照为翁泽芝遗失，须补领，且有告近事本月不及办，搏夫定见南旋，开春再来。为郎亭在仁昌提存款五百，拨交乃弟桐门。至会馆，晤咏兄、汪甘卿（钟霖），袁葵三、藻楼叔侄。到署，知韩使朴齐纯来京清晤各堂，拟函复。庆邸在府见英萨使，为辰州教案事处分未定，颇有决裂之语。又以上海撤兵，德法有言，而庆邸秘之，照会诘问，彼固视长江权利为其所固有也。申刻，接苏电，苍侄中式，可喜之至。昨晚就常月川丈招，今晚就陈亮伯招，皆在福全馆。

二十日丁丑　晴。到署。拟请派汪伯唐（大燮）为管理日本留学生总监督奏稿，又韩使朴齐纯请觐呈递国书奏稿。复东抚德派办理官驻济南，不认领事但认委员函稿。寄三弟信。接少楠沪上信，颇以随使不惬意，有退志。今日荣寿公主府奉命延各国使馆女眷饮宴，到者二十三人，英馆内眷亦辞未到。寄三弟书。

廿一日戊寅　阴雨。大学堂出案，萱儿取师范馆第九名。到署，拟调朝鲜通事官来部考验差遣咨礼部稿。韩使朴齐纯来署拜晤。又日本内田使见瞿堂，议商约。

廿二日己卯　晴。萱儿至大学堂复试。钱搏夫来，适内子生日，留之吃面。到署，拟寻常稿数件。

廿三日庚辰　晴。昨接三弟书，论雷宅姻事，即复之。又二弟书亦作复。到署，拟复英萨使、德法两使照会，大致谓中国自主之权利，无论何国何地皆不能让，不独长江一带，商催早撤沪兵，以昭大信。接邹渭青观察（仁溥，无锡族长辈）、徐悦庭叔岳信。根生来。汪桐门来取款，即函复柳老。

廿四日辛巳　晴。寄六弟书。复君修书。汪甘卿招饮于余园。散后到署。昨盛杏孙侍郎丁外艰。拟俄交第一次奉省西南段及铁路，照知英、美、日本三使。

廿五日壬午　晴。到署。拟片奏梁诚兼使古巴请颁国书稿。前日照会，德法补发。英使则由那侍郎与商，将来往照会交阅后电其政府请示，辰州案处分仍不放松。派袁制军督办商务，并议商约；伍廷芳会办商务，并议商约，迅即由美回沪。从张香帅电请也。

廿六日癸巳［癸未］　晴。到署。与恒子友校《会典》。接三弟书、葛汇臣书。阅《江南全录》，汪毓烜为范卿水部子；王季烈为芾卿农部子；秦曾荣为佩鹤侍郎子；吴铭常为颖芝太史子，苍侄之内弟；彭世襄，蕙侄婿之叔家；祖荫（号颐斋）。苍侄名在九十，亲族熟人皆有，可喜。萱儿大学堂复试，降至廿四名，尚系正取（共正取卅，备取七），俟十月再招考。十月初三日到学，听候开馆。接三弟书。

廿七日甲午［甲申］　阴。复三弟书。答陶子贞（钟福）表叔。晤咏兄谈。到署，拟内田妻蒙赏谢恩片稿。

廿八日乙未［乙酉］　晴。圣驾回宫。两枢堂到署。日本内田使来辞行，偕其妻回国，请假三月，以松井庆四郎暂署。

廿九日丙申［丙戌］　晴。到署。韩使定初一觐见，料理行文各事。接三弟书，言声甫借钱引见事。

壬寅十月初一日丁亥　早晴，午后阴。申时日食，云阴未见。巳正，皇上升乾清宫，韩使朴齐纯觐见，递国书，礼如各国使臣，承参司员到者十数人。散后，至福寿堂午饭。到署，拟致驻韩星使许子衡（台身）信，令选通事二人来京备差遣，因礼部所送通官无用也。拟堂谕，添派绪鸿臣（儒）、曾霁生（述棨）、豫少庭（敬）、饶简香（宝书）同校《会典》。美使康格来，晤枢堂，请派员赴其国散鲁伊斯赛会事。夜祀先，仍至署料理直班公事而回。复三弟信。接子静信。

初二日戊子　晴。答福建候补道陈次旌（同书）谈。次旌为同年润甫（同礼）太史胞弟。余于甲申春偕二弟奉先母至先君芜湖任所，由太和起程，过清江，次旌时办电报局，邀余兄弟饮。后渠分发至闽，办理洋务有年。庚子明保来京引见，因乱未果，此次复来补引。议论明通，有用才也。到署。湘抚两电，英以辰案未结，将以八艘入长江，四镇汉口，四取洞庭。当由豫叔飞禀各堂来署商定，明日请旨速结。上海撤兵事，张芗帅复德领事照会，仍将长江提开说，谓权利不能让与各国系指全境，以释英疑，并请署中常通消息。当以现议情形拟电告之。昨奏派汪大燮为日本游学生总监督，已奉明降并赏五品卿衔。今日专使振贝子保随员，又奉旨开缺，以五品京堂候补。其出使美国大臣梁诚，则以四品京堂候补云。复子静信。

初三日己丑　晴。辰案奉旨，均照湘抚所奏处分，都司刘良儒立决，总兵颜武林【斩】监候，知府吴积銞流五年，沅陵县万兆莘永戍。外人要挟愈重，此后总以不出教案为幸。到署，办寻常稿数件。

初四日庚寅　晴。早，至豫叔处，偕其乔梓出永定门，至十里庄苏太谊园公祭范文正公、顾亭林先生。礼毕，午饭，到者十[①]人，共两席。归途，过四合轩茶叙。进永定门，到关咏琴（以镛）处食鱼参，粤中风味也。寅正归，车进正阳门，半开无阻。盖自铁路修至外城，洋人时有出入，城门启闭亦成具文矣。

初五日辛卯　晴。送周采臣（暻）同年赴滇，以工部郎中拣发。过薇孙，并访根生，已出门。至咏兄处，遇之，共谈时评。咏兄已卜居烂面胡同路东，其夫人亦到京。又过搏甫，知其议叙照觅到。并晤言西山，答朱积臣。到署，无甚事，傍晚散。接孙伯英济南信。

初六日壬辰　晴。根生昨调青州府。到署，料理存稿。

---

① 原文“十”后空一格。

初七日癸巳　晴。璞仁山、徐悦陶招饮于署中储才馆。稍坐，即赴李玉舟省馆之约。接三弟、少楠、子静各信。晚，拟致俄使照会：一、东三省未撤兵各地方，俄武官勿干预华政，并由中国添兵敷剿抚贼匪之用。一、催交营口。一、催还东三省电线。又拟电驻俄胡使，同，并照约由中国设关征税，在铁路交界处。均令转达俄政府商允。

初八日甲午　晴。谒凤石总宪，赠顺天闱墨。根生来谈。到署，排校对《会典》班期。接三弟信。

初九日乙未　晴。复三弟信。接孙紫绶师信，汇还伯英借款。师为余与二弟在寿春时，吾父延之教课，后在芜湖又延课诸弟并苍侄，为人谨厚，训迪甚勤。官来安教谕多年，现尚在任。到署，拟比君主贺皇太后万寿复电片奏，本署司员缺定为一补两题稿。接衡如信，前因妻病假旋一月，现已回津。

初十日丙申　普天同庆，街巷皆结彩。校《会典》，定为每日两人，余与鸿臣自今日起到署。校毕，拟致驻俄胡使信，详述东三省情形及俄相威特意主平和，嘱加联络，以备因应。因电文尚略也。就仲午聚宝堂之招。接声甫信。苍侄禀知与苏城秦曾荣（佩鹤侍郎三子）、吴铭常（颖之太史子，即苍侄内弟）、彭世襄（为蕙侄婿树滋之胞叔，同门系朱锦绶，彭同科非同房）同出郭南云大令（曾程，福建，己丑进士，礼部旧同事，现官通政使署，礼侍春榆曾炘之弟。后知非郭，为安徽英山县秦）之门。作根生信（已赴保定）、孙伯英信，明日寄。

十一日丁酉　晴。在省馆邀汪伯唐、陶杏南（大均）、蒋慰农（钤炜）、袁葵山（宝璐）及其侄藻楼（文凤）、家咏兄、钱搏夫午酌。陈次旌、陶子贞表叔均辞未到。

十二日戊戌　晴。霍骞甫招饮于聚宝堂，因候客，至暮始散。夜，到署直班，检点送园公事。

十三日己亥　晴。王幼梅津电，偕潘婿于今日早车来京。遣仆往为照料，所办嫁装由伊运来。到署，办寻常稿数件。

十四日庚子　晴。幼梅来。声甫亦到京，住豫叔处。渠拟向余贷款办引，而相悬过巨，爱莫能助，与豫商，只可作罢，为设法致宁绍台道信。到署。校《会典》。拟以候补郎中沈曾植请补和会司员外郎稿。

十五日辛丑　晴，大风，渐寒。至会馆，晤幼梅、潘婿（承福，号备安），告以考大学堂事。到署，拟寻常稿件。

十六日壬寅　晴。钱搏夫来，拟仍留京办引。致子静信。到署，拟吉林将军保送曹廷杰进呈所注公法请旨录用奏稿。

十七日癸卯　晴。祝陶太舅母生日。答吴子修（庆坻）太史同年，前四川学政。就庶务司同人聚宝堂之招。大学堂二次招考，潘婿往试。

十八日甲辰　晴。到署。校《会典》。英使萨道义请假回国，至署辞行，邸堂接见。拟比主被击受惊慰问国电；又比主递比后薨逝国书照复比姚使稿。

十九日乙巳　晴。到署。拟致美康使查前年守护大内兵官人数拟请宝星函稿。复日本松井署使，日本撤退驻沪兵队有期，中国自主之权均不能让与各国函稿。并电知南洋撤兵日期。晚，借豫叔处，约幼梅、声甫、备安、豫叔、汝言便酌。搏夫移行李来寓。

二十日丙午　阴。同乡至凤老寓设筵，为之洗尘，弹雀小胜。接张子亮（鸿猷）保定来信，告助复函，托幼梅带交，由子静划给二三十金。

廿一日丁未　晴。到署。拟代奏游学生总监督随带人员，并开用关防折片。接三弟信，附六弟信，知厘差到班，护抚仍因李抚旧嫌未委，殊为踌躇。夜，豫叔招饮，有陶子贞表叔共谈。

廿二日戊申　晴。刘年侄（启瑞）来，嘱电致退叔，询其母眷过沪行期。启瑞乃芾卿之子。凤翁来，午饭后去。到署，拟复英署使焘讷理，以四川设总领事不合约，应作为重庆总领事函稿。复三弟信，嘱转致六弟，凤翁允为说项并筹济之。先君忌日设祭。

廿三日己酉　阴。答王干臣（大贞）仪部，福建同安人，丁酉拔贡，小京官，本科复捷北闱。过玉舟，留饭。又答分发山东候补道、常州同乡余易斋（思诒），因吏部扣免保银两议减结费邀饮，辞之，仍为酌筹办法。到署，拟苗家地各国操场向户部拨款咨稿。

廿四日庚戌　晴。贺汪药阶升山东道御史。过刘佛青、梁巨川、汪范卿，均晤。就于海帆、江筱涛两同年省馆之招。声甫回南，走送之。

廿五日辛亥　阴。到署。料理沈子培补缺，廿七日引见事，并拟述旨稿。接根生保定信，备安取大学堂师范四十二名。

廿六日壬子　阴。过王干臣，为豫叔处七表妹执柯，并晤其兄甲午孝廉（大亨），云禀命［明］乃翁再复。送伯唐行，未晤。送子贞表叔行。到署，拟请赏前年议约各使臣参随等宝星奏稿；又请赏俄使雷萨尔、日本同文会长近卫笃磨宝星各片稿。

廿七日癸丑　阴。到署，拟俄使雷萨尔回国蒙赏谢恩片稿。夜，小雨即止。

廿八日甲寅　晴。到署。邸堂至俄馆，与雷使画接电线合同。拟复礼部朝鲜通事官二员无庸留部差遣片稿。寄三弟信、根生信。大学堂今日复试。王干臣来。

廿九日乙卯　晴。到署。拟咨工巡总局日本松井署使函，请妥议使馆服役华人犯法如何办理章程稿。王幼梅送潘宅衣饰来。接三弟信。

卅日丙辰　晴。到署，校《会典》。

十一月初一日丁巳　晴。到署，办寻常稿二件。接六弟、君修、子亮、毕少斋各信。

初二日戊午　晴。到署，拟附奏英国人员不在该国准受宝星例内，毋庸请给宝星片稿；又俄文学堂请拨东总布胡同厢白旗蒙古官地片稿。至大学堂访药阶，阅视一周，备安取十八。

初三日己未　阴，小雪，约二寸。午正，江苏同乡公祭乡贤，在省馆行礼，到者四十余人。余司东首，分献引赞。散后，过王幼梅。澄儿至大学堂验照。

初四日庚申　晴。到署，校《会典》。复六弟、君修信。

初五日辛酉　阴，昨夜雪，午正约六七寸。拟照会有卫队各国使馆，东长安街一带派巡捕、弁兵巡查，洋兵相遇，勿稍疑阻稿。接根生信，于初五启程赴东。

初六日壬戌　晴。到署。寄三弟信。复致颖芝信。

初七日癸亥　晴。谱桐、甓庵在省馆招饮。过咏兄、再韩（典晋试甫回）、兰楣、韶臣。接三弟信，搏甫掣浙。

初八日甲子　晴。到署。英允四川总领事作为重庆，拟咨照各稿。校《会典》。接三弟信。

初九日乙丑　晴。到署，办寻常稿数件。

初十日丙寅　晴。到署。今日奏事，办行文各件。接六弟信，朱远生、陆振之贺信。

十一日丁卯　晴。过于海帆、王幼梅、钮姨丈。就省馆李橘农、恽薇孙、夏闰芝三同年之招。

十二日戊辰　阴。复六弟信，又复三弟信，萱儿完姻定于明年五月初十日。到署，拟议复许使奏韩廷庆礼改期稿，又寻常稿数件。校《会典》。

十三日己巳　晴。到署，办法使觐见事。

十四日庚午　晴。到署。电局改归官办，铁路会同督抚核定，均于昨日奉旨，皆谕盛侍郎宣怀经手事。

十五日辛未　晴。料理喜事。夜，汪兰楣来住宿。昨王干臣来言，亲事已由乃翁另定。

十六日壬申　晴和。两宫还海。长女赘潘婿承福，号备安，子静观察之三子。先寓会馆，迎至寓，巳正成嘉礼。原媒刘季云（昌熙）、陈菊坪（熊）两孝廉均在苏，请顾豫叔、汪药阶执柯，兰楣赞礼，汝言、钮三表弟伉俪为伴郎及挽亲太太，重先司账。同乡三邑及外县者同署之知者均到，同年知者甚少，因未出帖，诸从简便。

十七日癸酉　阴。澄儿进大学堂。到署，拟照会义使禁止黄村义兵滋事稿。

十八日甲戌　晴。搏甫引见。至顾宅及近段谢客。到署。德撤沪兵，昨拟电南洋，今日作复。

十九日乙亥　晴。至城北谢客。就吴少渠福全馆之招。到署。昨大学堂开学。

二十日丙子　晴。至城南谢客，晤玉舟、丹揆、幼梅。贺橘农娶媳。到署，拟日本贵族议院长伊泽修二进呈所编书籍五种，请旨嘉奖奏稿；又拟克林德碑坊告成致祭颂词。

二十一日【丁丑】　晴。仍至城南谢客。祝夔相生日。到署，校《会典》。寄三弟信，附俞寿田、徐悦庭、声甫侯。

二十二日戊寅　晴。法使吕班在乾清宫觐见，呈国书，进内照料。散后至聚丰堂饭。到署，拟致荫午楼星使信稿，顷调至北洋练兵，嘱其保举继使事者。

二十三日己卯　晴。至西城谢客，在陆宅饭。到署。吊鼎臣之兄聘之。接三弟、陆振之、汪东搏信。

二十四日庚辰　晴。到署，办寻常稿数件。

二十五日辛巳　晴。到署。管学大臣奏请变通同文馆办法，不予学生出身，交部议奏。拟复奏稿，大致谓翻译与各项学生不能歧视，即在预备、速成两科中，择年少质敏、洋文已有门径者，作为翻译专科，一体予以进士、举人、生员等出身，不必仍称同文馆，亦无庸另行招考云。夜，豫叔招饮，与备安同往。

二十六日壬午　晴。美提督麦勒思来京请觐，办理各行文事件。复陆振之信。

二十七日癸未　晴。到署。麦提督定廿八巳正二【刻】觐见，其妻定廿九午正二【刻】觐见，与同人赶办文件。接三弟两信，复之，并谕苍侄。搏甫明日由秦王岛回南，今日出城，结伴附早车，作远之信交之。

二十八日甲申　晴。进内伺候。觐见毕，至聚丰堂饭。到署。拟复东抚电，告以英设四川总领事已驳，改重庆，德不能藉口，梁凯仍作为暂驻济南办事委员。又拟复荫使，陆长葆不能接叙前资咨稿。黄村滋事义兵，该使照复约束，札行顺天府尹稿。

二十九日乙酉　晴。潘子静亲家自津来回保，婿女谒见，留饭而去。到署。今日康格与麦勒思之妻在宁寿宫觐见，皇太后亲书“福”“寿”字，颁赏随同入觐之女眷等。

三十日丙戌　阴。昨备安偕澄儿进大学堂肄业。送子静行。偕仲午在省馆公请丙戌同年江湘岚（峰青）观察（久官浙江嘉善，现以道员到江西）、朱益斋、沈子封、于海帆、刘少岩、江筱涛、家咏春诸君。徐鞠人、吴巨年未到。

十二月初一日丁亥　晴。到署。童瑶圃（德璋）简放徽宁池太广道，系初二日放，前任吴季卿（景祺）因其子炳声招摇被劾，经皖抚查复开缺。初三日，各国新年，办理咨函等件，定初四日由各堂偕各部院大臣往贺。

初二日戊子　晴，连日风大，寒气杀重。到署，校《会典》。瑶圃在署资最深，人甚诚厚，惟才稍短耳，改章后未升丞参，意似郁郁，近病将愈，得此喜信，亦足以慰。过述庭，晤。

初三日己丑　晴。贺吴少渠娶妇。到署。知瑶圃之缺，邸堂定以朱伯平请补，所遗庶务司员外郎缺，余拟正，蔚芝拟陪，乃遗主事缺，以王厚轩借补。

初四日庚寅　晴。各堂及各部院大臣俱到署，共三十三人，分两起往英、法、和、美、德、日本、韩、奥、义、比、大西洋、日斯巴尼亚各馆贺年。和使辞以疾，大西洋署使出游，国小费绌，亦藉此为节应酬之计。拟请补各缺奏稿，考语则请右丞拟慎逊谦自重如此。

初五日辛卯　阴。过于海帆谈。送江湘岚行，未晤。绍岩在嵩云草堂招饮，座皆同年。散后到署，已暮，料理夜直事始归。

初六日壬辰　晴。到署，校《会典》。比使为领事道志请宝星，复以议约时已请过。接三弟两信，即作复。

初七日癸巳　晴，风大。到署。京察过堂，各堂均到。于三点钟点名。一等为朴寿、雷补同、关以镛、周儒臣，备一之一为徐承焜，备一之二为傅嘉年，上二等为余与唐文治、保恒、王清穆，余皆照例二等。候补中记功者，吴荫培、陈本仁、霍翔、阿克敦、王荣先、曾述棨、饶宝书、豫敬。拟克林德牌坊告成请派大员致祭奏稿。美国散鲁伊斯城赛会，奉旨派溥伦为正监督，并由部奏派汉副监督黄开甲，洋副监督税务司美人柯乐尔。日本明年大阪赛会，凡朝贵皆有请帖，外务部堂司翻译亦有请帖，拟请旨酌派数员前往。

初八日甲午　晴。到署。东长安街一带各使允设巡捕，而不愿派兵巡查，拟咨复工巡总局、提督衙门，告以使馆界址，全权与各使议定章程。又拟补缺述旨奏稿。接衡如信。德使来照，上海德兵撤净。电达南洋。

初九日乙未　晴。到署。与同人核对京察履历册。拟致姜提督信，止其派兵巡查。接广东学使朱古微（祖谋）侍郎谢宴信。

初十日丙申　晴，风大。到署，校《会典》。

十一日丁酉　晴，风仍大。寅正起，先至署，偕厚轩、梦陶同行进内。辰正齐班，在乾清宫丹墀下候时许。巳初引见，口奏履历。旋奉朱笔圈出，补授庶务司员外郎。同引见之朱有基补榷算司郎中，王昌年补庶务司主事。共邀联堂、豫叔、梦陶、仁山、悦陶、仲午、鸿臣、久山、伯华、甓庵在聚丰堂午饭。后至各堂处投刺禀谢。到署。日本赛会，朱笔圈出振贝子、那桐、瑞良、陈名侃、毓隆，均于届期前往。克林德碑坊告成，派醇亲王致祭。

十二日戊戌　晴。至豫叔处道谢。梦陶、悦陶均未晤。到署。拟奏驻比使臣杨兆鋆丁忧请旨稿。赔款还银事争辨许久，迄无成议。岁杪，沪上结账，照镑尚少银三百余万，各使照会索补。各督抚公电财力支绌，尚须合筹办法。那、联两堂已向各馆商量拟改为照镑收税。就阮子衡之招。

十三日己亥　晴。谒孙师，未晤。慰吴少渠悼亡。到署，核对宝星执照。接三弟信，苍侄禀知于初二日得一男，当即命名斯升，乳名捷。函复三弟并上缉叔书。寄钱搏甫书。

十四日庚子　晴。过蔚芝谈。闻舒春舫病，晤久山，知已稍好。到署。英焘署使来言，大连湾设关不宜允俄代办；赔款中国须先认还金，再请各国体谅；泽浦铁路必要照办。事皆棘手，处处受人牵制，主权已失，补救良难，此非一朝夕之故矣。核对宝星执照。

十五日辛丑　晴。吊徐芷帆同年。到署。接三弟、六弟、声甫各信。备婿、澄儿放学。

十六日壬寅　晴。到署，办寻常稿数件。夜，就豫叔汇丰堂之招。少楠自奥来信，拟作归计，请丞参致使臣发川资。寄毕少斋信。

十七日癸卯　晴。到署。各堂偕各部院大臣至俄馆贺年，均如贺各国新年之例。

十八日甲辰　晴。到署，无事。贺存子孚嫁女、景佩珂（禐）娶妇。过凤翁谈。接三弟信。

十九日乙巳　晴。到署，代醇邸拟致祭克林德牌坊复命折。

二十日丙午　晴。午刻，醇邸致祭克林德牌坊，与德署使葛尔士各遣军队奏乐。各使皆来观礼。到署。拟议复伍廷芳奏学生郑廷襄制造精良，施肇基读书卒业，均领美国凭照，应俟咨送来部考验，再行请给出身奏稿；又拣派韩国汉城总领事，以本部候补郎中陈本仁往充奏稿。复山东巡抚信，抄送德文胶澳修约。衡如来信，送鲜果四色，即复之。

廿一日丁未　晴。到署。吊同年赵特轩（秉璋）驾部丁外艰。过钮姨丈，告以重先教读未能常川到馆，来年须另延之意。夜，在惠丰堂邀甓庵、耜云、谱桐、豫叔、季留、子衡、兰楣、汝言便酌。寄三弟信。复声甫信、六弟信，附复吴炯斋学使谢信。

廿二日戊申　晴。到署，办存稿。懿旨连日颁赏使臣内眷等花果。

廿三日己酉　晴。黎明进内，偕同乡谢钧、张铁粮恩旨在造办处、南书房他坦饭，凤石总宪所招呼，立冬即是如此，菜颇适口。到署。近日赫德献议，以金价纳税，如公约所定，海关银一两作英金三先零之数，此后收税即以三先零为定，市价每三先零合银若干，税亦如之。按月论价，以之抵付赔款，出入均平云。夜祀灶。寄三弟书。复刘东生丈书。致施孟先、叶仲瑜信。

廿四日庚戌　晴。程佑三邀饮于会馆，并作雀戏。

廿五日辛亥　阴，微雨。到署。拟各使馆内眷及和署使罗敦回国、蒙赏谢恩代奏折片。又复德荫使派德商李德为驻德埠汉尔布克领事，应向外部商办电。又批外交报准立案不准通行，系温宗尧禀。接徐子丹信，送炭。得鲍润漪讣，知丁内艰。

廿六日壬子　晴。到署，复美康使议约添日参赞贾思理宝星俟后续奏信稿。寄许静山信。接三弟信，知刘内姑母于十三日子时去世，殊为感悼。夜敬神。寄曹耕生信、徐子丹信。

廿七日癸丑　晴。到署。与豫叔商电致少楠行止，嘱其妥酌。办寻常稿数件。寄三弟信。

廿八日甲寅　晴。到署，办存稿。

廿九日乙卯　至夔师处贺岁，贺翁小山（曾桂）放浙藩，均投刺而已。过咏兄谈。到署，拟代进法主教樊国樑贺表，并林懋德、刘克明请觐奏稿。寄二弟书。又寄三弟书，附还所存实收执照九张。接施立先书云，二弟海山一席又可蝉联，稿已照详，缉叔之赐也。

三十日丙辰　晴。至各堂处贺岁。到署。又见豫婶。辞岁，祀先，吃年夜饭，接灶。

光绪二十九年，岁在癸卯，余年五十一岁

元旦正月初一日丁巳　天气晴朗。到署，见右侍郎联春翁、豫斋，拜同僚诸君，料理各使请觐贺年等事。拜年。晤阮子衡、汝言。

初二日戊午　晴。到署。至西城拜年。陆凤翁来见。见伯征、莘耕两君，留便饭。

初三日己未　晴。到署。枢堂以已奉谕旨，定于初九日觐见，各使十二觐见，林懋德、刘克明十三觐见，各馆内眷不便再行具奏。明日仅递樊国樑贺表。惟觐见在何时何地，尚未请旨。拟照会、函信等件，俟阅定。接朱远生信、蒋慰农信、二弟信。元旦诏开皇太后七旬万寿恩科，其癸卯、甲辰正科乡会试，并于下届举行。今日又奉上谕，三月初八日谒西陵。

初四日庚申　晴。至城南拜年，见陶太舅母、钮姨丈、姨母。到署，知觐见时刻初九定巳正二刻，十二定巳正，十三定午初。拟寻常稿数件。敬财神。

初五日辛酉　晴。到署。拟札江海关道，吴淞验疫，另定妥章，并复美康使函稿。

初六日壬戌　晴。各使及林懋德、刘克明、赫德次第来署贺年。

初七日癸亥　晴。拜蒋式言（道南）茂才，奉贤人，为阳、喜两儿教读，阮子衡所荐也。就范卿、经士之招，雀叙□日。吊张采南同年父丧。

初八日甲子　晴。到署。拟复袁督请赏烟台各国领事宝星片稿。保久山于初六日丁其丈春舫阁读学忧，往唁之。式言开馆，邀子衡、汝言、述庭作陪。接三弟两信、徐悦庭叔岳信、钱搏夫信。

初九日乙丑　晴。各使觐见贺年，进内照料，散后至聚丰堂饮。到署。

初十日丙寅　晴。寄三弟信（第一号），就咏兄、再韩之招，散后仍到署。

十一日丁卯　晴。到署。大学堂教习服部宇之吉、岩谷孙藏、杉荣三郎，均日本人，谒枢堂。保久山开缺，百日后仍留署当差。和会司员外郎以蔚芝拟正，存子孚拟陪，递遗主事以王仲午借补，存菊庄调和会司帮主稿，陈亮伯调庶务司帮主稿，王仲午补榷算司帮掌印行走，曾霁生署和会司帮主稿行走。邸堂因痔疾在假，以上差缺均在邸点定。料理十三日各使馆内眷觐见事。

十二日戊辰　晴。今日为赫德、林懋德、刘克明觐见。到署。日本内田使回京，其妻政子明日同入觐，并带呈皇太后、皇上、皇后礼物。

十三日己巳　各使馆内眷觐见。到署，拟复川督电，为英领事不愿称重庆，仍嘱据案力驳。

十四日庚午　晴。到署。拟复英焘署使两信，一嘱其行知谢领事改称重庆，一复其思茅领事不便叙入贵州，惟仍可商办云贵交涉。又拟咨梁使古巴华商禀请立约保护，妥筹办理。

十五日辛未　晴。谱桐招饮于聚宝堂，早散，与同人游厂肆。复至会馆小坐，仍到署。各使馆均赏元宵。夜祀先。接六弟信，奉委省城外膏捐分局，薪水三十六金。即作复，并致二弟信。

十六日壬申　晴。到署。饶简香拟电复商约大臣，论赔款还金，以金价纳税，即公约中切实值百抽五之义，语甚中肯。接三弟信，即复。

十七日癸酉　晴。偕豫叔在长元吴馆公请苏府同乡，三席。散后至经士处竹戏。

十八日甲戌　晴。到署。拟批海参崴委员李家鳌准给假三月回籍省亲禀。接祁冕庭信。

十九日乙亥　晴。到署。拟蔚芝、仲午请补缺奏稿；恩荣（伯华）、李宾阳（寅龄）留部片稿；又义主致书告生女，并拟答复国书片稿。复川督电，英领改称重庆，如到省商办事件，亦可接待。日本内田使由国回，拜晤各堂。英焘署使谈怀浦铁路事甚久。德兼署使索赔款分票，语颇恫喝。其国有一亲王及妃，下月将来游历，须议礼节。又言山东练兵须添德员，为拟电致东抚。接根生青州来信，尚未接印。

二十日丙子　晴。到署。今日奏事，陈小山已奉准派汉城总领事，拟咨札各稿。至保久山处送库。

二十一日丁丑　晴。到署。拟札日本游学总监督，自备资斧学生未经督抚、学政咨送者，不准入士官学校。汪伯唐所请也。沈子培（曾植）以截取单蒙简江西广信府。署中连次出缺，可谓疏通。冯梦华升四川按察使，亦为丙戌同谱生色。

二十二日戊寅　晴。余生日，早至聚宝堂，偕悦庭公请李玉舟、刘子芸、李子深、刘少岩、玉朗侯、多德圃、罗小豪、聂献廷，皆仪曹旧友。散后至仁昌小坐。晚，就章甓庵惠丰堂招弹雀。唐蔚芝得庶务司主稿，李梅坡调榷算司帮印，霍骞甫借补和会司员外，调考工司帮行。余未得主稿，同人颇谓抱屈，而此心淡然。

二十三日己卯　晴。到署。英使照改四川总领事为重庆，云南思茅总领事不叙贵州，拟咨行滇督，并复英使。三弟来二号信，即作三号复之。

二十四日庚辰　晴。偕咏兄在本馆请丙戌同年，两席，到客先后不齐，竟至暮。仍到署，料理晚班。

二十五日辛巳　晴。到署，为骞甫补缺，叙入蔚之等补缺稿内。

二十六日壬午　晴。到署，校《会典》。

二十七日癸未　晴。朴仁山放山西归绥道。七日之间，连放府道两缺，真非意料，圣恩高厚矣。

二十八日甲申　晴。祝豫叔生日。知邸堂点悦陶掌印，余转主稿，菊庄转帮印，鸿臣转帮稿，霁生补帮行，少庭署帮行，皆和司乌布缺。则和会司郎中以谱桐拟正，菊庄拟陪，递遗员外郎以子孚拟正，梅坡拟陪，递遗主事拟霁生补。夜至豫叔处酌，并弹雀。

二十九日乙酉　晴。四鼓进西苑门，偕同人谒谢邸堂、枢堂，并至各处投刺。拟寻常稿数件。接使美代办沈凤楼（桐）信，惠炭敬。

二月初一日丙戌　晴。到署，拟谱桐等补缺奏稿；又为美国赛会副监督（黄开甲）代作谢恩奏稿。会试，孙燮师为正总裁，荣庆、徐会沣、张英麟为副房考。同年中有华学澜、夏孙桐、张丕基、恽毓鼎。（余以苍侄应试告假。）接声甫信，仍来引见；六弟信；施笠仙信。三弟信即作四号复之。浙抚保招商局承运漕粮人员，三弟得五品衔，亦可喜。又作复六弟信。

初二日丁亥　晴。到署，拟德国巴宴亲王禄佩及妃觐见礼节，大致与俄亲王耆理勒同。

初三日戊子　晴。会馆团拜，祭文昌，到者三席。议函致陆春江方伯，潘济之筹岁修常款，拟提实兴费二三百金；并致外任实缺各同乡官信，均咏兄拟稿。散后仍至署。张在初咨请发新嘉坡总领事凤仪凭照，复以自行奏明再办。

初四日己丑　晴。新选芜湖县常熟人沈君植（祖懋）来，荐（曹德）兴之。到署。邸堂晤俄柏署使，所答皆中肯语，阅历深矣。作三弟五号信，附致少楠信，又同乡致陆、潘信。

初五日庚寅　晴。到署。致许静山信。

初六日辛卯　晴。到署，办寻常稿数件。访丹揆，其黄病已稍愈。就耿伯齐招。

初七日壬辰　晴。到署，料理电报文件，直宿。

初八日癸巳　晴。偕请送印钥恩（伯华）进西苑，邸堂、枢堂均入直。呈电报四公事。伍大臣廷芳在金山向美武员购得雍正元年上世祖章皇帝玉册一分，呈邸堂恭进。午初散直回署，办寻常稿两件。接三弟信、香侄信，走淮河赴汴。

初九日甲午　晴。到署。沈代办桐查复檀香山领事参劾各款事多不实，复以姑免置议，应通行各领事核减照费；拟咨复新任梁使。偕悦陶在福全馆请新放之童、朴、沈，及赴日本赛会王、瑞、陈、曾、全并同署，共两席。复声甫信。

初十日乙未　晴。到署，拟进呈法国答复裕使辞任国书片稿；办存稿。接声甫信。

十一日丙申　晴，风大。复声甫信。寄三弟六号信。到署。就汪鹤龄、程佑三聚宝堂之招。

十二日丁酉　晴。到署。办存稿。为联春翁作补授外务部右侍郎谢恩折。庆邸四侧福晋仙逝，偕同人往吊。京察一等，本署三人均圈出。

十三日戊戌　晴。省馆春祭，余仍司引赞。散后仍到署，办寻常稿数件。

十四日己亥　晴。到署。美使康格及其妻同甲生辰，蒙皇太后颁赏，函请代奏谢，拟折稿。又，日本兵队赴京北操演，拟咨札各稿。晚就耜云、谱桐、鼗庵之招。寄鲍润漪、范赞臣信，均送奠分。又复归冠英、朱远生信。

十五日庚子　晴。到署，料理公事，夜直宿。

十六日辛丑　晴。进西苑，邸堂未入直，枢堂入直。吕、伍大臣电，与俄使宝至德议定税则。伍系接差，应请旨会同画押。枢堂复以照案办理，并领电旨一道。荆州将军派瑞兴护理。散后至庆邸处，本部堂司公祭四侧福晋。同司存菊庄等在福全馆宴客，仅扰其面即返署，办寻常稿件。接根生信。

十七日壬寅　阴，雪雨相间。德国联邦贝宴亲王禄佩今日瞻仰天坛、先农坛，明日至西陵及五台山等处游历，办函电等件，分致各处。昨接三弟六号信。

十八日癸卯　淡晴。驻美代办沈桐及赫德条陈金币办法，本部撮要具奏，奉旨：交政务处、户部会议。金贵银贱，中国受亏甚巨，不得不亟图补救。然兹事体大，关系命脉，当贫弱之时，正未易挽回也。日前袁、张两帅会奏，请废科举，自恩科后将中额三科减尽，岁科试两科减尽，亦交议。复根生信、声甫信、三弟七号信。

十九日甲辰　晴。邸堂传往面嘱，韩国庆礼，仍派驻使许台身呈递，告枢堂请旨。因连日请假，不入直也。夜就考工司同人聚宝堂之招，关、周、雷三君皆记名。

二十日乙巳　阴，夜有雨。到署。贺韩，已派许。

廿一日丙午　淡晴。到署。拟为赫德之弟赫政请恤片稿。复北洋英奥交还津沽地段事咨稿。复盛京将军拟给海龙城俄员宝星由奉省奏奖咨稿。贺韩庆礼，奉旨派许台身呈递国书，昨发电，今日拟照会韩朴使稿。接陶念乔信、苏静庵信。

廿二日丁未　晴。本部带领引见，余为头班押排，唐蔚芝拟正和会司员外郎，王仲午补榷算司主事，霍骞甫补和会司员外郎，均奉旨圈出。散后，就丞参福全馆之招。到署。拟复胡大臣电，俄外部请赏宝星，应由其（总办柄舰）自奏。拟咨军机处稿，为蔚芝声叙记名知府保案。美康使来，论上海道禁米出口事，不得约外抽捐云。

廿三日戊申　晴。到署，拟致俄柏署使第二次交还东三省地方，彼此派员交接照会稿。夜直宿。

廿四日己酉　晴，午后风，旋阴。进西苑，见邸、枢堂。领回电旨两道：一借闱会试，河南学政司道首府县须回避；一告祭炎舜二陵。著黄建笎去上海禁米，电复南洋，仍将捐章撤免。

廿五日庚戌　早雪，旋霁。本署引见，余带二排。谱桐得郎中，子孚得员外，霁生补主事。回署，即办咨照各件。又拟致北洋袁、驻韩许使信，为送韩国庆礼、国书事。接子静、三弟、六弟各信。

廿六日辛亥　晴。答苏喻之（育仁）、彭仲松（中孙）大令，均未晤。晤江苏知县刘泽青（邵小泉之戚），贺曾霁生，均谈。到署。盛京将军派孙太守（葆瑨）来，为俄人请办电气灯、车、德律风及索省城、营口公所等事。复三弟信，因馥庭族兄作古，嘱其月贴。又复六弟信。

廿七日壬子　晴。到署。拟咨复盛京将军，省城公所改为各国借住，营口东官厅可允，电气灯、车、德律风，均由工司拟驳。答钱忆兰（宗标），廿年旧友。

廿八日癸丑　晴。到署，复拟复盛京将军函、俄柏使照会，亦为东官厅事。接曹景陶信。

廿九日甲寅　晴。到署。德葛使来言，巴宴亲王禄佩初一可到，各使联衔，又催赔款保票。访锡润生之子百敬之（泰），拟租伊观音寺屋，未晤，托陈子久（恒庆）同年转商之。

卅日乙卯　晴。丙戌同年在湖南馆团拜，演剧。答马蓉卿（德骥），同乡候选知县；潘又生（昌煦）庶常，住咏兄处，均晤谈。子久言，锡宅愿租其西院，月十二金，惟须修理。听命于其戚绍月荃（英）驾部。即托蔚芝转致。到署。德使来，禄王及其妃希请觐，照会司中已办奏。

三月初一日丙辰　阴。日有食之。到署，直宿。

初二日丁巳　阴雨，午后止。进西苑，邸堂因赴南苑，未入直，见枢堂。因禄王请瞻仰景山，并见内务府大臣世伯宣宗伯（续），由其请旨准往，适伴送之北洋翻译官李德顺（号子元）来，告知一切。请觐见事奉朱批：著于初五日巳初二刻在乾清宫，王妃巳正二刻在宁寿宫。回署，办照会，并拟答敕及行文各片稿。

初三日戊午　晴。早，仍访百敬之。渠又言只租东院，尚须修理，因借其西院先住。子久亦代商，已定局。到署，料理礼节衔名，并发各文件。

初四日己未　晴。到署。禄妃因病明日不克入觐，德使来照，又分致各处。寄三弟信。祝蔚芝年伯母生日。又子静之泰山双寿，送礼，未去。接朱莘耕苏州来信。

初五日庚申　晴。巳初二刻巴宴国亲王禄佩希特暨其弟戈尔克觐见，一如俄耆亲王之仪。礼毕，同人至源丰堂饭。鼎臣、任庭陪游颐和园。到署，办照会，送上赏宝星、字画、绣片等件。禄王妃俟驻跸团河，于二十一日觐见。为忆兰信事，致杨莲府信。

初六日辛酉　晴。禄佩拟游明陵、古北口等处，函致北洋、顺天府照料。日本前外部青木来游，邸堂派谱桐、杏南迎于车站。那堂偕瑞丞、陈左参前赴日本大阪观会，请训。左侍郎以联堂调署，豫叔署右侍郎，为作谢恩折。日本武官请往保定观操，拟复函止之。接宗子见、叶仲瑜、潘泉孙信。居停锡氏，因与同居者有讼事，迁回前院。

初七日壬戌　晴。到署。拟寻常稿件。接三弟十号书。

初八日癸亥　晴。圣驾谒西陵，起銮，新易铁路成，可以速达。到署。日本前外部大臣青木周藏来京游历。拟请派绍昌兼署左丞，雷补同兼署左参议片稿。同司拟禄王等蒙赏谢恩折稿，又请赏其随员宝星片稿。是日，在聚宝堂邀陈宝初（瑜）、秦韶臣、苏喻之、沈君植、马蓉卿、彭仲松、潘酉生、朱寿臣午酌。寄三弟十号信。

初九日甲子　晴。吊沈子敦侍郎之夫人。答朱寿臣，访梁巨川，均晤。托仁昌汇三弟四百金。到署，拟日本卫队夜操行顺天府晓谕居民稿。夜直宿。就李梅坡招。

初十日乙丑　晴。进东华门，至传心殿少坐，候邸堂。于八钟到文华门回事毕，仍回署。拟外交报批咨各稿；御河水浊，英美来言，行奉宸苑放水冲刷稿。三点钟，那、联两堂约张燕谋到署，询其将开平矿务假手外人情形。未刻，枢堂来电，由署派司员两人到保直班，收发文件。联、顾两堂商派余与少亭前往，带两供事、一苏拉，明日早车即行。夜就曾季生招。接声甫信。寄三弟十一号信。

十一日丙寅　晴。早至前门车栈，因无早车，偕绍【任】庭在万庆楼小憩并午餐毕，仍到车栈。一点半开车，晚六点半到保定。先诣三皇庙子静亲家公馆，扰其晚饭。廉访杨莲府（士骧）同年，已为代备公所于府学后，即先见夔相略谈。子玖尚书已眠，未见。至公所，拟致本部电，取辛丑约本还款保票十国票式。因盛杏孙侍郎议及此事，须详细斟酌也。

十二日丁卯　晴。四钟即起，五钟半至行宫枢廷直房。在宫门之左偏。瞿堂六钟入直，王相亦至，呈各电报。旋将拟电交下速发，临散复令拟慰问禄王妃并能否来保觐见之懿旨。借破笔枯墨，匆匆拟就，意颇许可，旋即排发。偕绍【任】庭拜杨莲府谈，闻有懿旨召庆邸来保一见，已复电，于十四日前来。商约大臣来两电甚长，译之甚费力。夜，署中送票式等件到。

十三日戊辰　晴。仍如昨入直。因事忙，电致署中，添派供事、译电学生各二人来。每日电报皆于夜十钟送到公所，亦有收发各电分缮进呈，黄册篇掐于次早呈递，有时半夜来电或专差至，睡时不过三钟耳。电多不详记。就子静招，座有凤石总宪、经士。

十四日己巳　晴。入直后即偕绍【任】庭至车栈。庆邸十钟到，即至行宫。召见后，令拟发本署电：禄王王妃于十六日来保定觐见，并十五日游三海，行内务府照料。又为邸电致府中：须多住数日，十六请日本前外部青木周藏，由振贝子代陪。均即发。午后仍至邸行辕淮军公所请见，议禄王及妃事。又至莲府处商办一切。荣相作古，庆邸为人望所属，间有入赞枢廷之信（非）。谒瞿玖翁，面谈。

十五日庚午　阴，夜雨。早入直。庆邸奉旨授为军机大臣，发电至署，改派醇邸留京办事。夜，联春翁、任庭、悦陶、菊庄均到，已托莲府在东边觅一公所暂住。拟禄王入觐答词。

十六日辛未　晴。禄王、禄妃均于午刻到，男五人，女三人，即入觐，略如在京之仪。袁慰庭制军于公所留禄王宴，候禄妃出时约三钟半，仍由专车回京，昨来诸同人亦偕返。

十七日壬申　晴。署中寄来发盛京将军、驻俄胡使电底各一件，均为交收事，呈邸、枢堂阅定即发。又为邸堂发电，振贝子补授正白旗领侍卫内大臣，因邸堂入军机，开去一切差使，分派王公大臣接管也。枢堂嘱于今日午车回京，即禀知邸堂料理。至车栈，有伦贝子专车将开，余与绍【任】庭附乘之。二钟展轮，八钟即到前门。至署，交代一切，回寓。供事学生、家人等则附后车，于八钟到马家埠［堡］，借外务部帐房一宿，次早始进城。

十八日癸酉　晴。访子久、敬之不值，约其明日午饭。到署。圣驾至新宫，绍任庭前往接班。

十九日甲戌　晴。约子久、敬之在福全馆议定租屋事。仍到署，闻圣驾明日在团河办事，蔚芝往直。接六弟书。

二十日乙亥　晴。到署。拟致津海关道信，因《北洋官报》刊有天主教为异端之语，卜海伯来言，嘱其更正。赔款零票，各国屡催签字，沪道与伍大臣仍欲争还银字样，盛侍郎之意亦同，然仅美可商量，余皆不允，久持恐生枝节，十数日内已屡电往复。外间办理交涉，究不尽知局中曲折也。接二弟信。

廿一日丙子　晴。贺玉舟嫁女、韶臣选广平之喜。到署。《中俄交收东三省条约》第二期，撤退盛京全省及吉林各俄军，三月十一日业已届期，俄仅交还省城及厅县一二处。本署及胡使屡次切催，今日俄署使柏兰荪照会，另立条款七事，断难允许。此事殊为棘手。接三弟、芷叔信，子静信。

廿二日丁丑　晴。俄使照会，邸堂、枢堂之意分别准驳照复。同人公商，以为一经与议，即是承认另立条约，各国必有责言，且恐纷纷援引，牵动大局，公具说帖，拟将所开各条撇开不论，仍催照约撤兵，从此入手，一面察各国意见，再筹办法候示定夺。拟请赏日署使贾思理、法护使贾斯那宝星奏稿。作三弟十二号信，附复芷叔信、苏静庵信。

廿三日戊寅　晴。送振贝子、鼎臣、梦陶、甓庵、那侍郎赴日本观会之行，同署到车站者颇众。九钟展轮，后同至万庆楼便饭。旋至西河沿第一客栈，答吴琴波（荫桐）。伊现遇班知州，仍发山西，在晋十年，一官成就，亦可喜。乃翁季鹏先生与先大人至交，重以婚姻，其姊即二弟妇也。到署，拟致北洋信，论德文翻译李德顺此次照料禄王，颇为妥洽，饬其回津销差。

廿四日己卯　早阴雨，旋晴。到署。联侍郎至俄馆晤柏兰荪，告以照会七条恐各国藉口，不能应允，仍催照约撤兵。柏虽理屈，不肯允电政府，论势不论理如此。余即照录问答，明日送邸、枢堂阅看。复三弟信、芷叔信、静庵信。

廿五日庚辰　早阴，午后微雨。到署。知邸堂论发胡使电，大致与联侍郎告柏使同，嘱向俄外部切商云。拟为邮政总办帛黎请二品衔片稿。复二弟书、六弟书。接毕少斋书。

廿六日辛巳　阴。移挪家具至新宅。到署。两宫由南苑还宫。复子静书。

廿七日壬午　晴。全家移至东单牌楼观音寺西新宅。颖芝到京，来晤。豫叔来贺。午后到署。

廿八日癸未　晴。答颖芝、仲松□、罗筱豪。到署。拟复俄柏署使照会，催其照约交还东三省各地段；所开七条，有损主权，驳未允议。强弱悬殊，不知笔舌能有济否。

廿九日甲申　晴。到署，拟复驻法孙使信。

四月初一日乙酉　阴，午后雨。同乡公祝李玉舟前辈七十寿，在长吴馆设宴。散后仍到署。

初二日丙戌　晴。英有伦侯夫人到京，定初七日在颐和园觐见，函致焘使。

初三日丁亥　晴。到署。大风。俄柏署使来晤，各堂辨论所索七条良久，仍行驳拒，复出照会。询报载蒙古改新政，及有无让地设领等事。拟照会复之，并催交还奉吉地段。

初四日戊子　晴。进西苑，呈照会，拟底阅后交下，嘱先回署速发。拟致驻俄胡使电。美争开盛京大东沟口岸，与俄相持。由榷司复商约大臣电，告以如开口岸，自行酌办，不能入约，与复俄照会义同。晚，陈亮伯招至崇文门大街德国饭店吃番菜。接三弟十二号信、子静信、祁冕廷信。

初五日己丑　晴。到署。俄柏使仍来照会，将昨去照会有意更换句法，谓系允认条款。即与豫叔商酌复照会之驳辨，明日呈堂再酌。复三弟十二号信。接归萼生信。

初六日庚寅　晴。到署。联、顾两堂均进内，商复照会事。邸、枢堂嘱再译柏使原照。经塔木庵译出，与汉文相符。驻俄胡使电云，美使疑七条为柏擅索，俄此举意在尝试，为得尺得寸计，并询七条何指。拟复电，告以七条大略，嘱探雷萨尔行期。

又拟致盛京电，询近日撤兵情形。今日两宫至颐和园驻跸。

初七日辛卯　晴。到署。昨日照会呈堂阅定并各电均发。俄兵官在奉省招匪，由庶司电胡使，并拟致俄使照会。西藏印度哲孟雄交界，前经议订条约，藏番梗阻，英欲进兵，亦照会英使并电驻藏大臣。过琴波，晤其兄敬三（廷献），陕西直刺，考经济特科来京，亦十年不见矣。又答彭我山（峨士），颉林之弟；又晤陈葆初，拜新授川臬；冯梦华（煦）同年、毕世兄（培先），均未值。苍侄由汴会试后来京，闻汝言亦返。接三弟十三号信、子静信。

初八日壬辰　晴。至十里庄苏太谊园公祭范文正、顾亭林先生。归途仍过四合轩茶叙。到署。闻潘养庵伉俪、声甫均到。复三弟十四号信。昨英伦侯夫人请觐，因病未到，泰使妻仍见。

初九日癸巳　晴。到署。驻俄胡使电，俄以各条与我政府密商，不告各国，但言电线、防疫两事；雷使十二动身，已有训条，嘱其来京商办。又，盛京电，省城留俄兵百余名，辽阳、凤凰城、铁岭、营口各有兵数百不等。盖平未报，余均撤尽。当即电转胡使。北洋电，赔款还金还银事，请调伍使来京，与外部合力商办云。

（眉注：两宫回京。）

光绪三十年甲辰

五月初一日己卯　晴热，傍晚降雨。复吴琴波信。滇缅界务镇边厅孟连一段，薛叔耘星使于光绪十九年进呈之图，与二十年换约之图不符。廿五年勘界时刘镇万胜、陈道灿与英员司格德争执，一执薛图，一凭英图，各画一线停办。现英使来照，以薛图未签字，英员所凭乃薛与英外部劳思伯力[①]签字之图，照司格德

① 劳思伯力（Roseberg，A P. Lord），英国外交大臣。

所画之线，请中国应允。余详细检查，则薛、劳盖印画押之图尚存，从前英段迄未将此图寄换，以致界务不能办结。因拟详致滇省督抚一函，并照复英使，仍主派员重勘之说。

初二日庚辰　晴。到园值班。复许静山信。

初三日辛巳　晴。早回公事。瞿堂谓滇缅事层折俱到，具见费心，真知甘苦之言也。伍秩翁请假五日。秦幼衡放云南曲靖府，预备谢恩，住工部公所，走访之，即邀同晚饭，畅谈。阅蔚芝所刊《许竹篔先生奏稿》，篇页无多，而经济文章已存大概，即转赠幼衡一册。蔚芝并约出印资，刊其书牍。

初四日壬午　早阴风大，旋晴爽。公事毕，即行祝凤老生日，雀叙。接苍侄禀，已抵湘省。

初五日癸未　晴。至孙师相处投刺贺节。新科贡士张仲清（茂炯）、王逸海（慎贤）、王季烈（君九）、朱鲁珍（大玙）、钱涤斋（崇威）均住邑馆，往晤，并为招呼。到署，节下无事。晚，过豫叔谈。

初六日甲申　晴。两宫还宫，因祀方泽也。红十字会董添派十二人，仍办护照。日俄复州之战，俄受创甚巨，有伤亡七千余之说。邱儿咳嗽，邀霁生来诊。

初七日乙酉　晴。接二弟书。今日钦奉懿旨，一宽戊戌前后获罪人员，一减宫中用度，裁内府冗员，皆盛德事也。

初八日丙戌　晴。邱儿愈。接三弟信，毕少斋、归冠英信。

初九日丁亥　晴。豫叔来谈，伍秩庸侍郎将有去志。谒联春翁，告以此意。比参赞葛飞业派驻京公使到署，晤各堂。日本“繁荣丸”事，拟照会驳复俄使。寄苍侄谕。复朱益斋信。

初十日戊子　晴。拜晤彭向青（述）、张隐南。汪范卿太夫人冥诞，在长椿寺讽经，往行礼。偕豫叔、汝言、经士雀戏。接周庚五信。

十一日己丑　晴。美访事人在田庄台左近为绥靖营弁潘泽巡船放枪击毙，北洋某省派员往查，虽系误伤，而该弁情形实同抢劫。事关交涉，邸堂谕令丞参商之美馆，将潘弁监禁枷号，统领朱庆澜斥革，恤款五千元，美使嫌少未定。寄三弟十号信。

十二日庚寅　晴。黑龙江来信，俄以札赉特旗有日本奸细，请拿获送交，拟提解东省，与俄官会议，不合中立办法，拟详函指示之。赴园，偕象荪卿同直。

十三日辛卯　晴。见邸、枢堂回事。王耜云来谈，因王韬甫作古，新转军机章京二班领班。晚，陆圭如（琦）大令借寓，新分发粤东，明日引见。同来者，胡君秀（炳益）庶常。昨女儿由保定回。

十四日壬辰　淡晴。早，直事毕，陆、胡亦行，即沿河堤而归，柳阴晻霭，颇却炎氛。到署小坐，回寓静憩。接吴焕其、汪伯之、衡如、耕生、三弟各信。

十五日癸巳　晴。拟复吕、盛、吴大臣电，以现拟红十字会章，但期简便可行，不求观美。先送与豫叔商之商部。伍堂将赴沪就医。

十六日甲午　晴。邸堂嘱联堂挽留伍堂，仍改请假。夜邀豫叔谈。那堂为豫叔说项，实系因公，邸堂谓俟面谭，不知是何用意。

十七日乙未　晴。子静来，嘱兰女仍往保寓。红十字会章，商部意见相同，即照发。又保和会约本遗失，函商驻京和使补办，并电胡大臣抄寄原案。王君九、钱自严（崇威）昨来借寓，今日复试。

十八日丙申　晴。日本进占摩天岭、分水岭等处。联堂与美康使议访事人伊斯洛案，请将统领朱庆澜革职，差官潘泽斥革，监禁五年，抚恤伊斯洛家属二万五千元，不能再减。缮问答，请邸堂核定。寄三弟十一号信。

十九日丁酉　晴。兰女仍赴保定。伊斯洛案，邸堂允照办，拟电北洋，并电联堂，先函复康使。昨今两晚豫叔与余均邀子静在斌升楼便酌，渠明日赴津。连日晚间皆有阵雨。

二十日戊戌　阴。祝凤夫人生日，弹雀颇负。

廿一日己亥　阴雨。王、钱均于是日应殿试，策题：吏治、练兵、理财、学术。和馆参赞欧登科送来保和会约本，拟即照缮法文进呈。上海英商运铝事，又电催沪道放行。

廿二日庚子　晴。美使函询柳州兵变事，并请保护洋人身家财产。即电粤督抚。柳州因祖绳武所统绍营降匪遽叛，抢掠后窜出，复陷柳城，势甚猖獗。奉旨：祖绳武违法，岑督严议，柯亦议处，地方官革留。迭催署湘抚陆元鼎到任。日使贾思理请提马甘保案至北京，即驳复，并电闽督，询公断办法是否可行。接许静山信。

廿三日辛丑　晴。伍堂仍请假两月，赴沪就医。奉旨：赏假一月，毋庸派署。拟复盛京将军电，告以日人招匪，与俄辩论事宜。拟札总税司，英商运白面至牛庄，如战国捕拿，彼担其责，即可准运。

廿四日壬寅　晴。小传胪，状元刘春霖、榜眼朱汝珍、探花商衍鎏。同乡张茂炯二甲第六，钱自严、王君九皆二甲。拟驻藏大臣电，告以巴尔已回亚东，并询藏中情形。拟致日本使照会，不必在辽西招匪。接六弟、苍侄信，备庵科仑埠来信。子静由津回，邀至斌升楼便酌。本日电旨，催新调广西刘春霖带营赴任。接鲍润漪信。

廿五日癸卯　晴。闻伍秩庸侍郎径自赴沪。俄使与联堂言，日本在辽西招匪事，疑我旁助，当面驳之。

廿六日甲辰　晴。偕咏兄，邀幼衡、凤荪、向青、蔚若、佛青、海帆、陆叔和（锦煊）在广和居便酌。到署，拟致上海红十字会电，俄使不愿用外国人，不愿往辽东，嘱妥慎办理。桂抚电，匪陷三隍墟，省城戒严，请派湘军援剿。奉旨：饬黄忠浩一军援桂，杜俞一军由江南调至湘省，扼扎后路。

廿七日乙巳　晴。函致北洋及马提督，抄雷使问答，嘱留意。赴园，偕谦少益同直。夜雷。

廿八日丙午　晴。昨奉旨：裁粤海、淮安（江宁织造）关监督；又万寿停止进奉。早，见邸、枢堂回事。午后过林朗溪谈。傍晚偕绍益散步，由大有庄绕至阅武楼而回，颇畅心目。经士来访。

廿九日丁未　晴。早回事。美康使函言，提督司特龄之妻来京请觐。邸堂以圣躬欠安，嘱联堂婉谢之。回署，复盛京电，伊斯洛案甫议结，朱庆澜暂留统领，未便与康使再商。

六月初一日戊申　晴。复冯梦华信、许静山信。粤电：柳城未陷，兵力尚敷剿办，请勿调客军云。

初二日己酉　晴。连日天气颇凉，不似盛夏。复盛京电，红十字会只可在辽西救济，辽东既为俄阻，另筹办法；又各国游历人员，未便令其悬旗标记，仍应认真保护。

初三日庚戌　晴。拟复俄使照会，辩论日本在辽西招匪，地方官并未暗助。又咨盛京、北洋。又日本使复照，亦言无招匪事，并照达俄使。海帆邀饮广和居，略坐即行。过薇孙、颖芝。

初四日辛亥　晴。约豫叔、云帆、甓庵弹雀竟日，颇负。

初五日壬子　晴。拟复盛京将军电，一、日人招匪事，日使不认；一、铁岭、公主岭分局未撤，不必杨来昭预闻。署中考供事。

初六日癸丑　晴。袁道大化东边木植为日官扣留，运往仁川。照会日使，并电杨大臣，告外部停运。

初七日甲寅　晴。寄三弟十三号信、芷叔信、二弟信。陈征宇送表、远镜各一。

初八日乙卯　昨夜雨，早未止，午晴，夜又雨。致盛京将军信，日使内田风闻有日兵在奉省骚扰事，嘱向其营官控诉，必为究惩，饬地方官留意。又烟台俄领署设无线电报，照诘俄使，并复日使。比使葛飞业来言调停赔款事。

初九日丙辰　晴。寄六弟信。北洋来电，俄人奉境购牛，日人邀截，追至小库伦格斗，获俄人，掠牛马，并毙通事、华民而去。拟照诘日使。

初十日丁巳　晴。小库伦案，又拟照会诘俄使，并复北洋电。闻俄在巨流河桥结桩，恐其为战败退步，拟函致北洋预筹留置。

十一日戊午　晴。凤老、颖芝招饮于东馆，并弹雀竟日。

十二日己未　阴雨。俄使复照库伦案，愿索还俄人。拟致北洋函，将昨致日俄使照会，声明局外地界如有两国兵队侵入，应收军器，不听约束者，用力拦阻，不得视为失和一节，告以为坚守中立，自占地步起见。

十三日庚申　阴雨。美使来言，湖北恩施县耶稣教杀天主教士一案，地方官应秉公办理；又西藏事，英兵将抵拉萨，欲达赖与藏臣无逊，方可议和。即拟电致驻藏大臣。

十四日辛酉　晴。拟复驻俄胡星使。赴园，偕王善卿同直。

十五日壬戌　晴。赔款事，除美使外，各使联衔照会，仍主用金，不敷镑价（按日一结），逐年计利，至三十九年后总算补还，有余亦照扣。邸堂以磋商已久，无可再议，令署中拟电致南北洋、湖广。

十六日癸亥　晴。拟赔款电，呈邸堂阅定后，那堂因令饶简香核算加利数目，关系较重，嘱缓发。日本内田使来言，吉林中韩交界两国暂缓勘定，彼此约束兵民，勿再滋事。十三日，日本兵占营口，俄人已尽退，大石桥亦为日踞。

十七日甲子　淡晴。湖北恩施县沙子地有天主教士为福音教民戕毙三人，法外部向孙使催结，电催鄂督查复。电驻韩许使缓勘界，并知照吉林将军约束兵民。

十八日乙丑　阴雨。北洋派山海关道文韫于十七日至营口，晤日本武官高山，以须两国商定方能前往，海关则先悬龙旗，后悬日旗。北洋请照会日使，复以措词轻重尚须斟酌。小库伦案，俄日使各执一词，函商北洋。

十九日丙寅　雨日夜不止。营口事拟照会内田，谓山海关道有管理地面、稽查关税之责。拟派文道前往，于地方交涉有益。请电武官查照，俾尽职守等语。即发。

二十日丁卯　阴雨竟日。陶杏南来言，昨邸堂令往晤内田，商营口事，允电政府复到，即令文道前往。拟复北洋电，俄人欲奉局转京津报事，斟酌办法。

廿一日戊辰　淡晴。伍侍郎电奏，续假一月，并请派署。北洋复电，俄转京津报，绕由恰克图原线，听之。

廿二日己巳　晴。伍侍郎赏假廿日，仍令回京，预备召见。

廿三日庚午　晴。拟致北洋信，商烟台商号贾产之在海参崴、旅大等处者，请向战国存案，为保护赔偿地步，如何措词之法。又北洋复函，论小库伦案，拟复俄使、日使照会驳辩，即参用之。寄三弟十四号信。

廿四日辛未　时晴时雨。拟发粤督、桂抚电，严查新嘉坡、香港济匪军火粮饷。

廿五日壬寅　晴。拟发广州将军、广东巡抚电，因英使函言，岑督西行，恐省城地方官邸松懈，匪徒不靖，嘱严饬弹压。复焕其信。

廿六日癸酉　淡阴。至甓庵处，与豫叔、云帆弹雀，获胜。

廿七日甲戌　晴。两宫还海。美会议银价大臣精琪到京许久，陈说百端，愿中国整币制，定金价。当道为难，迄无定论。连日与鹿、荣、那诸尚书会谈，闻将回国矣。夜，大风雷雨。

廿八日乙亥　晴。英使来告，英兵于廿二日抵拉萨；有大臣相见，尚接洽；达赖住庙内。拟电致有大臣，相机开导，速与妥议。夜值班。

廿九日丙子　晴。进西苑回事。联侍郎连日以派马提督兵进扎小库伦皇厂门事晤商俄使，仍多疑虑。据云，俄兵即败，必逃至哈尔滨，不致入中立界。马军仍宜勿动，但遣马队数十名，随时巡查，足矣。即缮问答，请邸堂酌定。昨寄陈征宇、备安信，计可抵英矣。崇茂竹丁忧。

七月初一日丁丑　晴。邸堂意，马军是否调动，随时斟酌而行，由联堂复雷使。日本使照复，山海关道暂缓赴营口。驻藏有大臣电，言英员荣赫鹏抵拉萨，彼此相见，尚未开议，请拨银四万备用。苍侄到京。

初二日戊寅　晴。奉旨：藏费外部汇拨川省解还。比使葛飞业递国书入觐，巳刻礼毕。两宫驻园。偕豫叔公请陆荷展，张仲清、张隐南、王逸海到，钱自严、王君九、朱鲁珍未到。

初三日己卯　昨夜雨，早晴。俄舰由旅顺逸出一雷艇，至烟台，照例卸军器、具供状矣。日雷艇二又捕之去。俄使来照言之，电北洋查复。又有俄艇过沪，电沪道按例速办。闻有逃至青岛者，约十余艘云。

初四日庚辰　晴。烟台俄艇事，日违中立，各国均不以为然。英使遣翻译梅尔思来署，拟为转圜，即切托之。草问答。

初五日辛巳　早晴。先诣署。知昨晚北洋电到，查复俄艇在烟台被日劫去详细情形。即拟照会，诘日使。而亮伯在园直班，已奉邸、枢堂命拟就，大致相同，即用伊稿。又电北洋，萨镇等照防御不力例参办，以后有此等事，我力不及，亦未便开炮。又电驻日杨使，向外部诘问。又拟复雷使照会，不与深辨，但告办法，其来照甚激切也。又电询南洋，催查沪俄艇事，则到有雷艇、兵舰各一云。是日，偕豫叔在东馆约凤老、蔚若、范卿、药阶、经士、颖芝、莘耕、轶仲午饮，默雀各一局。而余因署中事忙，申刻驰回，又值大雨。晚间，绍【任】庭邀福全第九集，亦未克赴，在署饭后始归寓。

初六日壬午　晴。答吴季荃，晤。南洋来电，沪俄船事，坚执修理损伤。即电复谓，亦藉此迁延，驱之，则我无兵力；容之，则日有责言，能照满洲船办法方妥。营口道员赴任事，日使复从缓，仍照商之。

初七日癸未　晴。南洋又来电，日领奉其政府电，沪俄船须立即出口，否则卸其军器。联堂往商俄使，坚执必须修理，并有照会来。

初八日甲申　晴。邸堂仍嘱联堂往商，俄使坚持前说。当复照会，告以一照德青岛案，一照满洲船案，两项均合通例，择一而行。陶杏南往商日使，亦云二者以能从一也。此次俄舰由旅逸出，除击沉外，至烟台雷艇一案尚未了，至青岛者一兵舰于二十四点钟内出口，竟遁过鹿儿岛，余均拆卸炮械（不知几舰）。日副提督往验，无诘而去。独上海又执修理之说，令中国为难，势弱则受侮良多，因应殊为棘手。烟台案，杨使复电，日政府会议后嘱内田转达。英使已两电其政府转劝日政府。适北洋电询，即电复之。又俄使照称，烟台领署俄商求保护，雷艇所卸武装请交海关，亦电北洋处〔督〕抚关道照办。初六日，复吴焕其电并寄一信，来电已抵上海。初七日，复冯梦华信。

初九日乙酉　晴，午后又大风雨。电吉林将军富顺。又为鄂英事请给咨引见。仍查案议驳俄使复上海俄船修竣后，或出口，或卸武装，意在含混两便，复照驳之。沪道来电，以税司估期太久，始知卸器之不可缓，前后游移，其说屡变。复以照本部办法，两项择一，勿再误。夜过豫叔谈。寄三弟十五号信。

初十日丙戌　晴。沪道电，限俄船四十八点钟修竣后，二十四点钟出口。雷艇即于二十四点钟出口。又照会俄使，东海关道电，以烟台俄领署及大罗地法商处均设无线电，照催俄使速撤，否则不认保护。夜，那堂束约赴宅。亥正内田持照会至，以奉外部训条，上海俄船限自十一正午四十八点钟修竣即出口，否则拆卸。即拟电南洋、沪道。

十一日丁亥　晴。昨事又照会俄使。联堂往晤，俄使又欲展十二天，仍出口，不卸机械，任意延宕，坏我中立。复电告南洋、沪道，内外合力逼紧，自留地步。又照复日使。孙幼谷回奉天，接其事者，为道员李聘三（席珍），同在源丰堂招饮，往就之。接李玉舟、毕少斋信。上退庵叔书。

十二日戊子　晴。又照催俄使，并电沪道。

十三日己丑　晴。昨晚俄使来照，不允依限出口。那堂晤商局外公使，展限五日。即电沪道，并知照日俄两使，电杨使。寄钱搏甫起复执照。

十四日庚寅　晴。日本来照，不允展限。正在为难之际，联堂往晤美使，云法使已得沪电，俄允拆卸。即电询沪道。晚间得复，知其事已确。拟致北洋信，商烟台案。电复奉天镇台，匪党如系假冒，酌量剿捕。夜值班。

十五日辛卯　晴。黎明起，适接沪道电，俄领来文，两船定十五下旗（晚七点钟），拆卸机器，照满洲船办理。即至西苑（两宫昨还海），见瞿、那两堂，商电杨使及南洋、沪道，并照会日俄两使。下午，俄使亦有照会来。拟驳复俄使烟台无线电事，并电复北洋、东抚，亦筹烟台防护事宜。昨接许静山信，今日接毕少斋信，已辞汉县馆，就当涂阎企生席。夜雨。

十六日壬辰　晴。接杨使电，日外部已知俄允卸军器事，惟不得续修，及将卒归我拘管。当电南洋、沪道。英使言，川鄂因恩施教案，耶稣、天主两教颇欲报复。电两省查禁。过豫叔谈，已于十二日迁居干面胡同。接李玉舟信。

十七日癸巳　晴。沪道来电，续修及将卒拘管两事为难。分电胡、杨及照会日、俄两使。复静山信。

十八日甲午　晴。两宫至园驻跸。云帆约往看竹，仍系豫叔、甓庵，至夜方归，小负。

十九日乙未　晴。拟照会日使，日军政官在复州设民务公所，并抢借库款，商令禁阻。

二十日丙申　晴。俄使忽言烟台有日兵登岸。发电询查。照北洋所拟烟台日艇拖俄艇案节略，拟照会驳复日使。傍晚降雨，即止。接吴焕其电，已回福州。

廿一日丁酉　晴。东海关回电，日兵无登岸事。日使来照，日商轮运至营口货物，烟台税司扣留。发电放行。日使复辽西不认中立事，函商北洋。

廿二日戊戌　晴。拟发沪道电，停修俄舰及遣留兵弁事，日使惟日领之言是听，应再与妥议，酌拟办法电复。

廿三日己亥　晴。江西新昌、乐平等处迭起教案，法使来照，亦以为言。复该抚电，慎选贤能，妥为查办。津商在大东沟运木，日扣不放，照会日使。那堂生日，往祝。

廿四日庚子　晴。接吴焕其信、退庐叔信、三弟信。赴园直班。今日苍侄考中书。

廿五日辛丑　晴。枢堂嘱考工司，复德使照会，辩论交涉事件，无不按约办理，因赔款还银之说，德最不愿，故遇事挑剔也。午后伍侍郎来，系赴沪就医销假，回京预备召见。

廿六日壬寅　晴。上海道来电，俄舰再限三十六点钟修竣，月杪初潮涨出坞拆卸，已与日领商妥。惟兵弁事，日领仍不允遣回。该道拟三层办法，尚有窒碍。署中发电，议留将弁而还兵丁，令该道再与日领商办。奉天奏调欧阳弁元、邹振清，奉旨允准。散直后即回寓。廿五日，日军全占辽阳。

廿七日癸卯　晴。豫叔之女七表妹赘婿吴和甫，松江人，凤老内侄也，往贺，早晚均吃喜酒。拟发粤督电，法使请将水口对汛参将刘和盛他调。发豫抚电，详查铁路义人保佃受伤案。接备庵信，言到英就学事甚详，约五年可以回国。接梦华信。

廿八日甲辰　晴。驻藏有大臣来电，英约十条，径与番众立约。瞿堂到署，嘱复以切勿画押。是日两宫还海。复梦华信。

廿九日乙巳　晴。上海俄船员弁与日使商定，仍留船管束，即电沪道照办。复三弟十七号信、六弟信、李玉舟信。

三十日丙午　晴。又拟电有大臣，告以力争主权，须由中国与英员立约，督同番众画押，先将此层声明，条款再核。

八月初一日丁未　早有微雨，旋晴。答陆芸史、史季超，晤谈。拟致北洋信，日人将招匪，遣散，妥筹招抚。又为邸、瞿、那堂复增将军信，朱锡麟拿禁、欧阳邹奏调案撤销。

初二日戊申　晴。沪道来电，俄官兵留船看管，日领有三端办法。即函商俄使。又照会日俄两使，勿扰奉天省城。

初三日己酉　晴。法、义、比使屡言彰德府一带不靖，由大名西起，分电直、豫防护。又电北洋，商烟台俄艇员兵拟与沪案一律留埠管束办法。

初四日庚戌　晴。两宫驻园，余轮赴公所直班。晤商部主事顾寿人（祖彭）谈。

初五日辛亥　晴。早回公事。赫德信，藏约已于七月二十八日画押。即电询有大臣。

初六日壬子　晴。早回事。伍侍郎来晤。徐菊人侍郎谈俄兵屯福陵一带，电胡使阻止，并照会雷使。回署，又办札税司，英船送炸药卸吴淞卫口，仍运往横滨，如无窒碍，即饬放行。日使遣郑永邦来，那堂与商沪俄船员兵均遣回国，因三端办法雷使不允也。那堂谕将日俄战事案牍分类归并，嘱司中照办。

初七日癸丑　晴。答吴向之（廷燮），并令苍侄往见，为赵次山尚书调来。过豫叔晤谈。各堂赴园谢节赏，未到，署中事暂搁，惟拟致南洋一电，日贾使请派员会审马甘保者。

初八日甲寅　阴雨竟日。驻藏有大臣电，英员已逼令藏番于七月二十八日画押。拟复电，令坚持勿画。又电甘督等，达赖潜逃，如至何处，设法款留，勿令赴俄。此长少白尚书之议也。晚，在斌升楼约长寿卿、渠楚南便酌，余皆雨阻未到。

初九日乙卯　晴。新凉殊甚，夹衣犹嫌薄也。沪俄船员兵，仍商日使，令其回国，已电其政府，即电告沪道。俄兵屯踞福陵、昭陵，俄使照复，词甚含糊。奉省难民入城者万余，赈抚恐粮竭。电复将军，令其迁避辽西，由红十字会接济。

初十日丙辰　晴。先慈生辰，设祭。与伯唐等拟改藏约。

十一日丁巳　晴。先慈忌日，设祭。俄船员兵，日仍不允回国。俄使谓留船须令登岸散步，并中国兵轮看守，离船应稍远。即电沪道，与日俄两领商办。

十二日戊午　晴。两宫还海，各堂未到署。

十三日己未　晴。拟达赖潜逃，请派大员查办奏稿。此因藏事棘手，长少白（庚）尚书曾任驻藏大臣，自请前往，由本部具奏请旨办理。答黄静伯（肇鸿），同乡由浙来引见者。又答王干臣，奉派与丹撰稽查商务，即将赴沪。姚石泉（锡光）来。

十四日庚申　晴。奏稿为邸堂携去。闻长少白事中止。今日英萨使至邸会晤，拟不改原约，而另立专条解说。

十五日辛酉　晴。拟藏约专条，系伍侍郎之意。接三弟书，阿畴往凤阳。

十六日壬戌　晴。专条各堂意亦未协，须另筹办法。日本在大东沟将木植扣留，官商交诉，又照会日本使。有俄人十余名押车，满载军火，共二百余辆，由铁岭将至小库伦，为日人率匪在彰武县之八棵树劫去，俄人毙九，余逃至小库伦，又烦交涉。已电马提督派队二百进扎，并由北洋指示地方文武相机因应。夜直宿，家中来报，亥刻澄儿妇诞一女，大小平安。磐石邀饮。

十七日癸亥　晴。早至西苑。瞿堂交下发驻藏大臣电，重在辩论第九款。即送那堂阅后，嘱伯唐至英馆达意，并托其转发。本日有旨：以唐绍仪为候补三品京堂副都统衔，赴藏查办事件。

十八日甲子　晴。偕云帆、甓庵至豫叔处看竹，小胜。

十九日乙丑　晴。美使来言，直、豫、东谣言仇教。拟电致各督抚。接史芹浦信，还前欠，并索致汪荃台函，即复之。

二十日丙寅　晴，傍晚小雨。昨事又奉电旨，较为郑重。接许静山、吴焕其各信。

二十一日丁卯　晴。义提督请觐，定廿五。墨西哥使郦华由日本兼，此来递国书，亦请觐。接彭干廷、张梦梅书。峨生因差忙辞馆，搬往会馆。梦陶荐江阴孝廉陈砚香，昨已往拜，订定矣。复三弟十九号书、六弟书。

二十二日戊辰　晴。复沪道电，为俄兵船约束事，仍令磋商妥办。

二十三日己巳　晴。直、豫、东复电，地方尚安静。复美使。

二十四日庚午　晴。复许静山电，言陵寝事已发国电请阻。赫总税司信，粤东廉宁为西匪窜据，电询督抚。

二十五日辛未　晴。延陈砚香（锡琨）开馆。接三弟信、备庵信。是日，义提督克雷内在园觐见。

二十六日壬申　晴。复许静庵（山）信。小库伦俄兵已撤回，华营所留俄人军火日俄争索，增将军请示办法，复以只有存储，俟战毕交还。马甘保案，贾思理观审，南洋派道员黄诰往判，电知闽省。两宫还海。

二十七日癸酉　晴。墨西哥使臣郦华在乾清宫觐见，递国书。驻俄胡使电，拟行文日俄停兵，并请列国调停。复电询以彼中内情，并电英、法、德、俄各驻使，探询外部意旨。复吴焕其信。

二十八日甲戌　晴。在署直宿。

二十九日乙亥　早阴雨。至西苑，办事甚早，辰初圣驾即还宫。英提督讷威勒觐见，巳正礼成。先祖忌日，先严诞辰，早晚设祭。

九月初一日丙子　早微雨，后晴。胡使电复，谓俄当道自悔铸错，势难中止，商民皆愿罢兵云云。两宫驻园。

初二日丁丑　晴。西宁电，达赖遁至柴达木，将由库伦赴俄。即电库伦留意。

初三日戊寅　晴。拟复盛京信，复、盖等处日官练勇、编户、设学堂，应饬地方官自办，以维主权。

初四日己卯　晴。复二弟信。美、德、法各驻使复电，皆谓各国之意，调停东事，尚非其时云。

初五日庚辰　晴。上海俄船官兵，日使允开人数，不造名册。即电沪道速结。

初六日辛巳　晴。问凤老疾。过胡劭介、阮子衡，均晤。送长寿卿（福）赴神户领事差，早车已开，不及送。龙州会议，法船经中国河流，已照成约允办，惟持械过界事，委员丁平澜不知其详。即电复署粤督，将法使原议对汛官军护送商民过越境，越督已允告之。日使照称，俄军冒用中国衣服，恐波及华民。即电胡使向外部诘阻，并嘱逸帆拟照会俄使稿。连日辽奉之间日俄交战，互有胜负，至初四五，俄军败退，日军正在追击。

初七日壬午　晴。亮伯邀饮，与豫、云、甓三公看竹，颇负。

初八日癸未　晴。就沈瓒廷（锡瑞）、吴季荃之招。子静南归省亲，在斌升楼共话。

初九日甲申　阴，午后雨。在宗显堂邀黄静伯、刘湘云、韩峨生、潘仲樵、沈瓒廷、吴季荃午酌，吴向之、邹吉臣未到。

初十至十五日，所办公事系照会俄使，商令将烟案弁兵或移内地，或送上海。拟照会日俄两使，战事应将陵寝、奉省附近绕避，其余亦勿波及。因胡馨使、增军帅皆请照会两国息兵，措词甚难，只应声明中国主权，为民请命。至颐和园公所值班。

十六日辛卯　晴。邸堂入城，只见瞿堂。俄使允将烟案弁兵送沪。电北洋饬何道商办。日使允撤复州民务公所，并还所提库款。电知盛京、北洋。

十七日壬辰　晴。早见瞿堂。散起后，即回署。香侄十五日考洋文教习，伍侍郎谓洋翻汉得五成，汉翻洋得三成，悦。与豫叔谈。

十八日癸巳　晴。拟派唐绍仪为赴藏议约大臣敕谕稿、奏稿。

十九日甲午　晴。将去年考取洋文教习之卷请伍侍郎核对，谓尚逊于香侄之卷。省馆秋察，余司东首引赞。接三弟信。陕督电，达赖已由柴达木赴库伦。拟电各处截留。

二十日乙未　晴。商部所办商标，日使执定开办，德使与各使又须缓办，相持不下，邸堂嘱那堂调停。

廿一日丙申　晴。香侄洋文教习，拟咨送河南，伍侍郎改稿，作为蒙学教习，与奏章不符，改为小学，此亦徼幸中之不徼幸矣。

廿二日丁酉　晴。彰武扣留俄军火，北洋谓可运至朝阳，电奉天酌办。又日俄两使照复绕避陵寝，勿扰民各节，亦电复奉天，并告以各国均谓调停尚非其时，惟有熟权利害，力图挽救。江西抚请将教案内崔湘开复，拟奏议复。

廿三日戊戌　晴。拟致英萨使信，询以唐绍仪赴印度议藏约事，英政府有无回电。又英使言，腾缅北段两国派员会查界线，昨已拟电致滇督抚。接三弟信，香侄妇又诞一男，系九月十二日巳时，命名斯豫，乳名重。又接六弟、梦华、芹浦、搏夫、家卿等信。

廿四日己亥　晴。复梦华信、三弟廿二号信。俄留烟弁兵趁德船赴沪，电东海关道速办。闻甓庵作古，可伤之至。

廿五日庚子　晴。至谊园公祭范文正公、顾亭林先生。归途四合轩茗谈，复与豫叔至斌升楼共话。

廿六日辛丑　晴。是日两宫还宫。俄副将在哈尔滨左近被劫，据雷使来照。电吉江两省查明救护。法使请电豫抚保护郾城一带洋人；又奉天有法教士被戕，均电询。

廿七日壬寅　晴。偕悦陶在斌升楼延礼部僚友午酌。散后到署，夜直。

廿八日癸卯　晴。进内。丞参请邸堂点定甓庵所出员外郎缺，王仲午拟正；饶简香拟陪并充榷司帮稿，刘我山借补主事，充帮行。拟复新疆抚电，达赖将抵库伦，派延祉往迎，劝回青海，荣和乌台之行作罢。

廿九日甲辰　晴。烟台俄员兵尚无到沪消息，电询沪道。

十月初一日乙巳　晴。复焕其、声甫、衡如各信。又复三弟廿三号信。菊坪信交香侄，今早回南带去。张玉甫丈到京，庚子之变，余携眷过涡阳，甚承照拂，至今感之，现以过班知府引见。

初二日丙午　晴。赔款定议还金，惟镑亏不敷至千余万，户部会同外部电各省提借，一面筹借洋款。此事饶简香稽核甚细。那尚书与赵尚书辩论经营，颇费心力。施南教案已议结，赔恤十四万有奇，惩凶参劾，由法使派参赞贾思那与郑省商定。张督具奏，奉旨照准，当即知照法使。

初三日丁未　晴。广东美水手溺毙华民何采言案，照会康使，并电梁大臣商外部，务照原断抚恤，缉凶惩办。

初四日戊申　晴。沪道回电，俄员弁到沪，在满洲船安置，惟船主不知去向。沪道并未派员点收，致有此误，电诘之。奉天有英商被劫杀，电询该省查复。

初五日己酉　晴。奉天怀德，有顾天性教士被戕；黑龙江俄武员博格诺夫为胡匪所杀，两将军来电均确，知照俄法两使。日招匪冯麟阁至距新民卅余里，俄兵追之，经北洋电增守，谕之出境。

初六日庚戌　早微阴，旋晴。奥、美、德、俄、比五国使臣递贺皇太后万寿国书于宁寿宫。午后，内务府恭送圣容至署，那、联两堂又恭送至各使馆。夜直。

初七日辛亥　晴。进内。赔款不敷镑价约八百万，外、户两部电南北洋筹借，邸堂嘱加电鄂督。美使康格代其妻女函贺万寿，嘱缮函进呈。英使函复唐京卿赴藏议约，其政府回电，定其在印度戛尔古达京城相商。领回敕谕，即拟咨知照。回署稍憩。至长吴馆请张玉甫叔，陪客只豫叔来，复邀徐憺亭、萧笛生作陪。彭振卿、王君九均以风老之约，到时已散席矣。是日午间阴，微飘雪花。两宫至园驻跸。

初八日壬子　晴。拟致粤东督抚电，法使言海南裁兵不敷弹压事。唐绍仪准赴印会议，复英使。

初九日癸丑　晴，风大。至梦陶处贺其嫁女。拟照会英使，滇督派署腾越关道石鸿韶会同英员勘北段界。

初十日甲寅　晴。普天同庆。复三弟廿四号信、陆松林信。

十一日乙卯　晴。贺朱伯平娶媳。过玉甫丈，谭子毫亦来。又贺阔安甫同年娶媳。俄雷艇由旅顺逼烟，昨逸帆已拟电北洋。

十二日丙辰　晴。北洋电，俄艇自行炸沉，弁兵持枪登岸，至领署。即函致俄使，催其速交。法使请准向蒙古教堂运枪，已驳复，复请责成地方官保护，即电陕甘、宁夏、绥远。晚过豫叔，知于昨赴园时感风，口眼稍斜，延法馆医欧宜穆诊视，谓无妨，十日即愈，但须避风耳。

十三日丁巳　晴。北洋电，俄艇上岸，弁兵已缴械，立誓交海容巡船管束，拟由原船送沪安置。俄使照复亦同。即函告日使。昨两宫还宫。

十四日戊午　晴。日本本愿寺僧人在泉、漳立教堂，日使来照，援各国天主、耶稣教案，请一例保护。驳以二十五年已向前使矢野声明，碍难照办，僧人自不得与教士一律，惟滋事之人可拿办，并电闽督。视豫叔疾。吊甓庵。

十五日己未　晴。义使嘎厘纳辞行，各堂均到。命余拟赔款还金辨争情形奏稿，事嫌越俎，回明与简香同酌。日使函复，俄弁兵送沪，无异见。即电北洋、沪道。寄三弟廿五号信。

十六日庚申　晴。复陈征宇信、备安信。电盛京将军，询以俄人有无在城内布置防守情形，因日使言其城头架炮也。夜值班。

十七日辛酉　晴。早，进内。美使进苹果，英、日本、法、韩四使递贺万寿国书。瞿堂谓余案牍操劳，不必再行伺候，可先回署，语甚体贴。即散，往视豫叔后旋署，拟和兰议红十字会施医船免税，请派员前往会议奏稿。

十八日壬戌　晴。彭衡如来。张采南新起复，到部，亦来晤。闻慈圣欠安，引见暂撤。日使诘俄船主前在淞口逃逸事，复以妥筹防范，并照诘俄使。又电沪道，嗣后须加意巡查，并告以海容船十七由烟将俄弁兵送沪，预行详察。

十九日癸未［亥］　晴。简香拟就赔款磋议情形奏稿，为之参酌数处，并商伯唐后呈堂。上海俄船提督拟回国医病，日使言，日领小田切曾亲见其赴宴，并无病状，电沪道查复。奉天电，怀德匪毙教士案已获犯，议为教士立碑。电复速结。又来电，彰武俄军火已运朝阳存储。

二十日甲申［子］　晴。驻日杨使电，外部不允运衣粮，然北洋已径运矣；中立办法，战国本难干预，我自有理。复许静山、陈征宇、备庵各信。

廿一日乙酉［丑］　晴。赔款奏折，奉朱批：著照所请，户部知道。赴和兰议施医船免税折，奉朱批：著派胡惟德会议。即电达，并照复和使。

廿二日丙戌［寅］　晴。唐少仪咨调亚东税司，韩德霖随议藏约，即行文总税司，并照会英使。先君忌日，设祭。

廿三日丁亥［卯］　晴。赫德来署请假，各堂拟挽留之。

廿四日戊子［辰］ 晴。法使照称，广州湾附近有三案，请地方官与法员商办，即电粤督抚认真筹办清淤，以防隐患。夜值班。

廿五日己丑［巳］ 晴。进内。义巴使新到，请晤。邸堂定廿八日三钟，即拟复。

廿六日庚寅［午］ 晴。到署，无事。

廿七日辛卯［未］ 晴。拟驳闽督温州府启续请开复、滦平县文星请释回奏稿。

廿八日壬辰［申］ 晴。义巴使到署会晤。各堂之意，启续开复案，改为请旨，稿亦另拟。

廿九日癸巳［酉］ 晴。敏安表弟来送其姊到京，即寓表妹倩管述庭处。接舅母信，嘱为谋事。无所长，颇难设法也。夜值班。过豫叔谈，知汝言夫人已回，聪生又得一子。

三十日甲午［戌］ 晴。答吴焕其，即为料理复命安折，夜在署同住。

十一月初一日① 晴。偕焕其至西苑，渠未召见。使韩者曾广铨，驻德荫昌留任。领回谕旨两道，保案及崔湘开复均奉准，皆今日所奏请也。义巴使定初三日巳刻觐见。

初二日 晴。复三弟廿七号信、江霄佛信、友仁弟信。夜与和司诸友在汇丰堂公请朴仁山（寿），新任库伦大臣也。接西宁大臣延祉电，已抵库见达赖，宣德意，同行尚未定议。

初三日 晴。日本使来照，论日僧传教事。电闽督查复。内田康哉暂行回国，松井庆四郎代理。

初四日 晴。沪道电，俄船水手伤重者十人，愿回国。复令验明再办。英使来照，言津关扣其商人运酒箱至营口事，于局外无碍，请饬放行。即咨北洋。闻日本攻旅顺一口，二百零三迈达

① 自此日至十四日无干支。

之山顶炮击俄舰，均得手。

初五日　晴。豫叔约陪晖山丈在长吴馆午酌。散已晚，未到署。

初六日　晴。拟咨复盛京将军，土耳其、希腊两洋商被营守堡唐家屈郭等图财害命案，获犯惩办，并声明不认保护办法。

初七日　阴。电沪道防范俄船，日署使松井有言也。寄二弟信、三弟信、叶仲瑜信。经士补工部郎中，贺之，并答其内弟、新选广平县曾周士（恺章）。昨夜雪，早未止，午后晴。

初八日至十四日　均晴。豫叔于初十日迁于西城武定侯胡同。寄梦华信。连日公事尚不多。粤西军报柳州叛变之匪首陆亚发已擒斩，四十八峒已复，岑督回驻梧州。辽奉无战事，旅顺亦无续报。达赖请在库伦过冬。奉旨：延祉暂署库伦办事大臣，春融，仍偕达赖至西宁。邸堂嘱朴仁山从缓请训，已转告之。赔款事，各使于初八会议，意见各殊，须报政府，补还镑亏只可从缓。电各驻使，向各政府切商。胡云楣侍郎来言，南绅筹济奉省难民棉衣，仍商日本松井使；并电杨使告外部，日军官勿阻英商运酒箱至营口事。北洋咨复，因守中立，仍须担保，即照复英使。和兰保和会议施医船免税，胡使于初七往议，请示是否从众画押，电复照办。

十五日己卯［丑］　晴。荷兰保和会请支公费，荫使来电请示，复以探询各大国再办。署粤督岑电奏，波舰[1]将来，须布告战国毋得屯留中国海口，并三都澳设防。拟电商南北洋、闽浙。夜祀先。

十六日庚寅　晴。长至。俄船弁兵在沪砍毙华人，并谣传有私逃情事。沪道、南洋来电，请照会俄使准查看轮船、机器、人数。即嘱同人拟稿，并电复妥筹防范。寄三弟廿九号信。

---

① 俄国波罗的海舰队。

十七日辛卯　晴。美使来照，援弭兵会十九条公断准画押，各国于公约之外各自立约，美国愿与中国商订，请派驻使在美都签押。即拟奏请旨。夜值班。复许静山信。

十八日壬辰　晴。进西苑，见邸、枢堂，呈公事。北洋电咨，张家口查获俄人私运枪弹甚多，并饬丰台车站确查。适俄使来照，张家口扣阻枪子八百余箱，丰台扣阻二千余箱，即电询北洋查复。俄翻译柯理索福致联侍郎信，有传知贵大臣字样，为作复函，斥其非理。夜，同司约曾敬贻在源丰堂饯行。

十九日癸巳　晴。北洋复电，张家口、丰台两处扣阻俄运枪弹甚多，以羊毛报关，暗藏密运，照约应入官。当即驳复俄使。南洋、沪道来电，论约束俄兵办法，并商北洋派兵轮协守。即为转电，又复以防范事当尽力办理。祝胡云楣侍郎寿。贺沈子敦侍郎子敬夫水部续娶。

二十日甲午　晴。法使催三道河教案，嘱亮伯拟致陕甘函、理藩院咨，并照复须大为减让。又日僧在泉、漳传教事，日使不允撤，堂咨闽督查复再办。北洋电，已派兵轮在沪协守。

廿一日乙未　晴。吊夏润芝悼亡。中美订立公断约，奏奉谕旨：著梁诚会商办理。即分别电咨照复。波船东来事，南北洋复电，皆谓只可理争，未可用力。惟闽浙稍张皇，复以参酌情形，慎密妥办。答李伯超（豫同），抟霄之侄。

廿二日丙申　晴。皇太后赏各使寿字、如意，邮局难寄，将许静山一分交乃郎仲威（同兰）代领。玉甫丈来辞行。俄使照称，太平岭有日军与华队攻俄，号衣为“中国团练”字样。电询盛京、北洋查复。又电沪道，令将俄兵砍毙周生有案情详报。驻韩许使与陈筱山互讦，陈事不妥，由丞参电令告假内渡。

廿三日丁酉　晴。上海宁波职商何良栋等电言，周生有案当电沪道，安慰众心。夜，偕豫叔在斌升楼与玉甫丈饯别。

廿四日戊戌　晴。沪道电报周生有案情。复照会俄使，切催交凶会审。太平岭案驳复俄使。又电驻日使。

廿五日己巳〔亥〕① 晴。俄使复照，周生有案俄兵不交出，语多牵涉支离。夜值班，复美使函照，允入第二次弭兵会。

廿六日庚子 晴。是日为西历一千九百五年元旦。进西苑，呈公事。贺常月川娶孙媳，瑞鼎臣之子也。祝那太夫人寿。

廿七日辛丑 晴。各部院堂官至各国贺年。拟电驻俄胡使，向外部切催周生有案。又电知南洋、沪道，驳复俄使。

廿八日壬寅 晴。送玉丈行，由火车至卫辉渡河，复上火车，至汉口回扬度岁，再到皖云。日本克旅顺，俄将降。夜就阿厚田招。

廿九日癸卯 晴。会试房师张书城先生归道山十余年矣。先生季子名肇棻，号季馥，中庚子、辛丑并科乡榜，报捐知县。廉府方伯助以资，来京引见，指分江苏。谈次，知其长兄伯芳以府经需次江西，仲兄已故，叔兄叔炜在家。季馥温文而开爽，吾师有继起矣。访周梧轩（凤冈），江西护院周浩如之子，现在商部差遣，去年曾有一面，为六弟事托之。烟台来俄雷艇、小轮各四，弁兵共二百余人，皆旅顺逃出者。由何道照公法，令卸器具状，暂安置海防两营。当复北洋电，沪地难以再容，须就近安置约束。沪俄舰装煤，日使又来函，请照沪道所限一月之数。即电沪道照办，并查复。

三十日甲辰 晴。沪道来电，周生有案拟设特别公堂会审。即照催俄使，并电复该道。汉军旗民赵文荣以遵化北乡罗文峪外地周围六十里系耿姓产，盗卖与俄主教英诺肯提，左翼竟为税契，经北洋奏参，将提督溥善革职。赵文荣及出图片之鄂罗斯佐领荣辉均先逃，后获全案，已送北洋审办。俄使来照辨论，即转行北洋。

---

① 自本日至十二月二十九日干支均误，以下径改。

十二月初一日乙巳　晴。昨夜就曹咏归招。豫叔来谈。电许静山，告以赏件已交仲威。复南洋、沪道电，此次俄船兵弁即在烟就近安置，不再运沪。

初二日丙午　晴。复荫大臣电，保和会费允照头等。

初三日丁未　晴。值班。寄三弟三十号信、六弟信。

初四日戊申　晴。邸、枢堂入直甚早，七钟即散。和、义、葡三使递贺万寿国书。拟驳复俄使，太平岭无华军，助日已严禁；又汉阳厂生铁运日不背公法两照会。杨使电，日海军开除封锁，只旅顺暂禁出入。电北洋。夜就采南醉琼林招。

初五日己酉　晴。上海俄弁兵约束办法五条，拟照会商俄使，并复电南洋、沪道。东海关道复，前廿三日所来俄小船八人，俄领认系工商，不肯交出。即照复日署使。北洋电，甘博税司于此次俄艇抵烟颇出力，仍属暗助。即告赫德税司，而赫来函亦言甘博不便与闻。为转函电致北洋，并连饬何道定约束办法。夜，徐班侯在华东邀吃西菜，座有豫叔，散后来谈。

初六日庚戌　晴。连日晴暖，不似隆冬天气。拟电复驻俄胡使，旅顺降后，两战国均口气甚紧，不受商量，各国亦谓调停尚非其时，颇难为力，仍密探彼国内情电达。夜就彭振卿招。

初七日辛亥　晴。北洋复电，烟台俄船弁兵即就近安置。照会日俄两使备案。

初八日壬子　晴。周生有案俄领不肯交特别公堂会审，分电胡使、沪道。旅顺俄降员拟由沪回国，电胡使，并照会俄使阻止，否则到沪后，分起速行。

初九日癸丑　晴。周生有案俄领自判定监禁四年，兼作苦工，沪道不认，恐甬人暴动，电南洋及该道开导。胡使来电，俄通告各国，中国不守中立数款，系日军雇华兵、华营用日弁、庙岛泊日舰等事。复以已迭与俄使驳复，即留意辩论，并电知北洋。夜邀张季芙、周建梧、于海帆、王仲午、范赞臣、曾霁生、孙咏棠在醉琼林便酌。是日俄国新年，各堂往贺。

初十日甲寅　晴。邸堂到署，与俄雷使画接电线减价合同。适迭接沪电，周案众怒汹汹，面商雷使，仍不允交特别公堂会讯。因议派盛侍郎与俄领商办，雷亦允。即拟电盛督、沪道开导妥筹，明日奏闻，并电胡使再向外部磋商。夜就蔚若醉琼林招。

十一日乙卯　晴。俄使来照三次，论太平岭谓有日军会华军攻俄，所获凭据如征百人队第一、第三、第六受日护照，由日发饷，号衣系宽甸县团练，日记有由建昌奉派巡逻等语，电北洋酌复。美署使固立之来照，有他国政府行知美政府，中国不守中立：一、东三省日【军】招匪；一、练军用日本教习；一、庙岛泊日船；一、烟台运禁货至大连湾；一、汉阳铁厂售与日本生铁。除生铁有案外，余亦电北洋查复，并电美、英、法各驻使，探俄通告原文。夜直。

十二日丙辰　晴。西苑回事。拟驳复俄使太平岭事照会。

十三日丁巳　晴。拟复美署使照会：东三省俄先招匪，有马大力多夫带还华游击齐玉秦案，如日本有其事，中国兵力不及战界，势难遍禁，照公法不担其责。至匪窜中立境，屡经查拿惩办，地方官不任咎。练军并无日教习，惟学堂延作翻译，事在战前，与各学堂、海关用俄人一律，不当干涉。庙岛迭次巡查，无日本人及军舰踪迹，准其借用，更无此事。烟台从无一船往大连湾，与旅顺相持时谣言相同，均无实据。大冶矿石，商采商运，订合同在战前，张督不预闻，盛大臣系矿商代表，不经国家批准。公法"生铁不在禁例"，况未经熔化之矿石，未成生铁，贸易并无不合。至谓预备附入战场，练兵为内政，各国皆然，何疑中国。战国凭空吹求，或有用意，若生扰众阻碍等情，非中国所料，惟望共谅。各大国洞悉情形，必能主持公道，中国之幸，亦全球之福等语。此稿与伯唐共酌，参以案据及北洋议论。

十四日戊午　晴。接梁使电，俄通告原文与所拟照会稿俱针锋相对，惟先指烟台日捕列事，意持内俄艇案为中国袒日之证。复加一段照会，谓此案事出意外，萨镇拦阻不及，并无纵使情事，业经议处，案虽未结，实已尽力办理，共见共闻，并无袒日之处。其招匪一段，他国或分为两事，一指日人，一指我地方官。第一条内均已叙驳，末有“中国仇洋”、“民心浮动”等语，加入“中立地方”、“恪守条规”、“民情安静”等语驳之。

十五日己未　晴。联侍郎述英使之意，谓须将俄犯中立各款叙入。那堂意未决。拟出八条，请邸、枢堂定。

十六日庚申　晴。偕伯唐进内，邸堂定四条：一、俄在辽西屯兵；一、小库伦新民屯一带，勒买牲粮、私运军需；一、北戴河、张家口、丰台将枪炮子暗藏私运；一、吴淞口俄艇船主潜逃。但言战国犯我中立，诸如此款，皆使中国为难，不作诘问情。本日照会美署使，致各驻使电、各省电均发。

十七日辛酉　晴，晚阴。昨两宫还宫。今日新雪。俄兵冒穿华衣在牛庄攻日，并有中国营官张作霖为俄向导事，日使来言。电查北洋，先将冒华衣照诘俄使。又日轮在韩蔚山洋面捕获俄拉斯劳普内艇之管驾艇员，讯系由上海附英轮潜逃，图至海参崴者，亦照诘俄使，并电沪道稽查防范。奉省电，日队到哈尔套街，俄队到老达房街。辽西百虞，电北洋筹复。

十八日壬戌　雪复加。电孙荫使，将通告电转达和、日外部。拟驳复俄雷使照会，张家口所运枪子照条约中立条规办理，不能给还。

十九日癸亥　阴。辽西俄兵绕越于前，日兵踵至于后，拟照两使诘阻，并声明民命财产如有损害，由战国补偿。夜直。

二十日甲子　晴。早进内回事。复沪道电，周案责成安抚人心，勿误大局。又电盛大臣，催速结。午后雪，至夜。

廿一日乙丑　晴。张作霖向导，查无其事，复日使。俄京工党四十万内讧，电胡使，询使馆、学生安否。梁使复通告文，美举国赞颂；张使复，英外部澜侯谓，明白晓畅，洞中肯要。外交笔墨，誉等鸡林，非意所及，当益兢兢矣。为那堂电复盛杏孙，责沪道持高论而居美名，徒坏大局，非任事者所宜言。论周案也，此言包括几许人物。

廿二日丙寅　晴。王䅟云、朱似石（运新）比部邀饮于长吴馆，看竹小胜。奉旨：漕督改为江淮巡抚，辖宁扬、淮徐二府，通、海两直辖州。

廿三日丁卯　晴寒。

廿四日丁戊辰　晴。公事均简。过采南、范卿，商管结事。复曹再韩信，致陈筱石中丞信，均为苍侄到汴事。复杨廉甫中丞信，并言孙伯英（多杰）托留意。

廿五日己巳　晴。遵化盗卖禁地案，驳复俄雷使，并由北洋讯明，还俄主教契价。

廿六日庚午　晴。复许静山信，致三弟信，又致曹邦孙信。过豫叔谈。祀神。

廿七日辛未　晴。俄使来照，以铁路为界，不以辽河为界，仍驳复。夜值班。

廿八日壬申　晴。进内。龙州界务，法使以委员所议未妥，欲在京商定。复以不能悬揣，仍行督抚核拟。

廿九日癸酉　晴。盛大臣电，周生有案已议结。即拟电复之。至各堂及孙师处贺岁。夜祀先。接三弟信。

光绪三十一年乙巳

正月元旦甲戌　晴。气象光华，合家庆贺。咏春兄来。到署。午后至豫叔处贺年，晤。又晤采南、范卿、咏兄。

初二日乙亥　晴，风大。到署，见联春卿侍郎，贺年。晤陶舅祖母、钮姨母。至会馆，晤汪芝房、兰楣、韩峨生。发陕督电，法员雷登游历事。

初三日丙子　晴。陆凤石总宪邀饮，与同人作四君子戏，小胜。接三弟信、张梦梅信。

初四日丁丑　晴，风。进内见庆邸，瞿、那两尚书，伍侍郎。各使觐见，贺年，礼成。日本内田使由其国回任，亦于昨日赶到。发浙抚电，英使以天主教控耶稣教民夏清甫请释放事。赔款镑亏，借汇丰一百万镑，于初二日庆邸面奏，奉准先行知照英使。接二弟信，奉委整顿南柜盐务，赴钦、廉一带，元宵方回省；毕少斋信。

初五日戊寅　晴。到署，无事。

初六日己卯　晴。发胡使电，嘱与俄外部切商上海俄舰员兵约束办法。夜值班。

初七日庚辰　晴。进内。散后，就范卿、经士东馆之约。

初八日辛巳　晴。各使到署贺年。

初九日壬午　晴。拟复盛京将军信，安东县高领丁忧交卸，日员挽留，即委其办理地方交涉等事，令巡检代理印务。

初十日癸未　晴。辽阳州陈良杰，日员疑其为俄坐探，带往青泥洼询问，拟照会，诘日使。复胡使电，因其初六日电，误会为非战国员事，仍嘱切商约束办法。复陕督电，因其将法员“雷登”误会为比员“雷当”，嘱仍将法使电送阅，俾早回国。寄三弟元号信。

十一日甲申　晴。就蔚若、采南东馆之招。

十二日乙酉　晴。胡使复电，声明前电未即晰，外部已持约束办法与商，现电雷使，转饬领事云。即照电沪道，与俄领接洽。

十三日丙戌　晴。北洋电，俄员带兵围盛京电局搜翻，拘委员等十八人去。即照诘雷使，并电盛京驳论。又寄三弟信。

十四日丁亥　晴。偕豫叔乔梓公请同乡于长吴馆，作竟日叙。

十五日戊子　晴。辽阳州陈良杰，内田来函已送还。电告北洋、盛京。俄使来照，旅顺俄人二千五百名，日本送烟台交收，该埠无房屋及医生，请照商日本船过船等情。即拟致日使照会。夜祀先。庖人李成做菜草率，斥遣之。到署值班。

十六日己丑　晴。进西苑，散后至省馆，就咏春、颖芝之招。复至署。法使来照，仍言广州湾不靖。电粤督。

十七日庚寅　晴。接六弟信。

十八日辛卯　晴。刘佛卿管结，约具名公举，允之。俄使来照，日本与胡匪在奉蒙境出入。即电查北洋。

十九日壬辰　早雪，旋晴。巳时开印。

二十日癸巳　晴。俄使照驳沪道办法，而允商订章程。拟函致沪道商办，仍驳复俄使。又日本来函，允俄员领船定日数、人数。即致俄使照会，索复。又俄使辨冒穿华衣事，转日使。又俄使辨潜逃三员事，允不再逃，仍驳之。奉天两电，言日俄厌战，请调停。照北洋电，请嘱驻美梁使探询，以备参核。又北洋电复日本招匪事。照诘日使并行盛京、理藩院查禁。又英使来照，派韦礼敦佐议藏约。即电唐使。本日奉旨：派唐绍仪出使英国。夜就芾卿招，定两人轮管两年印结章程，拟呈吏部立案。

廿一日甲午　晴。就豫叔长吴馆之招，看竹竟日。日俄因在辽西交战，拟照诘两使。

廿二日乙未　晴。夜直宿。余生日。

廿三日丙申　晴。进西苑。邸堂定二月初五十一点钟宴各使，交单照办。那堂拟用宏仁寺碎砖砌马路，已奏允。库伦交回华人三名，俄使来照，即行该大臣。

廿四日丁酉　晴。梁使复电，议和事，各国莫肯先发，须由俄日自定，我应力争疆土利权。即转北洋、瞿堂。以汪康年言上海会审委员黄辰劣迹，嘱拟电南洋撤换，毋俟西官迫促。贺采南娶媳。吊嵩文恪师堂弟杨衡阶平大人。

廿五日戊戌　晴。寄许静山、陈征宇、瑞鼎臣各信。粤西军务已平，岑督回东，有旨：责成李抚办善后。

廿六日己亥　晴。胡使电，俄责日本进蒙古，犯中立。电北洋、盛京再行详查。

廿七日庚子　晴。就秦杏衢星逵、寿臣、铁仲长吴馆之招。复胡使电，告以与俄辨论辽西情形。又北洋来电，日俄军队均至新民境。照诘两使，并电胡、杨。苍侄来信，已到汴。

廿八日辛丑　晴。偕佛卿、咏春、海帆、竹溪、筱涛在嵩云草堂公请丙戌同年。余先散。到署，英使亦来言。接澜侯电，俄告日本犯中立事，内有并恐直督派兵相助语。那堂嘱其剖辨。

廿九日壬寅　晴。就韩峨生、王君九、王仲彝长吴馆之招。杨使复电告，小村谓俄不犯中立，日本必不先犯。胡使复电谓，俄外部称通告系指日本，不指中国。北洋电，辽西日兵已东去，新奉道阻。拟致北洋信，抄寄论辽西、蒙古各件。

三十日癸卯　晴。海城县王顺存为日兵看守，照会日使撤去。俄兵穿华衣事，仍驳复俄使，并致日本使，嘱勿误击华民。北洋探报，日兵已占长山子、大石桥、苏家屯各处，距奉二十余里。俄廓米萨尔等移住车站，奉省小北门闭。夜值班。

二月初一日甲辰　晴。进内。两宫吃肉。办事后，仍还海。散直，至聚丰堂，丞参主人未到，即就严小秋长吴馆之招。

初二日乙巳　晴。北洋探报，日军占塔湾，距奉约十二里。

初三日丙午　晴。德使来照，派武员带兵分起赴直、东境内。画图驳之。法使函，有狄笃蓓者游历中国全境。复以先开四省。

初四日丁未　晴。美新简柔克义为华使，康格调墨。美国署使照达，为中国辨中立文。复照致谢。昨在邑馆祭文昌，同郡团拜。

初五日戊申　晴。邸堂宴各使。邀豫叔、云帆、佩葱在长吴馆看竹。晚并邀亮伯、我山、磐石、少渠、蒋焕庭诸君便酌，逸帆因病未到。助张季芙世兄二百金，为改指山东之用。

初六日己酉　晴。日军于初五日巳刻进奉省，日使照称，其司令官尊重陵寝、宫殿，勿扰省城。复照谢之。美使照称，美致法、英、德、奥、义各国，声明不侵占、租借中国地土，开放门户。伍侍郎谓“开放”指已通商各处利益均沾而言。拟复照，谢其公谊，并声称惟愿不侵中国土地，不碍中国主权云。日商在小库伦买马，拟照驳阻。陈小山（本仁）由朝鲜回。

初七日庚戌　晴。南洋电致庆邸，言淮、苏分省之不便。邸复以本处并无成见，如有窒碍，应具奏请旨。此事政务处本未加斟酌，前陆凤石总宪与陆伯葵、顾康民侍郎，吴蔚若阁学、陈梦陶部丞疏请交政务处再议，已留中。现闻恽薇荪学士等又拟具疏，而刘佛卿农部纠约同人，拟具公呈于都察院，呈稿不以示人。余晚就杨仁山之招，座皆同乡，佛卿虽携稿欲与我私看，不合公理，并闻其已送凤老处，遂屏不观。过我山，言其呈未写齐，遂嘱函告，不列衔。

初八日辛亥　晴，风狂甚。早过凤老，知佛卿呈并未交到，昨言伪也。又过佛卿，不值。晤其子翰臣，出呈底，共五十人，余等名未列。其措词甚不得当，公事本应公言，而又如此专主，自执牛耳，且藏头露尾，种种可怪。余之不列衔，非不愿合省以此事可望挽回，而又不能听佛卿指使也。嗣晤咏兄，所见相同。寄三弟、六弟信。到署，夜直。是日各使馆内眷在西苑觐见。

初九日壬子　晴。进西苑，瞿堂未入直。邸堂请拟电询驻法英使，探俄请调停议和事。日使言，辽阳州陈良杰、海城县王顺存为俄间谍，查有实据。那堂与商，解交北洋自办，即拟函致北洋。英使与驻津英领屡言中立国代战国查禁商货，不合公法，北洋来咨，请照商各使，将前章作废。复以仍由关道与各领妥商。奉天军尹来电，日军进城，均无恙。

初十日癸丑　晴。法使来言，中国宜坚守中立。那堂答以始终不改，并询调停事。法使云，须俟机会。壬午团拜在湖广馆演剧，夜往观之。日军二千驻新民府，并采买。拟照会日使禁止。

十一日甲寅　晴。法英两处复电，均不认有调停事。与刘振愚（铎）考究滇缅界约南段地图。

十二日乙卯　晴。初九日恽薇孙等递折，争苏、淮分省事，奉旨：与陆折并交政务处会议。致梦梅书，附谕颉侄，并谢柘城、叶谦如信。接子元叔岳书。

十三日丙辰　晴。接颉侄禀，就河南实业学堂教习，鼎臣来函亦然。日军已占铁岭。

十四日丁巳　晴。复子元叔岳书、三弟书。辽阳、海城须委员接署，日使言奉省官员不可靠，与北洋商派员前往，仍由奉省降委。拟电致军尹。

十五日戊午　晴。日军又占开原。英使来照，仍辨铁路运货至营口，无庸领照。咨北洋，饬关道与各领妥商。夜值班。

十六日己未　晴。进西苑。美康使夫妇辞行，请觐见，定廿七日巳正。

十七日庚申　晴。就云帆招，弹雀。

十八日辛酉　晴。孙咏裳就察哈尔都统溥仲鲁（珽）书启，由徐悦陶托余物色转荐。闻日军已抵昌图，奉天驿巡道王颐勋及交涉局委员并武弁共十九人为日军看守。军尹磋商，可望转圜。

十九日壬戌　晴。吊汪兰楣悼亡。就仁昌招，看竹。接二弟书，就平柜盐务差。十九人均放回。

二十日癸亥　阴雨。那堂拟苏、淮分省说帖，就形势、事权立论，仍循旧例，而于淮、徐设一提督，或照练兵处新章作为都统，并重淮、徐两道之权。送政务处具奏。

廿一日甲子　阴，早雨，午后晴。昨晚就绍廷［任］庭第二集。北洋复辽海派员，奉天尚未电商，拟电催之。并拟复唐大臣电，藏约均需磋商。

廿二日乙丑　阴。缅甸南段界务，振愚拟出节略，即拟详致滇督一信，将薛叔耘星使受英蒙混不加辨正，致将界线展宽，及总署但知薛图漏，未查考英图，致滇员凭以争执，迄难就范等情和盘托出。并拟复英使照会，驳以司格德自划之线，不能作为暂界，仍俟滇督查复，再行会勘。

廿三日丙寅　阴。接苍侄信，已承瑞方伯、曹观察荐，定怀庆府清化镇蚕桑实业学堂英文教习，并再韩同年信，亦言此事，即先谕苍侄。又接三弟六号信，复之。又复曹根生信。与丞参商酌，调张隐南、刘振愚至庶司，藉资臂助。惟翟溟南调工司，吉书庵调榷司，人皆要好，不能多留为歉。蔚芝送来印成许竹篔先生出使函稿。

廿四日丁卯　阴雨。拟发唐大臣电，告以英蓝皮书有改藏约、内减兵费、早撤兵，并拉萨、江孜往来作废各节，查核磋议。夜值班。

廿五日戊辰　阴雨，巳刻止。进西苑。瞿堂因病未入直。邸堂谕，拟致吉林、黑龙江将军电，严守中立，相机因应，由奉天转递。拟复沪道电，俄船医官如验病属实，即准回国。日军驻新民府设军政署，照北洋来电，请日使停设。

廿六日己巳　晴。拟请派和兰公断议员奏稿。

廿七日庚午　晴。寄三弟六号信，附回邹辅卿注册执照。日军占用新民至沈阳电线，拟照会日使索回。

廿八日辛未　晴。为六弟事，恳那堂，函致胡中丞。拟驳德穆使，中国捕海盗，德兵船不得干预照会。祝邸堂生日。

廿九日壬申　晴。寄六弟信。省馆公祭，余仍司赞。领福后，到署。许仲威来言，赵次山尚书在干鱼胡同设一法文学堂，即托其报名，将令阳、喜两儿附学。俄使来照，声明战线。转知日使。祀先。

三十日癸酉　晴。寄三弟六号信。署中改令帮印帮稿，随同印稿进内。其请送印钥之员，在署协办电报处事。

三月初一日甲戌　阴，微雨，旋晴。伯唐来言，昨接杨星垣信，日本派有栖川亲王贺德皇子成婚，有深意。因谒瞿堂，请亦派使。又谒那堂，谓须商之北洋。今早请示邸堂，令即拟函，为之参酌词句而去。呈阅后专差即发。而那堂意不甚为然，嘱拟节略，大致言婚期已迫，恐赶派不及，徒滋猜忌，无益于事。阳、喜到法文学堂。

初二日乙亥　晴。盛京文言，日招蒙匪绑劫刘营官。照会日使释回。夜值班。德国亲王福礼留伯到京，请觐见。寄孙紫绶师书。

初三日丙子　晴。偕保久山进西苑，面回邸、枢堂觐见事宜，甚繁琐。德皇并进瓷瓶，绘有德皇之像。北洋回信，已原封呈邸堂。旋由那堂交阅，亦言遣使之非宜。钱搏甫海运来。

初四日丁丑　晴。过豫叔谈。祝唐年丈寿。拟复北洋信，言遣使已作罢论，以后互探消息，共相商榷，期济艰难。接香侄禀，已抵清化。本日德亲王觐见。

初五日戊寅　晴。拟致各督抚信，以日僧传教事质之公论。电闽督，从复催撤日僧，因内田函来言及。其复内田信，嘱伯唐拟。新嘉坡职商吴世奇电，俄舰四十余艘过新嘉坡。电闽粤督密探。

初六日己卯　晴。粤督复电，俄舰过坡，实有其事。寄三弟七号信，就麒崇甫、多德圃、玉朗侯招。

初七日庚辰　晴。赴十里庄苏太谊园公祭范文正公、顾亭林先生。归途四合轩茗话。到署。适内田来言，防在沪俄船逃逸。电南洋、沪道严查。致新署盛京将军廷用宾信，论地方及应付日人事。复俄使照会，辨吉省官吏应守中立，胡匪在战界，非兵力所及，不得波累。

初八日辛巳　晴。复谢瑞鼎臣、曹再韩信，为苍侄事。俄队在兴京旧门乡戕巡长傅玉廷及兵十五人，并沿途焚杀。照诘俄使。又电胡使，诘俄外部。北洋咨德法兵官雇华船至老铁山洋面，为船人于志友等推淹事，后破案，应按中国律治罪。经东海关何道会同各领事讯明拟办，片行刑部核复。

初九日壬午　晴。亮伯约在长吴馆弹雀竟日，获胜。豫叔云，聪生、仲庄昨已到京。

初十日癸未　晴。拟致北洋信，以俄员弁在烟请假，未便照允，告之。寄三弟八号信，汇款二百。复许静山信。

十一日甲申　阴。送张季芙世兄行。过聪生、仲庄谈。到颐和园公所，与王子谦同直。

十二日乙酉　阴。胡使电，俄舰将近中国海面，须守中立，备不虞。拟电致南北洋、闽粤督，告以密饬沿海查探，严守中立，镇定人心，呈邸、枢堂阅定。午后偕商部顾寿人枢垣、林朗溪散步，观象，系上年马戏所进献者。

十三日丙戌　阴，风大。近日办事甚早，枢廷散直在辰巳之间，九钟即行，十二钟回署。拟致盛京、吉林、黑龙江信，告以民命财产被战国损害者，应册记汇报，以凭诘问索偿。并与吉、江论中立事宜。内田送来辽东守备军电，辽阳陈牧可交中国自办，海城王令可释放，惟催派员接任。拟电致盛京、北洋告之。

十四日丁亥　阴。熊雨生（恩霖）来，艾臣之子，以知县引见。粤督电，请商北洋派船调遣。拟电北洋酌复。日使又言，沪俄船思遁。拟电南洋防范。美使言，距杭三百余里，有美教士被殴。拟电浙抚查办保护。致李兰舟信。

十五日戊子　阴。那堂云，胡信已发，函告六弟。又谕香侄信。复彭衡如，附致钱绍云信。复日使，告以南洋、沪道复电，已派大兵船防俄舰，及查其舰内并无装置机器等情。刑部复核于志友等案，咨行北洋。

十六日己丑　晴。北洋电，言派舰赴粤之不宜。拟复电，并致粤督，如北洋议。美使送来俄致美外部节略，言匪聚蒙古，拆铁桥，袁军帮助辽西蒙古，限于战地各节。拟复照会声辨，并谢其关照之意。复毕少斋、张玉甫丈信。夜在斌升楼邀悦陶、小山、咏裳、仲盛、永叔、衮甫、雨生、搏夫晚酌。搏夫、咏裳均留宿。

十七日庚寅　晴。搏夫回仓。咏裳赴张家口，就察哈尔都统溥仲路之聘。电南洋，复以拦阻俄舰办法，全在事前严密防范。川督电，番匪在巴塘戕驻藏帮办大臣凤全，教堂被毁，法教士三人被困。鹿滋轩以前在川督任内，瞻对之役与政府不协，现仍力主收瞻。俄使雷萨尔于十六夜病故，丞参商议致唁之礼。余为查出前使俄杨子通侍郎故于使任，俄主及太后与后均派员致唁，其设奠之日，并派御前大臣致祭，遂据以禀达邸堂。吴季荃来谈。江、淮分省，经政务处议复，奉旨：裁去淮抚，改淮阳镇为江北提督。

十八日辛卯　晴。南洋电，沪俄舰防逸，攻心为上。复以照办。雷使事，派振贝子吊祭，尚得体。夜就曾霁生招。巴塘事，法教士在土司处无恙，照复法使。

十九日壬辰　晴。偕豫叔邀松江、常昭及学堂（进士馆）新假旋之同乡诸君，在长吴馆便酌，并弹雀。

二十日癸巳　晴。辽阳州陈牧释回，电北洋，仍解津酌办。英商运货至营口给照事，北洋来咨，仍执前章办理。照转英使。伍廷芳、沈家本奏请酌减重刑。奉旨：改凌迟为斩决，斩均改绞。事皆由沈主持，多董绶金（康）之笔，伍受成而已。

廿一日甲午　晴。壬午同年公请陕甘总督升吉甫制军于江苏会馆。散后到署。致俄署使阔萨克福照会，诘以上海俄船不得逸出。法使言，里塘法教士被害四人。电川督查复。旋来电：所闻相同，存亡未确。电盛京，查俄署使照会所言华商晋盛昌欠道胜四万卢布，为日人逼索事。电盛大臣，以俄署使云周生有案，俄水手监禁八年难照允，惟可给抚恤，询与胡使商办如何消息，并筹结束。

廿二日乙未　晴。俄派璞科第为华使。先是闻有派前署使巴布罗福之说，电胡使告外部，以不愿接待意。今派璞，乃前道胜银行代办也。夜，在斌升楼约仲庄、和甫、豫叔、聪生、汝言及仲庄之子茂五便酌，阳、喜均侍。

廿三日丙申　阴，昨夜雨。法使来照，拟挪移越界对汛六处。电督抚边防查复。夜就梦陶招，陪升吉甫。贺余尧衢同年（山东按察使，来京陛见）嫁女之喜。致梦华信、三弟九号信。

廿四日丁酉　晴。贺瞿尚书公子希马完姻之喜，即尧衢媛也。商拟藏约，复电。

廿五日戊戌　晴。俞子良（光熙）之次子仲铭（念兹）以浙江县丞海运差来晤，子良现办合肥厘局，其长子已于甲辰中举。余庚子秋，道出盱眙，子良适作令，颇承关照也。盛大臣复电，周案胡使以商外部，无加重办法，给恤事须由部与驻使商办。藏约电，瞿尚书嘱再酌数语，改妥后发。

廿六日己亥　晴。至豫叔处弹雀。晚就联春翁德昌馆之招，是为第二集。值班。是日，两宫还海。接三弟信，友仁作古，可伤，即函复。

廿七日庚子　晴。偕仲午进西苑，散后回署。拟复美使及致梁使电（并电南洋加意），以日本函告，沪俄舰将图逃事，复以中国尽力严守中立，惟愿战国不犯。又照此函复日使。法使言，巴塘戕教士四人，教民二百余人。电川督查办。

廿八日辛丑　晴。俄阔署使来署，全堂均见，言达赖、藏约、战线等事。夜，偕同人请升吉甫、许子衡聚丰堂便酌。寄三弟十号信。

廿九日壬寅　晴。俄阔署使又来，送战线图。即函催日使。又言厦门左近南滩，日本设无线电。即电闽督查复。又言上海俄船医生无病，亦强令回国。即电沪道查察。法使照称，巴匪蔓延及滇省。即电川督会滇督查办。磬石邀饮，园花正开，肴馔精美。

四月初一日癸卯　晴。接六弟信，言阿同不率教，函慰之。龙州会议章程，法使未允，粤督咨请作为罢论。即照会法使。

初二日甲辰　晴。川督复巴塘教士牧守仁被害，有蒲姓司铎逃至滇界维西。又番匪围阿墩教堂，拒退。是法使所言延及滇省之说不虚，即据电照复。接徐悦庭叔岳信。

初三日乙巳　晴。闽督电，日本无在厦门南岸设无线电事。即复俄署使。

初四日丙午　晴。邵厚甫、阮子衡借顾宅邀饮，看竹颇负。赵尔巽补盛京将军，鹿传霖吏尚，张万熙户尚。

初五日丁未　晴。聪生引见内用。奉天信，日员索铁岭华局借道胜款三万六千元是确，惟系会聚成，非晋盛昌。函询日使，并先复俄署使。夜值班。

初六日戊申　晴。进内。过许仲威。英参赞梅尔思来询唐大臣议藏约，中国拟在印都设领事。查来电未提，电询之。

初七日己酉　晴。南洋电，沪道请总税司饬沪税司派员助查洋商行栈轮船运煤斤等接济战国。即函致总税司。

初八日庚戌　晴。日使递贺慈圣万寿国书。拟电驻藏有大臣，告以巴塘乱事及川滇办理情形。因川藏道梗，由总税司发亚东转递。

初九日辛亥　晴，傍晚阴雨。偕海帆邀余尧衢同年在长吴馆午酌。芾卿、子封、向青、仲午作陪，咏春、润芝改客为主。

初十日壬子　昨夜雨，至今晚止。俄阔署使来署，言日本擅韩权、迁韩皇，上海俄医愿送脉单，问达赖行期，请禁铁路日本运货，探京张铁路曾否用他国人、他国款等事。

十一日癸丑　晴。沪有轮船运煤出口，日人请禁行。总税司派员稽查行栈轮船，并饬沪道商办。法德舰在连岛竖旗，复南洋须辨别兵商、测绘，诘问催撤，派兵轮校巡；并青口距胶澳近，须筹自开口岸。唐使来电，英不允以中国为西藏主国，仅认上国；又印都设领，有此说，未入约。

十二日甲寅　晴。各使赴园游宴。沪道电，日领以办法不□，欲将煤斤概行禁止，只运长江。仍电该道另办。滇督电，巴塘教士蒲德元、费纳尔已至维西，饬丽江守带兵防堵。即知照法使。闻子静到，偕豫叔至车站迎之，同至斌升楼晚酌。寄三弟十一号书，复费芝云、毕少斋书。

十三日乙卯　晴。各馆内眷游宴。少渠招在长吴馆弹雀。

十四日丙辰　晴。亮伯邀午饭。议浦口设公司，并俟浦信筑路，滂火车头地段事，拟呈盛督办商务立案。照会战国，吉、江两省勿过骚扰，损失须赔偿。

十五日丁巳　晴。海参崴委员李家鏊电，俄令离崴往伯力。复电照准，并电胡使照会俄使，该处华民应由俄保护。谒盛杏孙，未值，其幕府□[1]公度（密）来。

十六日戊午　晴。唐大臣电，英只认西藏以中国为上国。邸、枢堂嘱复电坚持主权。事关重大，只可听政府主持也。

十七日己未　晴。过子静，适将起行赴津，即在豫叔处饭。后赴园，与霁生同直。时盛杏孙侍郎寓公所，候召对，晤谈。

十八日庚申　晴。拟照会各使，上海煤船出口，取保注、限议罚，以杜接济战国，系照总税司所拟办法，先经亮伯拟底，那堂意作为本部酌定，不必揭出。遂改妥，呈枢堂核定。午后访枢垣段少沧、徐博泉、刘式甫、刘积甫诸君，弹雀。又至政务处公所，晤吴向之。

十九日辛酉　晴。奉电旨：署黑龙【江】将军达桂毋庸来

---

① 字迹不清，疑为“祁”或“诸”。

京，改往吉林查办垦务。又达赖准于二十四日起程。回署。拟致南洋信，告以海州事，该州张皇太过，致生议论，并寄与德使往来照会。电粤督查匪伤德教士案。

二十日壬戌 晴。南洋电，海州连岛德旗已撤去，德使以"前驳德船助缉匪事，责其干预"，开节略辨论，谓与英有厚薄。复以二十五年英港督欲助剿匪，亦经驳拒，德既无干预意，前事毋庸再议。

廿一日癸亥 晴。过蔚若谈，留饭，尝鲥鱼。答丁衡甫（宝铨），适放冀宁道，贺之。夜，偕亮伯在福全馆邀丞参，及悦陶、久山、逸帆、槃硕、莲峰饮。余尧衢调江西按察，以母老陈情，调近省也。

廿二日甲子 阴雨。俄使来照，以日军占新民府，如廿九不退，即不认关外铁路为中立。电北洋查复。

廿三日乙丑 晴。法使到署，论盛杏荪所管卢汉铁路，"奉旨：著商部查核款目"，于公司名誉有损。比使晤那堂，所论亦同。答以谕旨不便更正，事不由外部经手，当转达。夜，那堂招往，因日馆郑永邦来言，有俄义勇舰队兵船、运船各三进吴淞口。电致南洋、沪道照章办理。

廿四日丙寅 晴。早，贺尧衢调任，并以六弟事面托之。俄船事，沪道来电同，并闻崇明之花鸟山，译名"北马鞍岛"者，有俄舰十七艘停泊。电南北洋、沪道查办。又电胡使，告外部令俄舰勿泊中国海岸，运船如不按限出口，须照章扣留。

廿五日丁卯 晴。运煤办法，德使以烟台禁阻，有违言。复照会各使，照上海办法，各关一律。至用布袋运煤，便于接济，形迹可疑，电南北洋、闽、粤通饬，又电沪道、东海关道照办。函复德使，知照总税司。内田来言，日俄在朝鲜海峡海战，沉俄舰六，内有一铁甲云。

廿六日戊辰 晴。过豫叔。贺聪生分户部。答江儁侯。吊陈小山之伯母丧。闻日又掳俄铁甲一，巡洋舰一，沉一，花鸟山舰已开去。叶提督请派戴乐尔帮办中立事件，沪道请禁领港，函致总税司酌复。俄船医官事，俄署使援红十字会第二、三条，视为中立之人，准其出境，惟须随时照知。已与日使商允，即函复俄署使，电沪道照办。夜雷雨。

廿七日己巳　晴。日官报，沉俄舰十三，掳六，第三队提督降。英使遣梅尔思来询，西报有俄占蒙古，恐起瓜分之说。那堂示以俄使照会，东省战地限制及战线图事，始恍然于报之失实云。傍晚大雨，旋止。昨寄六弟书。

廿八日庚午　晴。各处来电，日共沉、掳俄舰廿四艘，计俄仅存铁舰二、巡洋舰四，余皆运船，无下落，波舰提督罗谛文斯闻已被擒云。吴淞口俄运船，叶提督电，愿下旗，听安插。沪道电，俄领仍执商船，谓下旗系天雨。故复电胡使，告外部，并照俄署使。又电南洋、沪道，请催运煤办法。邮船及商船，日需之煤不禁，英德均以为言。电各关查照。子静由天津回，留下榻。寄许静山书。复孙咏裳书。

廿九日辛未　阴雨。陈仲冕（宝璐）丈来，复乃郎征宇书，即嘱带去。豫叔来。沪道电，俄领允将六艘照运船办理，惟水手须遣回国，如政府以此办法为不合，其责成赔偿，须中国承当。复以即将除卸煤斤机器妥办，其续到两船，亦应照催，一体办理。寄三弟十二号书。

三十日壬申　晴。各处电报，俄波舰全没，只有三舰遁入海参崴。琉球至上海，均无俄船踪迹。

五月初一日癸酉　晴。胡使来电，淞口俄船，俄外部仍执商船。电南洋、沪道，须令将器械开单签字，得有凭证，以实辨论。总税司复，巡工司戴理尔可派帮办中立事；领港未便谕禁。电南洋、沪道知照。约豫叔、聪生、搏甫与子静弹雀、小酌。

初二日甲戌　晴。子静回石家庄。闻日人由沈阳造铁路至新民府，电盛京、北洋查复。夜，赵次山将军招饮于源丰堂，为法文学堂事。将来由蔡燕孙（金台）同年经理，庆小山捐助学会，凡在学堂之父兄随时轮往稽察。在座察庆外，比馆翻译林阿德，洋教习、比馆学生胡伊业，汉助教凤永叔，又侍郎堃岫（子年），户部司员徐及次公之叔丈[①]，新放湖北知府斌小川诸君。

初三日乙亥　晴。南洋、沪道来电，俄运船及后到一雷艇均已下旗，归中国约束。俄波舰只余三艘，至斐律宾，其遁海参崴之说尚不确。电各沿海[②]，战国存煤俟战毕准运，运船照兵船办理，作为现章。上海德船查无麻袋运煤，准照具照办法出口。电沪道。

初四日丙子　晴。路透电，美总统调停和事。祝凤老生日。答刘谦山（有光）同年，前江阴令，起复来京。又答陈仲勉丈。

初五日丁丑　早阴，午后雨。送锡闰生、尧衢行，均未晤。冒雨至颐和园公所，存子孚同直。

初六日戊寅　晴。邸堂谕，有和兰巴斯者善画，已来京。询伍侍郎，告以上头召令绘画。日造小铁路事，诘日使。上海俄船弁兵拟遣回国，商日使。至军机直庐，与段少苍、徐博泉、林朗溪看竹。

初七日己卯　晴。伍侍郎亦到。巴斯事，已定十八日入宫绘画，邸嘱知照之。散直，过豫叔，已出城。即偕仲庄、聪生游宾燕楼，瀹茗。夜，养庵邀福兴居饮。

初八日庚辰　晴。偕联侍郎、任庭、伯唐在源丰堂公请盛杏孙侍郎。接三弟、六弟信，苍侄禀。日人拟禁游历，电盛京，并函致北洋，告以战事年余，未便再禁之意。傍晚大雨，至夜半。

初九日辛巳　晴。日俄已允美总统议和之说。

---

① 原文“徐”及“叔丈”后均空两格。

② 原电发给南北洋、闽粤督。

初十日壬午　晴。美使柔克义谒晤瞿、那两尚书，独遗两侍郎未谒，初一日，已赴邸。

十一日癸未　晴。杨使电，日本进步党会议和款，大旨：一、俄割桦太岛（即库页岛，又名萨哈连岛）；一、改海参崴为自由口岸；一、日本领东海滨渔权；一、日本索东清铁道；一、俄在东三省所得权利全归日本；一、赔款廿万万元。

十二日甲申　晴。过海帆、张（传言）。答朱鲁珍、钱自严。俄阔署使来署，谈赔款还法，可由上海道胜银行议减；及东三省中立等事。

十三日乙酉　晴。寄六弟信、桂舅书，叔敏带。

十四日丙戌　晴。两宫还宫。叔敏表弟回南。

十五日丁亥　晴。日使贾思理、美使柔克义递国书，觐见。日俄已定在美都议和，电胡、杨两使探遣使消息。俄署使言，坎巨提又请租地。电新疆查复。

十六日戊子　晴。电南洋、沪道，以俄船员弁回国，商日使未允，令申明约束，会同叶提督妥办，并将先后所到俄船办理各事开单报部。夜，在署直宿。早，巨川邀饮。

十七日己丑　晴。偕我山进西苑。邸堂谕，翻译唐德萱降三等，马弁杜瑄撤退，以伴送德亲王福留伯赴张家口时需索差费，为宣化县禀讦也。张翼为开平矿事赴英，识认副约，中英合办，责以全数收回，而无办法，屡电请准回华，为北洋所持，现又来电请示，邸谕复北洋斟酌。俄员带去西丰县德凯[①]，并提重犯，诘俄使交还。又俄使云我警察助日，实藉口以扰官民，复照驳之。夜，雷雨连日，天气甚炎热。

十八日庚寅　晴。就聪生招，在会馆弹雀。

十九日辛卯　晴。电粤督抚，论布置对汛事。唐德萱降等一

① 德凯，时任西丰县知县。

节，各堂意仍令切实禀复再办。

二十日壬辰　晴。贺凤老夫人生日，弹雀。

廿一日癸巳　晴。奉旨：电各督抚，以日俄议和，如何因应及东三省善后各办法，令各抒所见密奏，以备采择，并由政务处传知各衙门。同乡因刘佛青管结，向捐生多索结费，账目不清，集会馆商议。余避极，不往。

廿二日甲午　晴。闻佛青至省馆，与同乡甚冲突，已递呈吏部，退去管结，而举余接充。拟复日本内田使信，以日僧传教事，各省督抚复函，均力言其不便，详驳之，并阻设学堂于福建龙溪县石码地方。夜雨。

廿三日乙未　晴。过范卿、颖芝、咏春、采南，谈佛青事。颖芝为之调停。余决计婉辞，具呈吏部，声明应俟陈盛庆十一月期满，方能接管，事因乡谊，未便先期接办。日使来函，阻各国人游历东三省。援条约，暂有匪徒省分不得给照，照会各使。

廿四日丙申　淡晴。萱儿送妇归宁，偕潘养庵夫妇同行，于早车赴津，趁轮船南下。答陆守默、陈伯才，晤李桥农。寄三弟十五号信。接六弟信。夜雨。

廿五日丁酉　晴。日俄有议和意，奉旨：通行各督抚及在京各衙门、各出使大臣，将如何因应及接收东三省善后办法，各抒所见，密奏备采。

廿六日戊戌　晴。过豫叔谈。到园，偕简香同直。

廿七日己亥　晴。拟密电办法说帖呈堂。另发密码密本于驻日、俄、美三使，南北洋、湖广六处。与商部直班方希伯（燕庚）过枢直段少沧诸君畅谈。于海帆同年入政务处。

廿八日庚子　晴。瞿堂昨入城，答日本议绅平冈浩太郎，今日偕那堂访赫德，未入直。见邸堂，请示捐崇实学堂，每年经费三百两。俄使来函，赔款用金办法已定。散直，仍过豫叔谈，明日即迁居白庙新宅。王相开去军机处差使，以徐鞠人（世昌）

同年入政府。接六弟信。

廿九日辛丑　晴。为佛青管结事，访季超、伯齐。

三十日壬寅　晴。复吉、江两将军电，商货不能通行。致盛京函，催造战事损伤册。各使以赔款定议，到署画押，互换照会。俄新使璞科第到部，拜晤各堂。傍晚，访薇孙、颖芝不值。偕佛青在广和居，邀范卿来谈，时正雷雨。归途，过史季超，冒雨而返，已夜半。皆为佛青结事调停也。

六月初一日癸卯　晴。拟复南洋电，上海工部局筑路，巡署抽捐、捉犯事。

初二日甲辰　晴。闻那堂召对，并奏带伯唐与会。已定派赴美，预闻日俄和约，嗣为日使内田所阻。到省馆会议结局事，余坚持夺佛卿之权，仍保其名与利，同人未允。余谓，在诸君为公论，为义举，而我接管则是私与利而已，万不能居此名无已，其设公局乎？同人遂定公局之议，画押者廿余人。惟佛青廿一冲突事仍未了。散后告知翰臣，作调停之计。

初三日乙巳　晴。佛青来。过风老不值，因留学生廷试阅卷未回也。过豫叔白庙新居。饭后到署。照北洋所拟照会，日俄及各国声明议和条款内倘有牵涉中国事件，未与中国商定者，不能承认。将稿及电文呈那堂酌妥，带园。

初四日丙午　晴。翰臣、伯齐来，仍谈结局事。午后，日本翻译高洲太助到署，请将照会缓发。询其是何照会，则云中国派员至美议约事。答以此事未见办过，若他项照会，或由园递发。旋谒那堂，仍令将照会电报速发，遂于申酉间发讫。盖内田所阻者，昨照会之语，而高洲仍误会为派员事。余以权词应之，亦实情也。是日，俄新使璞科第在仁寿殿觐见，递国书。夜接璞函，俄愿派员廓兹罗福带马队廿余护送达赖，由库伦至藏边界。拟复驳之。

初五至初六　无要事。日使复照会，谓日俄议和，不能因中国此次照会有所钳束。

初七日己酉　晴。那堂约往宅内，摘录内外臣工条陈、日俄因应及东三省事密折。与谱桐偕扰午饭，至酉初始完。

初八日庚戌　晴。梁使电请调伯唐赴美参赞，奉旨：照准。又摘录密折关东省者，送赵次山将军。

初九日辛亥　晴。拟日俄议和照会各国声明办法奏稿。

初十日壬子　晴。那堂嘱拟致梁使、岑制军函稿。

十一日癸丑　晴。余奉派并署左参议。夜，邀结局前列十余人在聚宝堂议公局章程，并调停佛卿事。

十二日甲寅　晴。那堂邀饮，为伯唐饯行也。夜，偕久山赴公所直宿。那堂派弁送，并令沿路官厅照料。

十三日乙卯　晴。谒谢邸堂、枢堂，并回事。散直后，访海帆于政务处，并在枢垣直庐与少沧、徐博泉、刘式甫弹雀。

十四日丙辰　晴。早谒邸、枢堂，回事。午后返署。致吉林将军信。奉旨：派载泽、戴鸿慈、徐世昌、端方分赴东西洋各国考查政治。

十五日丁巳　晴。拟致吉林将军信（查中立档案）、新任盛京将军信。

十六日戊午　晴。摘录密折。拟致南洋大臣、东海关道电，查扣留俄船费用。连日均热。

十七日己未　晴。俄署使来言，达赖护送已罢论。

十八日庚申　晴。凤老太夫人十周年，往行礼。拟致南洋电，询海州开埠事。致粤督电，询琼州有无租界及商务情形。咨理藩院，因奈曼王支应日兵及匪队，饬哲里木、昭乌达两盟长转行蒙旗严守中立。昨，那堂得协办。

十九日辛酉　晴。寄三弟十六号信、澄儿谕。

二十日壬戌　阴。连日天气颇似初秋。

廿一日癸亥　早阴。贺庆邸二世子载扶娶裕寿田相国之女，并见振贝子。本部具奏：汪大燮调充驻美参赞，所有左参议一缺，以考工司郎中邹嘉来兼署。本日奉朱批：依议，钦此。奉到后即缮谢恩折。申初雷雨，候至申正止，旋见日。即出城至公所。亮伯、仲午直班，商部绍越千右丞、顾寿人主事亦同直，稍谈即睡。折已送奏事处。

廿二日甲子 晴。黎明即起，谒瞿、鹿、荣、徐四公，皆一揖。辰正传起，军机第一起，余第二起。即进东宫门，在仁寿左门外奏事处恭俟。时世伯宣相国（续）以内务府大臣入直，为礼部旧堂官，谈甚久。至巳初刻，军机见起毕，即蒙召见。由内监导引，进仁寿左门，至仁寿殿。殿东向，正门垂帘，不开，左阶廊前蔽以苇帘。一内监揭殿左门帘，微开，余俯入。正凝视间，闻嗽声。此两宫因殿内为阳光激射，入门稍晴，恐初次承召者瞻顾不前，示以趋向，乃体恤臣下之意也。余时已望见天颜，在殿之北设座，皇太后坐于东，皇上坐于西，皆南向。前黄案，案下西首置垫一式，正方白色，中心圆红色。余由殿柱之西转北，趋进数武，北向，自称臣某叩谢皇太后天恩。免冠叩首，戴冠起。趋而西，自称臣某叩谢皇上天恩。免冠叩首，戴冠复起，跪于垫左。

皇上问曰：汝在外务部何司当差？对曰：在庶务司当差。

皇太后问曰：庶务司所办何事？对曰：承办日俄战事防务、界务、教案。

皇太后曰：现在有无教案？对曰：教案现俱完结，无事。

又问曰：汝在外务部当差若干年？对曰：自光绪二十二年传到当差。

又问曰：从前系在何股？对曰：从前在俄股当差。自设立外务部，先在和会司，后调庶务司。

又问曰：曾习外国语言文字否？对曰：未曾学过。

又曰：外务部与别部不同，事情甚繁，汝等天天到衙门否？

对曰：外务部交涉之事，均属紧要。臣等日日到衙门，不敢稍懈。

又问曰：汝今年多大年纪？对曰：臣今年五十三岁。

又问曰：汝系何省人？对曰：臣是江苏吴县人。

又问曰：江苏年岁如何？对曰：闻得春间雨水较多。

皇太后曰：雨水多有碍蚕事，现在甚已好了。对曰：现在天时较好，秋成可望。

又问曰：收稻约在何时？对曰：江南与江北不同，江北收成较早，江南稻熟须在九月间。

又问曰：汝是今天来的，昨天来的？对曰：臣是昨天来，住在公所的。

皇上曰：下去。

即起立向上，徐退至门槛前，仍向上肃立，即启帘出。初蒙召对，措词不能周详，幸无失礼，已深感悚。回公所，饭后至各军机宅投帖。后回署。美柔使来言，厦门人将领事署前旗杆绳割去，并出恭污秽。提营允拿人，并鸣炮服礼，为海防厅黄某所阻。黄助商人抵制美货事，应究办，否则将遣兵船保护。当电闽督查复。英馆甘伯乐来言，唐少川议藏约，应仍留印度，如【有】要事，可由萨使与庆邸商议。那堂答以唐患病不能留，可改在伦敦，庆邸事繁，以伍侍郎作代表。甘以告萨使再商为词。

廿三日乙丑　晴。谒风老，发喘已渐愈。过豫叔不值。晤汝言。绥远城将军来文，美教士包庇匪徒占达拉蒙旗地。照会美使饬禁。

廿四日丙寅　晴。寄三弟十八号信、澄儿谕。过搏甫、咏春。适云裳自张家口来，以与同事不合，假旋。贺巨川娶媳，即彭芜仲女，彭处毫无举动，亦文明办法。又过伯齐、范卿、采卿、少彝，议定结局章程，于月杪刊布。又过仲威及其表兄孙干甫（廷赞），拟延作教读也。

廿五日丁卯 晴。拟致粤督电，告以劝导商民抵制不用美货，恐人心浮动，勿得节外生枝。又电，查琼州能否自辟商场。

廿六日戊辰 晴。普天同庆。摘录第四次密折。日军在法库门拘总巡穆克德善去，竟杀之。照诘日使，申雪、索偿。又催将殷令释回，并电杨使诘外部。寄六弟信。

廿七日己巳 晴。拟复比主贺万寿国电。夜，在署值宿，蚊扰，不成寐。接伯唐信，二十日由沪乘蒙古船起程。电致梁使，身抵金山时，饬关妥为照料。早谒盛杏翁，贺其赏朝马。

廿八日庚午 晴。进西苑，邸堂交唐蔚芝一禀，论抵制美货事宜。廷谕，告那堂商办。瞿堂交拟四大臣考查政治，致英、法、德、美、俄、义、奥、比、日本国书。卢汉续借十二兆佛郎，盛大臣请部示，商部欲外部分担。那堂与振贝子商允，复之。嘱工司照伍堂，驳柔使禁工约稿。拟复柔使节略。日人杀总巡穆克德善，照日使诘责，并电杨使。

廿九日辛未 晴。复子静信。与梅坡商拟国书稿。日使内田到那堂宅，论初四照会于日本议和有碍，国民不愿，政府及伊难于压制，须为开解。那堂详细与辨，彼此释疑。又四大臣赴各国专事考查，不得与闻日俄议和。又中国不可派员至日本议满洲事。即译录问答，转达邸堂。晚，颖芝来谈。连日天气炎热，戌刻雷雨，稍清爽。

七月初一日壬寅［申］ 晴。

初二日癸酉 晴，午后小雨。谱桐邀饮于江苏馆，弹雀。叔谦、范卿来，皆为印结事。答刘云生（家藩），晤。

初三日甲戌 阴。接许静山、六弟、澄儿各信。将东三省与俄交涉各案，与我山分别已详未许、议而未定，开列简明目录。川滇喇嘛滋乱，询明剿办情形。奉旨：两省会办，并保护教堂、教士。知照法使。

初四日乙亥 晴。英萨使见那堂，论藏事，至彼此不提“主国”、“上国”字样，彼谓就其私见尚属可行，允电政府速结。即拟电致唐使暂留。

初五日丙子　晴。日使内田致邸堂信，以中国声明和议牵涉事件未经商定，不能承认一节，舆论不然。已达那堂，仍祈省察。邸谕复之，大致议和既未便参预，倘有关系东省事宜，自应彼此商议，贵政府必能共谅云云。

初六日丁丑　晴。禁工事，与美使磋商。约稿由伍侍郎主裁，已二次驳复矣。美与我索赔不同，美货抵制固是一法，但非其时耳。

初七日戊寅　晴。复三弟信。过潘瀛士（常翰），福建知县，旧友潘似莘之弟。就新拣发广西知县陆守默（清翰）之招。贺刘雅宾放叙州府。

初八日己卯　晴。立秋。柔使来照，论禁用美货，商务受亏，将来应由政府赔补。那堂议商办法，尚须约有头绪，则禁劝方能措词也。日僧传教事，内田来函，仍执定。拟函再驳复。

初九日庚辰　晴。那堂将赴津，嘱将密折开单，并条列应商之事，与袁制军面酌。美工约，由裴式楷晤柔使，口气仍紧。又粤汉路，梁使与鄂督商办废约，以七百余万赎回，柔使据《新闻报》来问。电询张督、梁使。

初十日辛巳　阴。印结事，今日开公局。到省馆，晤范卿、叔谦、经士、少仪诸君，将新章十三条酌定。过豫叔。到园，偕存子孚同直。

十一日壬午　早雨即止，仍阴。邸堂未入直，枢堂处亦无进呈要电。过海帆谈。在枢友处竹游。夜，那堂由德律风告知，拟电致杨星垣，商日本外部，将殷鸿寿交还自办。

十二日癸未　阴。邸堂仍未入直，将电稿呈枢堂以为妥，送邸堂阅定。圣驾于六钟进城，在孝贞显皇后圣容前行礼。早散，午前即抵署。梁使来电，美总统言日本必还东三省，惟须留兵代守，接租旅大，专管铁路，仍守开放政策。又言抵制禁货，操之过急无益，俟各司开议，既当谕饬放宽禁例云。

十三日甲申　淡晴。有邹翰元（弢）来见，无锡本家，向在报馆。美使又询粤汉路事，政府曾否给梁使以废约之权。那堂不知原委，未即直答。当函询瞿堂再复。拟复杨星垣信，告以与日使论照会事，并询美总统女公子游日本时接待礼节。因梁使来电，西九月将由沪抵台北上也。根生回避，廉甫吏部初误以安徽为近省，开单上请与徽州府对调。而徽又系根生原籍，廉甫复为奏请回避，仍交部议。函电频来，嘱采南关照，为之两次往访。旋得采南信，已回明寿州师相免其行，查应调何处，尚未定议。即电复廉甫，函复根生。

十四日乙酉　晴。那堂赴津。军机处补交廷寄三件，为粤汉废约事，令张之洞妥筹办理。并电梁使，复美使，谓张督奏明与梁诚妥议筹办，即有办理之权。萱儿由苏回。

十五日丙戌　晴。张督电奏，已与梁诚为合兴事议定草约，以六百七十余万美元赎路，系五月间事。奉旨：照准。张督先期并未将此事电转，谓梁使晤美总统云，外务部堂官告以无意废约，愿美接办。其实并无此说。核计美使电，时日在初九，以前尚未向部提及此复电。详辨，并嘱其嗣后随时电知，以资因应。又电梁使，照会美使。

十六日丁亥　晴。美使来照，以未接本国来文以前，如此办法不能照允。又言抵制禁货事，须惩办曾少卿。又言工约，应俟抵制事办妥再议。将各件禀寄那堂。朱恭人二十周忌，设祭。

十七日戊子　阴。发梁使电，告以美使之语；须与合兴从速定议，并由美政府知照柔使。

十八日己丑　阴雨。瞿堂嘱进内，未见，但见邸堂，嘱开东省与俄交涉各案节略。嗣回署后，瞿堂由德律风告知，昨晤美使，以合兴工约等件与商，暂置不复云。祝鹿滋轩尚书七十寿。

午后晴，偕任庭、梦陶、谱桐谒那堂，由津回也。

十九日庚寅　晴。约孙干甫廿一到馆。云南来电，滇西僧众作乱，戕法教士蒲德元、英游历傅赖斯。奉旨：迅速剿办，教士、英人均给恤。即知照英法两使。日本留学生为沪宁铁路事作书（登《北京报》），论盛杏荪得英贿。康叔与余为外部总办，有复核约稿之权，不加驳正。代表人唐易庵（演）来见。此事豫叔虽系丞参，固无私曲。余于沪宁定议时，系和会司主稿、庶务司员外，并非总办，又未承办。王夔相见问，尚误沪宁为由上海至宁波，无端毁谤。此中坦然，一笑置之。

二十日辛卯　晴。聪生、和甫邀看竹竟日。

廿一日壬辰　晴。邸堂召赴承泽园，示以袁慰帅函，论抵制美货事。命拟致南洋、闽粤督电，晓谕商民照常贸易。往返六十里，幸天气渐爽，不觉其劳。惟夜间构思办法，睡不甚足。延孙干甫课读，今日到馆。

廿二日癸巳　晴。早至署，拟稿送阅。午后赴湖广馆，本省团拜观剧，归已夜深。接翟溟南字，知电稿经枢堂酌改，邸堂阅定，已发。惟枢堂又加一致南洋电。查曾少卿事未发，复以既系枢堂手笔，应即速办。

廿三日甲午　晴。祝那相生日。唐少川电云，印度寇督辞职，闵道[①]接允，恐约事延搁。拟函催萨使。粤汉路事，美使节略颇挑剔，谱桐拟稿复之。

廿四日乙未　晴。拟致赵将军函，为吉省运货事，令与日人相机商办。

廿五日丙戌［申］　晴。壬午同年在畿辅先哲祠，公请端午桥中丞。过绍岩谈。巨川前借三百，先还二百。以屋契还之，不与计息。

---

① 英印总督寇松离职后，接任者为敏托（Minto），此处应为音译。

廿六日丁亥［酉］　晴。抵制美货事，谱桐拟照复美使，经瞿堂酌改，发去。赴园，偕绍【任】庭夜直。

廿七日戊子［戌］　昨夜雨。见邸、枢两堂，交清单。载泽、徐世昌、绍英同赴英、法、日本、比，戴鸿慈、端方同赴美、德、俄、奥、义。即嘱署赶备国书，并知照各国。滇督电，英游历傅礼士、法教士彭茂德均出险，派张提督进剿。根生调襄阳府，电告之。与二班枢直王梠云、华弼臣、欧阳煦庵、陈逵九等看竹。

廿八日己丑［亥］　晴。邸堂因在府请九公使、五大臣，未入直，见枢堂。复粤督电，告以复美使催工约大意。归途问凤老病，访豫叔，皆未晤。

廿九日庚寅［子］　晴。遵化州俄主教购地案，北洋已奏结，将契缴销。日俄和议，以偿款索地事尚未决。法义使均言，石家庄驱逐洋人事。致北洋。

八月初一日辛卯［丑］　晴。致瑞鼎臣、许静山信。曾少卿事，邸、枢堂欲函致南洋，设法令其离沪。佩葱传述，谓派此差使有如软禁。那堂以说得过重，且抵制风潮日甚，须商办法，嘱余函瞿堂。直庐，九点始到。瞿堂出拟旨草稿，令带至公所斟酌。谨拟数语，并致南洋信亦改轻。在公所宿。

初二日壬辰［寅］　晴。稿呈瞿堂，复改拟数处，并余拟语亦采用。即奉明降谕旨，责成各督抚劝谕稽查，务令安居乐业，毋负朝廷谆谆劝解之意。梁、汪电，日本不索偿款，和议成。回署。拟复唐少川电，英虽允议约删除“主国”、“上国”一款，余仍须磋商。并致英使，致须续议。

初三日癸卯　晴。拟贺日俄，并谢美总统国电，为和议告成事。嘱工司复美使，工约俟议院开时须做到逾制地步。粤汉赎路约定。送聪生南归。

初四日甲辰　晴。电胡使，觅东省铁路历年出入账单，速寄。傍晚子静到，偕豫叔同饮于斌升楼。散后，子静同回寓下榻。诏停科举，兴学校。

初五日乙巳　晴。豫叔约在长吴馆，与云帆、佩葱看竹。夜饮，皆外部中人。归，与子静晤谈。

初六日丙午　晴。庆邸召往，谕拟与日俄商议东三省事节略。又至瞿尚书处畅谈。尚书谓余识见、才具、笔墨俱好，一时无两。又表里如一，实深嘉许，并向邸座力保。知己之言，曷胜感佩。驻法刘式训兼使日斯巴尼亚，驻义黄诰、驻比周荣曜均系今日简放。

初七日丁未　晴。拟致赵将军信，论东三省开放事。瞿堂谕，已与庆邸商明，调商部主事曹汝霖来部当差，余所荐也。本部办理交涉，无法律家，曹为伯唐所称许，余并未识其人。在署夜直。

初八日戊申　晴。进西苑。邸堂以昨晤内田，仍阻照会索偿、中立、损伤事，嘱拟函致北洋，考究办法。又拟请派汪伯唐使英电，致张使，告英外部承认。

初九日己酉　晴。工约事，嘱工司将往来照会及办理情形函致柔使。粤汉赎路合同，梁使已于初八日与合兴画押，还债美金六百五万余元。计借英款一百十万镑，不以路款作抵。此事牵由三省，内则瞿尚书，外则张督主持，竟能收回自办。虽借巨款，偿以四倍不计，盖为利权计也。夜雨。

初十日庚戌　晴。先慈生辰，设祭。

十一日辛亥　晴。先慈忌日，设祭。

十二日壬子　晴。接梁、汪电，所探日俄和议条款稍详，然尚未宣布。日本国民以此约过于忍让，起与政府反抗，毁内务大臣及警察署。屡接杨使电，尚未解散。

十三日癸丑　晴。连日参稽东三省成案，及近日所探日俄约款，拟为与日本商议五条，与俄国商议四条，总论一条。将草稿先送呈瞿堂酌核。

十四日甲寅　晴。子静寓豫叔处，今早赴津，往谈。美女公子将到，以前恭邸之朗润园款留之，署中预备一切，十六觐见。曹润田（汝霖）到部。

十五日乙卯　阴。美总统之女公子于午后至朗润园，公主、格格前往接待。日皇致复谢电。

十六日丙辰　阴。松太各属海潮溢，受灾甚重。懿旨：发帑三万两赈恤。偕同乡京官谢恩，在颐和园宫门外行礼。到者顾、盛两侍郎，吴阁学、陈右丞、吴撰文，余及各部司官十余人。巳刻，美柔使夫妇带议院员及女公子等觐见。柔使夫妇第一起，递美总统致谢贺电；议员等第二起；女公子等第三起。赐游宴。至晚，始乘船至倚虹堂登岸回馆。曹润田事，绍任庭因余所荐，大为不然，不肯带见。余因公爱才，忍气与商，始得挽回。派庶务司行走，兼收掌。从此知办事难，周旋更难，又增一阅历矣。日前所呈节略，瞿堂已转送邸堂阅过，嘱各录一分呈送备查。回署，倩隐南书之。

十七日丁巳　晴。美女公子三点钟赴津，两侍郎仍送至车站。库伦报，达赖已起程回藏。

十八日戊午　晴。十四寄三弟廿一号，今日又寄廿二号信，嘱以百金，托留宅，施放松太水灾难民。六弟来信，委上饶统捐差，已起程。昨同乡在会馆议沪宁路事，余曾一到。杨使电，日俄昨晚停战。转北洋、奉天。胡使电，有华人五十余名受雇至黑海，两人逸，将流落。电嘱设法遣回，经费准销。美使言粤东抵制仍不已。电粤督保护。唐绍仪患病，请回国。奉旨：允准，藏约派张荫棠接议。

十九日己未　晴。拟函告英使，唐、张接议事。

二十日庚申　晴。发粤督抚电，催对汛设民政事。赴园，偕豫少廷值班。冯梦华升皖藩，电贺之。

廿一日辛酉　晴。早，见邸、枢堂。午后至枢垣直庐看竹。

廿二日壬戌　晴。早，见邸、枢堂，斟酌德商约事。邸堂复令至承泽园，面交袁慰帅所拟照会日俄两国稿，声明十八个月撤兵太久，护路兵不符原约，商请熟筹。与余所拟说帖意见相同，遵谕回署缮发，并发驻使电。又拟致梁使电，将此意面告美政府，不可行文。

廿三日癸亥　晴。梁使、汪伯唐使英，杨晟使德、和，李经迈使奥，皆今日奉旨，即分发各使。

廿三日癸亥[①]　晴。梁使电，美总统仍以议院开后，改宽禁工例，方可议约为言。即电致南北洋、闽广。英使催办苏杭甬铁路，驳复，并致浙抚。

廿四日甲子　晴。贺蔚芝署商部左侍郎喜。过豫叔，适子静已由津回到公局。拟致俄使，索交还掠去战地华兵枪械。

廿五日乙丑　晴。送绍越千行。伯唐电，允调吴和甫去。浚浦修款，各使定二十九日到署，与庆邸画押，初八九两日游宴，函致各使。

廿六日丙寅　晴。出洋五大臣率随员起行，至车站，送客甚多。余见熟人揖送后，即先至仁昌更衣。突闻轰震声，徐憺亭云此其送行声炮耶。少间，始知十点半钟行人已上车，将开矣。花车两乘，前为泽公、徐侍郎、绍右丞所坐，方与日本参赞话别，忽炸弹发自车内。绍伤头部及腿，泽眼角微伤，徐未伤，端、戴则在后车无恙。事后查得，车内毙一人，年约三十许，半身炸裂，恐即凶手。徐侍郎之仆侍侧，伤较重。车外则萨季谦农部毙一内弟，子女及本人均受伤。变生不测，五大臣得免于难，尚不幸中之幸也。至豫叔处，与子静、和甫看竹，聊以压惊（非常）解闷（更殊为世道忧）。盖虽未至车侧送行，而心惘之矣。

---

① 原文如此，这是同一天发生的事情。

廿七日丁卯　晴。慰问绍越千于法国医院，伤尚轻。惟萨季谦及子女受无妄之灾，亦在调治，不忍久视。送盛杏翁行，在坐晤吴止欺（振麟），留学生中之翘楚也。前年作《局外中立法规》，甚有条理，现为商部调回。余与善化尚书谈及人才，本以曹、吴同荐，因吴未回，遂专调曹耳。各使均到署慰问，拟函谢之。周荣曜另候差遣。奉旨：派李盛铎使比国。

廿八日戊辰　晴。访子培谈。秦韶臣在广平任作古，设奠于长椿寺，往吊之。浚黄浦事，原载《辛丑条约》，磋议数年，改订条款。十一国使臣均至部，与庆邸会同画押，订明日三点钟云。

廿九日己巳　晴。庆邸到署，与各使画押讫。日使内田交英日联盟续约条款。俄使阔克萨福［阔萨克福］留后，谈数事，皆无要领可言。复库伦电，中俄约无不准他国人居住之文，日本人照章游历，亦无不合。

三十日庚午　晴。管成夫（尚平）由俄回，来见。拟致驻藏有大臣电，论英藏约内赔款及开埠两事，应先行筹办，以持主权。

四［九］月初一日辛未　晴。日俄撤兵、护路兵两事，日复此时尚难筹议；俄复撤兵不必辨论，护路已允行。拟电致胡使，驳以护路并未允，应按东省铁路合同第五款切驳。夜，在宗显堂约子培、绍岩、海帆、咏春、松如、芝云、成夫、颖芝晚饭。

初二日壬申　晴。伯唐电复，荐朱莘耕。已人满，只可存记，即转告之。

初三日癸酉　晴。过蔚芝。胡祁介来言，南洋荷属噶留巴①等处华民请设学。汪穰卿来信，拟请商部派钱念劬。须先商荷使，告以荷属设领，磋商未成，能俟杨使到任办理方好。苏省同

① 噶留巴，即巴达维亚（Batavia），今雅加达。

乡在省馆会议学堂，余因到署，未去。拟先从江震会馆试办，吴蔚若总理，恽薇孙、于海帆协理，汪芝房监督。

初四日甲戌　晴。过蔚芝。议东三省开埠事，外部主稿。实业事，商部主稿。分函致袁、赵，仍会衔缮发。胡使电，俄请问第二次保和会。复以如各国皆允，中国亦入会。

初五日乙亥　晴。拟东三省开埠函稿。

初六日丙子　晴。赴园，偕王子谦同直。日使内田之妻进皇太后、皇后衣料、绣屏各二匹，夜深，始由署运到。豫叔因明日奏事，亦在公所，共话。戌刻雨即止。

初七日丁丑　晴。见邸、枢堂，进内田妻礼物，并呈明后日游宴单。

初八日戊寅　晴。各使馆觐见、游宴，到九十余人。发川督、驻藏大臣电旨，收回瞻对办法，谕藏人撤番官，给还兵费。因巴匪已平，及时筹办也。余午后即回署。萨季谦之妻舅廿六日以火车炸弹震死，其堂弟达兰冈受伤，然数日亦死，系本署听差，从优给恤。又函致胡芸楣侍郎，经铁路津局给两人恤款二千元。来函交到，即复之。管成夫派三等翻译。

初九日己卯　早雨，旋晴。各使馆内眷觐见、游宴，到四十余人。粤汉赎路，借英款一百十万镑，以三省膏捐作抵，须江汉关税司画押。总税司来函，索部札，饬遵。然借款合同，鄂督尚未寄到也。

初十日庚辰　晴。两宫由园还西苑驻跸。夜在醉琼林约翁铁梅（长森），浙江知县，声甫之友；吴和甫、邬进之、陆献夫、豫叔、谱桐、季荃便酌，为吴、邬赴英饯行也。

十一日辛巳　晴。昨奉旨：设巡警部，尚书徐世昌，侍郎左毓朗，右以赵秉钧署，管理京城内外工巡事务，并天下巡警。浙人争废苏杭甬铁路合同，廷寄盛宣怀收回自办。盛电，须由英使饬公司商办。当日照会英使。

十二日壬午　晴。义使以义人布士果为北洋派捕，至正太铁路拿获，受伤而逸。争论谁先放枪，欲派武员往查。电致北洋查酌。

十三日癸未　晴。早至车站送和甫、进之行。腾缅界务，由滇督派石道鸿韶与英领事会勘后，未定界线。英人欲租大哑口岭外地，关系险要，嘱刘振愚详细考证，并作图说。拟就恩买卡河以东之分水岭小江作界[①]咨函，致滇督再行核复。南洋以兵船登岸操演，请定章程。复以据约驳阻。

十四日甲申　阴雨。英使照复苏杭甬事，俱有成案，请明晰入奏。拟复以浙绅请自办全浙铁路，是以廷寄将苏杭甬收回。然事关交涉，各堂慎重未发。

十五日乙酉　阴雨。陶杏南放奉天驿巡道。

十六日丙戌　晴。段少沧约晚饭。

十七日丁亥　晴。咏兄、松如招饮，少坐，即到署。北洋电复，俄艇在烟修理，已饬新任蔡汇沧与俄领商办。日使送《日俄和约》，共十五款，续二款。

十八日戊子　晴。义使言，佛尔内洛酒店应与法人一律展限，布士果酒店请准义员往查。转电北洋。奉天教案完结，碑亭修竣，吕使来照，即复之。祝雪舫（云翔）内表弟来，山东通判引见。

十九日己丑　晴。《日俄和约》昨日批准。自本日起，中立义务已完。

二十日庚寅　晴。浚浦派员事，照南洋意电鄂督，派辜鸿铭前往。夜值班。

廿一日辛卯　晴。偕江子稼进内。绍廷［任］庭升阁学。

---

① 外务部曾照会英使“以滇缅交界之小江为界”，在中英交涉时也围绕着“小江”有诸多争执。

通电各省，弛中立禁。并札税司电，东海关道放美商运牛至海参崴。电南洋，询芜湖英商运米至牛庄，如专为中立事，应弛禁。

廿二日壬辰　晴。奉上谕：邹嘉来著补授外务部右参议。同日奉上谕：汪大燮现在出差，外务部右丞著邹嘉来署理。钦奉之下，感悚莫名，天恩稠叠，实逾常分。自顾庸愚，愈难报称，感念先德，尤愧养薄，祭丰之不及，惟有勉竭心力，益加兢业而已。陈梦陶转左丞；汪伯唐转右丞，即余所署；雷谱桐转左参议。缮谢恩折。拟催日俄两国从速撤兵，毋庸留兵护路照会，仍申前议。又拟将战时占据公私权利产业，请两国一律退出照会。

廿三日癸巳　晴。进西苑，偕梦陶、谱桐见邸堂，并请点郎中缺，亮伯拟正，梅坡拟陪。员外缺，久山补。庶务司掌印，点亮伯。主稿，点绍【任】庭。辰正，皇太后、皇上将御便殿，由兼署理藩院尚书溥良口奏谢恩，即在勤政殿阶下免冠磕头。复系冠起出。至邸堂、各堂处投帖称谢。署右参议道员朱宝奎（常州人）由津来，明日谢恩。署中管库差，任庭已升，谱桐亦期满，奉邸堂谕，令梦陶与余接管。拟发胡、杨使电，即撤兵、护兵事。

廿四日甲午　晴。早谢客。曹润田所拟驳诘日使拘殷鸿寿、戕穆克德善照会稿，援据公法，甚明辨以晰，瞿、那尚书均赏之。德穆使告假回国，因其国皇电，将撤驻胶州，高密之德兵并撤，劝各国撤通海畅道之兵，请觐见面陈。那堂夜到署招往，与同人拟国电、温谕等件。

廿五日乙未　晴。奉懿旨：德使定明日觐见。电张荫棠，催询驻藏大臣复音。电南洋，言会审结案，即时发落可允，惟华官主判之权，在所必争，须选有名望、通法律之人为会审员，以图补救。电鄂督，询粤汉路借款，各使疑诘，应明晰电复。谒寿州师、凤老，均晤。

廿六日丙申　晴。进西苑。巳正，德穆使觐见。礼成，偕同人至聚丰堂饭。德商约在沪已议有头绪，德领将偕穆使回国，商约大臣请留。函商穆使。日本前宫内大臣伯爵土方久元来京游历，请廿八赴颐和园瞻仰，已奏准。

廿七日丁酉　晴。德穆使行期本定廿八，忽又中止。鄂督来电，粤汉、川汉均拟借英款。瞿、那两堂以各国藉口，恐滋轇葛，复电均驳。

廿八日戊戌　晴。偕梦陶放月款，收鄂省解款。

廿九日己亥　晴。俄使璞科第由美议和后回京来署，各堂均接晤。

十月初一日庚子　晴。早谢客。印度接议藏约，张参赞电，费使欲照伊原议画押，否则罢议。复以姑与磋磨，俟唐绍仪到京再商办法。

初二日辛丑　阴，风大，早有雨。昨进皇太后万寿贡品。拟致陕督、西宁大臣密函，为款留达赖事。

初三日壬寅　晴。赵将军电，日军官以开弛禁令颇怨。那堂商之内田，尚无意见，允彼此电达，遇事妥商。当拟电致赵将军。

初四日癸卯　晴。日使内田康哉偕同前宫内大臣伯爵土方久元在勤政殿觐见，散后仍至聚丰堂饭。商约大臣电，德领事克纳贝将回国，所议约款催速核。适鄂、津复电，均已酌妥。即由简香拟复。（兰女率玉麒外孙女赴石家庄。）

初五日甲辰　晴。电东三省将军，检查与日俄交涉各案开册，派员来京，以备顾问。黑龙江委员宋小濂来见。吉、江会奏，哈尔滨撤铁路交涉局，设道，以知府杜学瀛试署。奉旨照准。俄璞使交节略，请入保和会。

初六日乙巳　阴，风大。亮伯、久山引见，补缺，邀在聚丰堂饮。奉皇太后颁赏灰色缎一匹，石青宫绸一匹，普洱茶一团。初次得邀宠赉，深为荣幸。拟致驻俄胡使电，探询俄请入会，各国是否全允？所开战时应议条款，系何用意？商约大臣电，德领克纳贝以伊国所索概未应允，将全约翻议。该领初八即回国，拟彼此照会，暂作结束云。接三弟廿九号信、苍侄禀。

初七日丙午　晴。进西苑，在勤政殿阶下谢赏，皇太后、皇上前各行一跪三叩礼。电粤督，美使论抵制工约事。电滇督，英使论僧匪作乱事。又连州因村民醮会，美教士不允放炮，致将教堂焚毁，戕美人男妇五名。电旨：将知州革职，缉凶、抚恤。即照会美使。副总税务司裴式楷来晤。接子静信，知兰女初四到。

初八日丁未　晴。寄六弟信、子静信。美柔使来言，连州教案，放炮小事，何致起衅？必由抵制工约，揭帖、书本，到处煽惑，致人心仇视，出此等重案，务即从速办结，免致再生意外等语。即拟电致粤督。日派小村来议约。赵将军电，殷令鸿寿已释，总司令部将回国。复东抚电，胶、高撤兵事，兵房应收回，价三四十万，木锥应磋减。夜，风。永叔邀饮于长吴馆，渠为黄宣廷调作随员。

初九日戊申　晴。粤督复电，详述连案情形。又英德县谋焚教堂未成，美使来晤，请将教士保护出境；连案已派美领往查，并请将谕旨张贴，以靖人心。即电粤督速办。

初十日己酉　晴。普天同庆。佩葱邀在长吴馆竹游竟日。

十一日庚戌　晴。奉旨：派庆邸、瞿尚书、袁宫保与日俄两国商议东三省事宜，为全权大臣。即照会日俄两使。午后谒那堂，言派随员事。

十二日辛亥　晴。进西苑。邸堂交下衔名单，系手书，派唐绍仪、邹嘉来、雷补同、朱宝奎、陶大均随同办理东三省事宜。遵拟堂谕，呈阅定。偕杏南阅前督办处，在大高殿旁，尚新洁，而地小，不足回旋，恐会议时不敷用。过朱子文，商办陈设事。回署，约谱桐来商预备事宜。

十三日壬子　晴。偕谱桐谒瞿堂，论派全权事。又偕谱桐、子文、杏南谒邸堂，论议约事，并请派豫敬、保恒、唐家桢、祝瀛元照料日使接待事宜。俄使来照，东三省事，奉其国命从事商议。

十四日癸丑　晴。偕谱桐谒那堂，致瞿堂之意。是日袁慰帅到京。

十五日甲寅　晴。议约公所定锡拉胡同练兵处新屋，即北洋公所对过。偕谱桐、子文谒袁慰庭宫保。

十六日乙卯　晴。日本大使小村寿太郎于晚八点钟到京，伍侍郎为邸堂代表，迎于车栈。那尚书以私交，顺天府尹以地方官，均往迓。寓东交民【巷】卧车饭店①，一切支应均由署开发，并代备马车。

十七日乙卯［丙辰］　晴。英使来函，藏约须十八画押，否则罢议。复以仍须由费使与张使妥商。又藏番赔款一百二十余万，奉旨：由国家代付。适有大臣复电，言藏中并未筹备，以此恤藏困，持主权也。即照会英使，电张使及有大臣，行户部筹款。小村于三点钟谒庆邸。

十八日丙辰［丁巳］　晴。拟议约全权敕谕，瞿、那堂均先拜。小村定二十日在乾清宫觐见。

十九日丁巳［戊午］　晴。内田邀各堂与小村公宴。俄璞使来署，各堂均见，略谈议约事。小村代日皇，并自进两宫礼物。印度张使电，费使于十八午迫画押，不允即罢议，与之声明，罢议出自英廷等情。即拟电驻英张使，向外部声明。又有大臣电，英员带兵迫班禅赴藏事。答以已照会英使，英员是否退回，仍查复。

二十日戊午［己未］　晴。小村偕内田觐见（巳正），递国

① 卧车饭店，即六国饭店。

书。礼成后至邸公宴，系午正。至外务部，堂官并请袁宫保及议约随员八人。袁宫保所派杨士琦、金邦平、钟文耀到，刘燕贻有服未到，桂芳俄文未请。宾，小村、内田及参随、武官、领事等共二十六人，一人（系福岛少将）未到。宴毕，回署。致俄使信，索《日俄和约》英、法文约本。奉旨：派陆征祥为和兰驻使，兼保和公会事宜。

廿一日，在北洋公所对门（锡拉胡同）练兵处，正厅五间作为会议公所（闻系前粤海关文铦之屋，装修精美，为京邸之佳宅）。是日三点钟，中日全权均到，互换文凭，随即开议。日使交大纲十一款，请中国全权详核，再议定会议章程，用中、日语言文字。唐少川升会办，余与杨杏城书汉文笔记，金伯平书东文。又添曹润田（汝霖）（下次入座），其余随员皆不入座。日使随员，入座者为郑永邦翻译、山座圆次郎、落合谦太郎、高尾亨，相戒严密勿泄。散后，由慰帅拟定条款，准驳办法，与庆邸、瞿堂商定于廿五日送复，廿七日接议。我交七款，彼增六款，前经磋商廿二次，订定正约三款，附约十二款（中、东文，中文系□□□书，东文曹润田书）。又笔记会议节录，于十一月二十六日彼此签名画押。

廿七日慰帅回津，廿八日小村回国，均至车站送行。杏城于十二月十一日回沪。

十五日具奏，请将正、附约本呈览（中、东文均曹润田书），并将正约本请用御宝。余与润田偕诣懋勤殿恭觐用宝讫，至庆邸，请邸堂于宝上恭代书“依议”二字，即回署收藏。闻日皇已将正约本于十三日批准，俟邮寄到，互换会议节录。宜秘密与谱桐、润田手钞一分，寄慰帅。自定约后，庆邸因夜不能寐，久未入值。廿日上去，因倦又稍憩。本届京察十五过堂。十七日各堂至邸商定，一等：徐（承煜）、傅（嘉年）、朱（有基）、陈（浏）；备一等：李（清芬）、恒（文）；上二等：吴

（品珩）、保（恒）、饶（宝书）。

初八日，赴各馆贺年；廿二日，赴俄馆贺年，邸堂俱未到。

西藏自班禅为英人逼赴印度、与英储相见后，张荫棠参赞屡电探询消息。班禅于廿一日回藏，恳代奏。奉旨：慰戒之。藏中赔款由部代筹第一期。英人因不画押，不受，而向藏番函索。现电驻藏大臣有泰饬商，上派员至印度与张参赞商明，电部拨汇，由藏员交英员收兑。上海会审公堂，因英副领德为门强押女眷黎黄氏，诬为诱拐婢女，致动公愤，沪道相持未定。于十一月廿二日，有公忠演说会发传单罢市，匪徒抢掠，洋兵登岸。奉旨：派南洋大臣前往查办。市面甫靖，案尚未结。京汉铁路及道清、正太、汴洛各路均归唐侍郎专办，奏铸办理京汉铁路大臣关防，将盛侍郎总公司关防撤销。又沪宁铁路亦归唐侍郎办理，奏刊木质关防。

余于十二月初八日蒙恩赏腊八粥，十五日蒙恩赏祥肉，二十日偕同人进年贡，二十二日蒙恩赏酱色江绸袍料、石青江绸褂料、普洱茶，均于次日进内，在乾清宫丹墀随班六叩首，谢两宫天恩。

二十九日，因日皇批准约本于昨晚寄到，日使内田送来互换文凭及委任敕书样子，进内，面回，瞿堂即奏。奉谕旨：中日两国会议东三省事宜条约经朕批准，著全权大臣瞿鸿禨互换，钦此。回署，与曹润田预备文凭各件，至午竣。四钟内田到署，与瞿尚书各签名署印，互换正约本讫。其附约本无庸互换，因已声明正约批准，本约亦视同一律批准也。

三十日，瞿堂将日皇批准约本进呈，仍发回署收存。是日余于早八点钟进内，在宁寿宫偏殿领赏荷包（内有小银锞、红缎金锞）、团盒（内九格，装各色果点）、春条（书“永绥福履”四字）。至九点半钟，随班行六叩首礼，两次谢恩，并辞岁也。庆邸因夜间少睡，屡假未出。子静两次来京，均寓余处。兰女、玉麟在石庄，遣萱儿于廿七日接回。一冬久晴，廿六日得瑞雪，人寿年丰之兆也。

光绪三十二年丙午

正月元旦己巳　晴。丽日和风，升平气象。进内朝贺。至署，那、联、唐三堂均到，同人相贺。

初二日庚午　早微雪。至陶二舅婆、钮姨母处及咏春处贺年。即回署，瞿堂到。上赏美公子出嫁礼，发电梁使，并函致柔克义转寄。

初三日辛未　晴。至凤老处看竹。

初四日壬申　晴。到署。

初五日癸酉　晴。各馆来署贺年，各部院大臣均来接待。

初六日甲戌　晴。唐侍郎约福公司梁洛思与山西绅士李赓飏、刘懋赏等论平、盂、泽、潞五［四］处矿地合同，解明“专办”二字，英文作全权利益。当时译汉两歧，只有各执原文，想一办法。嘱晋绅再拟条议，以便商办。缉叔去冬服清宁丸过多，致泻后委顿，连进参补，稍健。三弟来信，言之甚为驰系。祝雪昉（云翔）内表弟来信，经杨莲师委办武定烟酒捐。夜雪。《中日条约》印成，分行各处。

初七日乙亥　晴。范卿、经士邀饮。

初八日丙子　晴。料理明日觐见礼节。

初九日丁丑　晴。巳正，各使在乾清宫觐见，贺年。又德、英、法使馆皆有新到参随，礼成后，由该使臣分起带觐，此新例也。和、希使回国，亦于是时陛辞。

初十日戊寅　晴。山西李、刘诸人来署，又经唐侍郎与之讲解办法。奏派马廷亮为驻韩总领事。

十一日己卯　晴。唐侍郎补授太常寺卿，仍兼署本部右侍郎。

十二日庚辰　晴。偕同乡谢本省蠲缓钱粮恩。

十三日辛巳　晴。连日同乡招饮，因须到署，不能缅应。蒙赏元宵。

十四日壬午　阴。偕豫叔请同乡两席，小聚竟日。

十五日癸未　晴。进内，谢赏元宵恩。

十六日甲申　晴。拟致粤督电，论九广路事，须扼定主权、利权，与英领磋商；曜祥煤厂不应派兵看守，当与据理商办。皖抚电，铜官山展限两月。浙抚电，苏杭甬路事，须与英商接晤。以上数事，均因英使哓舌，唐侍郎与各堂商明发电。

十七日乙酉　晴。胡芸楣调礼右，伍秩庸调刑右，唐少川升补本部右侍郎。两宫在勤政殿西暖阁召见总税司赫德，主教林懋德、杜保禄亦贺年，常例也。

十八日丙戌　晴。昨邸堂销假，入直。

十九日丁亥　晴。因俄使照会事，进内，见邸、枢堂。

二十日戊子　晴。声甫由浙江来，曾过木渎①，得悉缉叔病情乃小便不节，肾气不固，现由东医调治。来书词气如常，颇盼三五年归田，乐数晨夕。阅之，殊深向往。十八日偕梦陶至本署对过石大人胡同，接收工部钱局（即宝源局）屋，系奉旨拨交本部者。地面约有九亩，余屋三百余间，皆颓坏，庚子后仅修应用数处耳。

廿一日己丑　阴。夜，管述庭及豫叔招饮。

廿二日庚寅　风大，晴。余生日，夜邀干甫、仲威、憺庭、留生、子良、仲庄在斌升楼便饭。声甫赴津领铜模，与豫叔均约而未到。

廿三日辛卯　晴。萨使至邸寓，言交涉八事，先将福建沙埕行轮，广西南宁开埠。电督抚查复。

廿四日壬辰　晴。京察。枢廷及王、孙两相，袁、周、张、

---

① 苏州木渎古镇，顾肇熙（缉叔）晚年居于此处。

岑四督议叙。徐协揆，贵昌、印启两阁学，侍郎李昭炜、例宪奕杕休致。仓侍刘恩溥、苏抚陆元鼎开缺。

廿五日癸巳　晴。唐蔚芝升商左，陈筱石调苏抚。各堂至新拨钱局之屋查看。夜偕豫叔在长吴馆宴三县同乡，并约少楠、声甫。

廿六日甲午　阴，昨夜雪，早仍缤纷未已。偕三品以下京堂各官在勤政殿引见，各奏履历。旋知宗丞王培佑、理卿王福祥休致，府尹李希杰开缺，余照旧供职。办谢恩折，应由梦陶领衔，即与谱桐回署商拟，并知照各衙门。瞿尚书拜协揆，绍任庭升刑左。唐侍郎赴津。法使言，河南陈州闹教。电豫抚。

廿七日乙未　晴。豫抚电，陈州、周口匪徒滋事，毙教民四命，已派兵保护、抚恤，地方尚平靖。日使晤邸堂言，各省以收回利权为名，排外风潮颇甚。须设法维持，以安大局。

廿八日丙申　晴。至西苑，谢照旧供职恩。俟折匣发下，随班向影壁行三跪九叩礼。祝豫叔生日。至贾家胡同江震馆，观苏学堂开学。总理吴蔚若，协理恽薇孙、于安甫。过斌升楼，适仁昌邀豫叔便酌，并与声甫话别。散后到署。

廿九日丁酉　晴。唐侍郎回库，上放月款。拟致粤督电，催派员与英商议九广路事。

二月初一日戊戌　晴。瞿堂宴德、美、奥三使馆，邀往作陪。自此至初二、初五、初六，分四日宴外宾，均由各堂及丞参分陪。法总统新即位，电旨致贺。江西来电，南昌县江召棠在法国教堂，颈受刀伤甚重。

初二日己亥　晴。电询江西江令受伤情形。

初三日庚子　晴。接江西详电，江令与教士商议教案，被逼签字自刎。似有人加功，地在密室，旁无从人，事甚可疑。当照会法使，索交堂内应讯之人审讯。并拟电复江西详查，仍加意保护。苏府同乡在三邑馆团拜，祀文昌，到者廿余人。寄六弟信。

初四日辛丑　晴。江西来电，江令事民情不服，议论沸腾。匪类乘之于初三日巳刻毁法教堂三处，毙教士六人；英教堂一处，毙英教士二人，伤一人。英使有函，谓系四人，已饬九江英领即乘炮船前往。商阻未允，电江抚照料，并电南洋。复英使函，告以起衅之由，并波及英教堂、教士，实深惋惜。法使亦有照会，并来晤各堂。

初五日壬寅　晴。南昌教案，奉电旨：缉犯、抚恤。即知照英法两使。日人干预奉省地方事，拟电杨使诘阻。

初六日癸卯　晴。南昌电，英所伤一女孩亦毙。约少楠来寓小住，畅谈。奉事，并拟照会，致内田。

初七日甲辰　晴。法使来言南昌教案。英使照会，颇助法辨论。

初八日乙巳　晴。瞿堂到署，定奏派津海关道梁敦彦往南昌查办教案。拟电南洋、赣抚、北洋，并照会英法两使。夜在东馆，约新放长沙遗缺府张珍五（元奇）、南宁府方悌丞（培恺），皆丙戌同年；祁景沂（师曾）世兄、吴炯斋（士鉴）太史、姚石泉（锡光）观察，将赴蒙古，及磐石、亮伯、向之晚饭。

初九日丙午　晴。梦陶转宗人府府丞，又去一旧友。致杨杏臣书，为君修事。并复君修函，交少楠带沪，明日即行。

初十日丁未　晴。堂谕办折开单，请简左丞。右丞汪，左参议雷，署右丞、右参议邹，署右参议朱，共开四人。

十一日戊申　晴。奉旨：外务部左丞著邹嘉来补授，钦此。天恩高厚，感悚莫名，谨备折谢恩。朱宝奎补授右参议。堂谕办折，请以雷补同署右丞，曾广铨署左参议。明日递。

十二日己酉　晴。进西苑谢恩。蒙召见，于勤政殿之东暖阁口奏，免冠跪谢皇太后、皇上天恩讫。

皇上问：在署若干年？谨对：现已第十一年。

又问：在何司办事？谨对：先在和会司，后调庶务司。

皇太后问：外部事繁，闻散直甚晚。谨对：每日到署，必至日暮始散，交涉繁难，不敢不勉尽心力。慈意似首肯。

又问：汝年几何？谨对：今年五十四岁。

又问：系何处人？谨对：是江苏人。

又问：江苏年成如何？谨对：去年尚中稔，闻家乡春间雨水颇多。

又谕：雨水多，亦尚无碍？谨对：是。

又问：蚕事如何？谨对：现尚春寒，似稍暖后蚕生，须看天气。

谕：蚕性向暖，自须向暖方好。谨对：是。

又问：江苏学堂如何？谨对：学堂现已设立不少，惟章程不能划一，须逐渐整顿，以期改良。

旋皇上谕：下去。谨即退出。

谱桐、敬贻递署，奉旨依议。回奉邸谕：谱桐接充梦陶所遗之管库。又谕：绍任庭已升刑部侍郎，不便再任俄文学堂监督，汝可前往照管。午后，德使穆默招饮。是日，顾宅太姨母冥诞，仅嘱内子前往，不克亲叩，甚歉。

十三日庚戌　晴。谱桐、敬贻谢恩。余亦偕子文进西苑，见邸堂，以何云帆作古，请恤款三百两。遗郎中缺，点梅坡拟正，佩葱拟陪，刘我山补员外郎，文博庭补主事。晚间，俄使璞科第在道胜银行招饮，晤东省铁路副代办车瑟福，俄文学堂经费由其经手。此次派监督，即由外部札知。

十四日辛亥　晴。晤塔木庵，谈俄文学堂事。即定于十六日到学。

十五日壬子　晴。津海关道梁敦彦派查办江西教案，来京请各堂示，并晤英法使，于明日由汉口前往。

十六日癸丑　晴。巳正到俄文学堂，塔木庵已先在。晤俄文教习卜郎特、司梅克勒、柏斯乐福，汉文教习戚葆锷、文海、德镕。各学生来谒，头斋十四人，二斋廿一人，三斋十人，下斋廿一人。副教习一人，木庵子福儒；帮教习五人。六十六于斋。舍均新造，尚修整。学生多旗人，规矩颇谨饬。

十七日甲寅　晴。各堂商定，停止司员考试，专归咨调。翻译恩厚、周传经值去年保奖，均留部。

十八日乙卯　晴。拟奏变通（□□□□）酌调司员折。[1] 无论中外实缺、候补、候选各官，各学堂卒业、出洋留学卒业各学生，均随时探访，酌量咨调，试看一年，再行奏留。简香稿也。又拟恩、周两员保奖片。

十九日丙辰　晴。邸堂宴各使及参随、翻译，到府作陪。

二十日丁巳　晴。英使约唐侍郎往，藏约照原议五款稍改字句，即可定议。

廿一日戊午　晴。过塔木庵，谈俄文学堂学生出路事。

廿二日己未　晴。慈圣拨内帑十万，助日本赈灾。

廿三日庚申　晴。邸堂到署，晤俄璞使，谈旧案数事，并言吉林撤交涉局为不符合同云。愿学堂请经费，准给每年一千两。黄致尧充二等翻译，傅伯巽充三等翻译，恩厚和会司行走，周传经考工司行走，均回定。电询南洋，施炳燮为刘忠诚[2]幕府，现在何处？

廿四日辛酉　晴。赵将军电，日人允俄在战地收枪物。拟电令驳阻。

廿五日壬戌　晴。夜，唐侍郎招饮，馔甚佳。

廿六日癸亥　晴。苏杭甬路事，浙绅持废约甚坚，英使又执不允，拟照复，又难于措词，各堂商酌从缓。铜官山展限两月

① 根据《清代军机处随手登记档》第168册，邹嘉来这份奏折的记录为“拟变通调用人员由”，朱批“依议”。

② 前两江总督南洋大臣刘坤一，谥忠诚。

事，外部仅电商皖抚，而皖京官已公呈都察院代奏。辨论亦无办法。

廿七日甲子　晴。赵将军电，俄在奉收遗骸，碍难驳阻。复以须令知照地方官保护。梁崧生于廿五抵南昌道浔，向法郎主教索江令受伤时见证之刘司事带往到省。缘英领已查办先回浔，来电请在外议结。商之英使，未定办法。因领事只有查案权，须将详情报其政府，方定在何处议结也。

廿八日乙丑　阴，大雪。是日，本定各使馆内眷觐见，奉皇太后懿旨，以天寒地湿，深加体恤，令曾、朱两参议及各翻译分往各使馆传旨，改于初四日午刻。其总税务司赫德妻女本定初九日者，亦改初五日。惟德国驻津提督佩恩沕及妻女、随员，因撤兵回国辞行，仍于巳正展觐。德使穆默因病未到，参议葛尔士带领。面谕，赏佩恩沕二等第一宝星，其妻锦缎四端。礼成后，偕同人至庆邸祝寿，在白米斜街宗显堂。饭后回署。晚，那相招饮。

廿九日丙寅　晴。蔚芝来谈。拟奏陈藏约情形请旨办理折稿。此事因英兵入藏，与番众立约十条。中国不允画押，派唐绍仪赴印度，与英使费利夏会议，彼此争执未决。唐以空言无济，请假回国，留参赞张荫棠接议。彼迫画押，未许。复由部与英萨使商允，删除“以我为西藏上国”一条，余仍不改。近英政府新易开智党，不主侵占邻境，仍由唐侍郎与萨使酌拟约稿。电其政府，得复，稍有改易，即饬萨使商定。各堂因事关重要，具奏请旨办理。

三十日丁卯　晴。商部以面粉事，拟准出洋，各堂查案，德、俄、日本屡以为请，均据约驳拒，未便自我开端。适南洋有电，亦不为然，因由佩葱拟稿驳复。

三月初一日戊辰，晴，至三月十九日丙戌均晴。逐日未记，汇诸大略。

初四日，德穆使带领各馆内眷在海晏堂觐见贺年。初五日，赫德之妻女亦入觐。是日，各堂、丞参在金鱼胡同公请各使及参随。德穆使、法吕使、日贾署使因病未到。

南昌教案，法参赞到后，始则欲将江令革职。由梁观察、余臬力驳后，议惩凶五名，恤五万，赔四十余万，文武十一人(系兵弁、警巡等官)，亦未签约。惟江令受伤，究系自尽、加功，各执一词，难成信谳。外间拟不提廿九日事，但提初三日事。部中持正论，必须确查。赣抚复电，自刎有笔据，加功虚拟，竟成疑案。梁观察有密电，余等亦未见。因在江西不能定议，定于十三日与法参赞端贵同回。法英使到署，皆以大吏处分为言，各堂力辨。英使交有英医所验伤单，以自刎立论。均俟梁到。又派张督查办，复后方可定案也。

俄文学堂学生禀请改良，与塔木庵公禀堂宪，拟仿译学馆办法。转咨学部立案，并邀文博庭帮忙代延科学诸教习。英使争腾缅界务，电滇督酌核情形，详筹办法。日斯巴尼亚君主成婚，奏派汪伯唐往贺。

二十日丁亥至二十七日甲午均晴，惟二十三日午间雷雨一阵。梁崧生到京，即经召对，询以江西教案情形。有旨：胡抚先后电奏歧异，撤任；周藩已另查办；余臬未能即时验讯，议处。江令之死，轇葛甚多。梁道所查，与该省电奏多不符，细情亦未向余等深言。大约宣布，无以全国体；不宣布，则内外隔膜，人心不服。奉旨：将此案交外务部悉心妥筹。办理极为棘手。英法两使皆由联、唐两侍郎与之磋磨。大吏处分，仍留梁道续议。丞参却可少事，但处局中，不免愤懑耳。张督来电，谓江令死由加功，不仅由于自刎。欲传刘、艾、胡三人（教堂中人）质讯，法之郎主教不允。法使则以刘等已经梁、端讯明，如再提省，当饬兵船保护云。江西抚，吴重熹往署。

瑞士修改红十字会，奏派陆征祥与议。又议复汪伯唐奏请派美员福士达为保和会议员。

吴颖芝放广东琼州遗缺府，萱儿之叔岳。雷似梅伴送聪妇及荣宝于二十三日到京。似梅住两日，于二十六日早车南行。二十四晚，朱子文约在卧车饭店。次晨伦贝子约。晚与丞参公请孙慕韩、张在初、方晴庵、宋友梅、李聘三，均在原处。连食番餐，体中颇不适，泻后稍倦，即愈。

二十日，义使巴乐礼带其水师统领诺威利思觐见；二十五日，德使穆默辞行，觐见，均在勤政殿。十七日，奥新使顾亲斯基递到任国书、觐见；二十七日，法使吕班递其总统接任国书、觐见，均在乾清宫。

三月二十八日起，四月十五日纪事。

内侄朱远生于【四月】初一日到京，留住。

三月二十八日，为先祖百岁冥诞，在家设祭。退叔电告，康叔亦来行礼，至戚关怀，老成夙谊，曷胜钦感！三弟信，在里中设祭，亲友到者六十余人云。先君任皖多年，遗爱犹存。不肖等未克表扬，至今极疚。三弟于月初赴皖，与张玉丈、毕少斋商量。缉叔渐愈，到沪，子元叔为恩中丞招到皖，一路同行。闻君修久病，近服陈莲舫方稍好。

中英议订《西藏条约》，经唐少川侍郎与英使萨道义商定，【四月】初一日具奏，请派全权画押。奉旨：派唐绍仪画押。恭缮敕谕。余与润田于初二日诣懋勤殿，请用敕命之宝，约本共缮中英文四分。初四日申初，唐侍郎与萨使在部会同签字、盖印讫。初五复命，十一日具奏，请旨用宝，作为批准。十二日，仍由余偕润田诣懋勤殿，将约本一分，请用香质皇帝之宝，送军机处呈览，领回。十五日，寄交驻英使臣汪大燮，订期与英外部在伦敦互换。

南昌教案，梁道敦彦与端贵议不合。又由联侍郎磋商法使，初七将定议，适张香帅有电至枢廷，以“自刎”二字须删去。

法使不允，只得暂搁。法使初九已行。十三日邸堂到署，与各堂会商，仍照前议，令梁道与法署使顾瑞及端贵商订。彼又欲于告示内加“毁谤教堂”等字样，谓吕使离事，不能再过问，此系使馆之事云。此案归外务部商办，即无腾挪地步。当时余等献议，请派南洋或大员前往，较梁道位望为崇，即可主持了结（道员望轻，不能了事，不在人才之能否）。此著一错，外务部遂为丛诟之地。而《北京报》忽有邹参议主持提京办理之言。何来此颠倒是非议论？即就此事而论，余亦无主持权力也。又谓鄂督来电，某参议不直之，则未知指何人。又谓邹、梁与法使磋商。余亦并未直接。悠谬之谈，令人愤懑。

【四月】初三日，日本内田使陛辞；初七日，法吕使陛辞（初九行）；初十日，英萨使陛辞（十一行），均在勤政殿。德葛署使亦于初十日带领提督布雷星觐见。内田初九招饮，有丞参等答以礼物四色。

十三日，本署引见，饶简香补员外郎，张隐南补主事，张元济派储才馆提调。

四月十五日，俄文学堂加添科学，延各教习，于是日开馆。

十六日，奉旨：派铁良为督办税务大臣，唐绍仪为会办，各海关所用华洋人员统归节制。嗣英署使嘉乃绩来照诘问，于廿二日驳复之。

退叔于月初病痊，抵沪。三弟抵皖后，与晖山丈、紫绶师、少斋兄商酌，为吾父治迹事，来信，现已回苏。近日时有阴雨，颇符农望。

苏省拟办铁路，公举王清穆为总理，张謇为协理。凤老及各京堂致函振贝子单，东星来约列名，勉应之。子静到京后赴津，归途又留三日，廿三回石家庄。两宫于二十三日至颐和园驻跸。曾敬贻于廿一日放兴泉永道。二十日，简放各省新设提学使二十三缺。

闻廿二日御史王诚义参梁敦彦，联、唐两侍郎并及余，为南昌教案事。系凭报馆讹传，递上弹章。幸圣明洞鉴，留中不问。此案主持者政府，磋议者联、唐、梁，余于合同不能参赞一字，且提京办理亦非我本意，又无此权力，竟诬为主谋，一何可笑。总之，升官太骤，易招疑忌。时艰若此，报称愈难，私衷益兢兢矣。

四月初八日蒙恩赏绿豆，二十日蒙恩赏暑药，均于次日至勤政殿随班谢恩。

二十四日，于海帆（齐庆）同年来谈，新放江西南昌遗缺府。

二十五日，各堂与各使馆定每礼拜二、礼拜五，自三点钟至五点钟，均在署接见。自本日起，义巴使、德葛署使、大西洋阿署使均来晤，大略问税务居多。德退郎［廊］坊、杨村兵房，索博文书院为酬报。义论其亲王到京请觐事。闽省洋务局允法人招工至罗西里，不先报部，遽出示所订合同，亦不妥。惟法船已招齐工人将行，势难挽回。电闽督派员前往照料，并戒以后毋再大意。

四月二十六日以后，税务事，复英嘉署使第三次照会，声明并非更改借款合同，内未还清以前，总理海关事务，照现今办理之法办理。数论旨意，于是彼无异词。

苏省同乡于闰【四】月十九日，由总理王丹揆在省馆集铁路股。余未克到，与谱桐、子文各认八百元。

南昌教案，法新使巴思德到京，经那堂与之开议，就原议略有更改。嘱余写问答，拟电报。闰月廿五日定议，廿七送照会七件，约廿九三点钟签字。

暹罗王子到京游历，因无约之国，不接待，仅遣翻译持片至车站迎候而已。月初，皇上圣躬欠安（至十九日始召见外僚）。

许静山同年到京，在四月廿九日。其眷寓锡金会馆，静山则下榻余寓，不时往还。至闰月廿四日，始请安召见。午节，余蒙赏宝地纱褂料、直经纱袍料各一匹，普洱茶一团。二十日颁到，廿一日赴园谢恩。

廿六日两宫还西苑。接少楠信，内弟石君修于四月二十六日作古，可伤之至，寄赙百金。适子元叔岳由皖过沪，议令君修夫人率子女归苏寓。连得来信，即复之。朱远生于月初南旋。

闰月二十九日，南昌教案，法使巴思德与各堂议结，到部签字。瞿相因腹痛未来，将合同送签。

五月初一日　行文江西巡抚。到俄文学堂，率诸生行谒圣礼。

初三日　俄文学堂放暑假。

初四日　法使巴思德在乾清宫觐见，递其国书。天久亢晴，初三日午后始雨，嗣即连得甘澍。

初五日　蒙恩赏粽子。

初六日　进西苑谢恩。

初七日　英使嘉乃绩照会，南昌教案办犯、奖叙、赔恤三事。

初九日　复照，允之。

初十日　义国亲王费尔迪安德到京游历。

十一日　瞻仰颐和园。

十二日　义使邀各堂饮。

十三日　在乾清宫觐见，进义君主画像。皇太后赏御笔画磁瓶，皇上赏宝星。两宫即至颐和园驻跸。庆邸于是日邀义亲王饮。南昌英法教案议结，十二日具奏，十四日行文。江西藩司周浩经御史黄昌年奏参、张香帅查办，革职，余官黜革。此次教案，周藩司因为其戚崔湘开复，实有酿成之咎也。

二十三日　日本使林权助到京。

六月初二日，税务大臣设公所于西堂子胡同，五日开办。调吴佩葱（为帮提调）、曾霁生（第二股帮总办）二人，又调曹润田为委员，凡税务皆归管理。榷算司档案一律送交总税务司申呈，不关外部。

考察大臣泽公、尚其亨六月初四日到京。端、戴十三日由沪北上。

六弟因妇病，送眷回南昌，住贡院背香火场。香侄回苏暑假。颖芝初十日南行，送之车站。

京师已得雨深透，天气炎热，甚于往年。南中多雨米贵，扬州等处时有抢米之案。闻现已放晴，但能圩堤无恙，可望中稔。年岁丰歉，实关大局也。

同年华瑞安（学澜）撰文、汪竹溪（时琛）比部先后作古，皆甚萧条，赙之稍厚。鲍润漪来京销假，年丈已逾八旬，无以为养，亦不能不出也。

六月杪，香侄来京。七月初一，赴汴。

俄文学堂，照中学堂办理。咨学部，复准。

七月十七夜，被窃单纱衣十数件，银票一百八十余，银十余两，金簪二支。贼从后窗入，皆不觉。经此小耗，全家人倍加小心而已。

三弟来信，应蕁侄自光福典出逃，至今尚无着落。流落不肖，亦失教所致，殊深懊恼。

七月廿三日，那相五旬寿辰，演剧两日。考察大臣泽、尚、戴、端于六月间先后回京，七月初袁督来京，十三日奉诏宣布立宪。以进步之迟速，定期限之远近。厘定官制，派王大臣十七人，提调、随员亦十数人（曹润田在内），先在外务部公所议三次，后移至朗润园。七月廿九日，停捐（户部奏，依议）。八月初三日，禁烟（奉谕旨）。日本使林权助、英使朱尔典先后接任，均已觐见。

八月初二日，蒙皇太后赏宫绸袍、褂料各一匹，普洱茶一团。初三日至西苑谢恩。（徐海水灾，拨赈十万。同乡官亦于是日谢恩。）八月十三日，蒙恩赏月饼。十四日至颐和园，随班叩谢。

太平县绅民苏杰等四十余人联名禀陈先府君遗爱，请宣付史馆。毕少斋寄来禀稿，皆陈小农（永澍）广丈之笔。不肖未能表扬万一，惟有衔结而已。嗣于九月廿六日见邸钞，已经皖抚恩（铭）中丞具奏，以先府君政绩昭著，遗爱在民，请旨宣付史馆立传一折。奉朱批：著照所请，该衙门知道，钦此。纶音祇诵，感激涕零。当访礼部刘绍岩同年，请具将奏咨事实册结录送。

厘定官制事，先经各大臣议定草案，经总司核定，王大臣具奏。九月二十日奉旨：军机处不改；内阁、吏部、外务部、学部照旧；巡警部改民政部；户部改度支部；太常、光禄、鸿胪三寺并入礼部；兵部改陆军部；刑部改法部，大理寺改大理院；工部并入商部，改为农工商部；以路、电、轮、邮设一部，名邮传部；理藩院改理藩部。皆尚书一人，侍郎二人。都察院都御史一人，副都二人。裁科，称给事中。余各衙门皆照旧。鹿传霖、荣庆、铁良、徐世昌皆开去军机大臣，专管部务。世续补军机大臣。林绍年以侍郎用，在军机大臣上学习行走。二十一日，补授各部尚书、侍郎缺，不备载。同乡陆凤石尚书兼顺天府尹。其余所开尚书、侍郎，汉人或授都统、副都统，皆二十二后所授。

两宫于二十六日，由园还西苑驻跸。

汪伯唐于二十一日升补外务部右侍郎，唐少川调邮传部左侍郎，兼署其缺。所遗本部右丞，二十七日开单具奏请简，二十八日以朱宝奎补授，杨枢补授右参议。

振贝子、徐菊人尚书奉命查办东三省事件，于二十六日起程。外部调朱子文、陈征宇随往。

三弟送桂侄女至江西，遣嫁于严春生之子国震。春生为先君皖中寅好心田先生之子，常熟人，现官江西同知。八月二十九日，三弟送亲至其市议税局差次，成嘉礼。时六弟调谢埠税局，距省只三十里，甫接差，眷即寓省城贡院背香火场。三弟归途过皖省，为先府君宣付事，谒谢冯方伯、毕少斋诸君。九月十九日旋里，接畴侄信，缠侄已在盛泽镇觅回。颉文侄在汴，请咨游历日本。到京，因捐纳将停，报捐主事，值各部更张之时，尚未能定。萱儿亦报捐双月主事。颉侄因妇病回苏，未即到部。

十月初一日，偕朱、雷两君，恭进慈圣万寿贡礼八色。初五日蒙赏石青江绸、茶色江绸各一匹，普洱茶一团。初六日谢恩。初十日恭诣仪鸾殿宝光门外，随班庆贺。日本交还营口，日使派参赞阿部守太郎，政府派山海关道梁如浩会商接收。二十一日，交还山西福公司矿务，英使为索凭单，晋官绅力持未允。又英使欲在长沙运米，援商约谓不应允，华商运米赴鄂，而不允英商，以鄂系赈米，并未弛禁复之。尚未就范。又张荫棠在江孜与英员议开埠事，十五可抵拉萨。又滇缅界务，腾越一段与英争持未定，瞿堂嘱函告汪星使。又禁烟章程，政务处拟定十条具奏。已电汪使，并由各堂与英使约期面商。义使巴乐礼请假回国，义商约已停议。比使柯霓雅到京。以上近事大略也。

应莪、应观考译学馆。【十一月】初一日首场，莪名列三十三（江苏名次），观三十七。十一日复试。

同乡潘经士（十一月初至京）选贵州思州府，将出京。汪药阶放湖南衡州府，为都察院奏，留两月。

十一月十七日，接陈少农信，寄到仙源书院书目。正续刻，即谒史馆提调恽孟乐，托其作传。

莪侄、观儿译学馆复试录取，于十一月二十五日开学。杨仲庄之次子崇雅亦来借寓，每早同往，晚同归。

俄文学堂甲班学生，因教习周聘臣辞馆，与提调文博亭为难。调停不服，仍列款要挟。不得已，与木庵回明邸堂，斥退九人。

顾豫斋叔自十一月十七日作吐后，迭服消导温通之剂，均不见效。十二月初八即卧病，饮食稀进，专延东医川田、下濑等诊视，谓病在肠痈上下，用药水灌洗，亦无济。日重一日，致所吐皆粪秽。时往省视，并电告退叔。十二月初八日聪生来京，问讯尚清楚，夜忽发热，冷汗，神情骤变。初九早予赶往，尚能认识(时子静、巨川皆在侧)，喃喃谵语，皆外交事。午后回署，戌刻复往，竟已长逝，不禁痛哭。幸棺衾皆先期预备，于初十日大殓。自此或连日，或间日，前往照料。遗折上，恩旨饰终，汝言以郎中即补。振贝子存恤甚厚。廿一请礼部侍郎张亨嘉谕祭。廿四请陆凤老题主。廿五六开吊，廿七出殡，停于龙泉寺。予公私交迫，加以感伤，心境至无可告语。良以豫叔相处卅年，恩义至重，志同道合，从此失一知己，抚今追昔，其何以堪耶!

杨仲庄长子崇英在大学堂得疾，回寓，喉痧不治，其父母亦受传染。仲庄虽愈，而二表妹亦不起（十二月十八日）。聪生哭叔，又哭姊及甥。退叔处尚未禀闻，恐痛弟之后，老怀更无以遣也。先是声甫因差来京，豫叔病中，曾为料量医药。初五南行，初九适抵沪。此间亦电告三弟赴沪，随护退叔返渎。旋接来信，声甫已赴浙，三弟仍往返城乡，随时慰解。

子静委署东海关道，挈眷赴任，过京匆匆。将由津而济南，约于岁杪履新，而其缺已于十二月廿六日简放何彦升矣。未知行止如何，多年期望，忽成画饼。正太路差，势难再返，且看北洋有无位置。

唐少川侍郎以引用陈昭常、施肇基为邮传部丞参，屡遭物议。两奉严旨申饬，陈、施开缺。两人皆有用之才，得之太骤，致受人言，亦可惜也。

英使屡催会审公堂案。又长沙口岸、福公司晋矿、腾越铁路，辨驳不已，俱无办法。

振、徐两钦使于十一月廿日回京，随员亦同返。

本部议复刘式训奏变通出使章程。使臣为二品实官，参、随等由部奏补，与部员内外调用。俸薪实给，久任增俸。于十二月十二日具奏。储才馆调员，张菊生与唐侍郎议不合，假归，由陈征宇代办。先调十员，拟令明年三月到馆。

俄皇国电，先期撤兵。奉国电答谢，并饬马玉昆派十营，交昆源统带，前往黑龙江驻防。

十二月初八日，蒙恩赏腊八粥一磁罐、菜十二碟、汤羊一方、鹿肉一方。初九日至乾清宫谢恩，行两跪六叩礼。十二月二十日，偕朱、雷两君，恭进礼物八色。二十一日蒙恩赏石青缎一匹、灰色缎一匹、普洱茶一团。二十二日进内谢恩，时适大雪。三十日进内，同乡官先谢蠲免钱漕恩。俟折发下，在乾清宫丹墀下行三跪九叩礼。旋在宁寿宫西偏领恩赏：福寿斋长春条、荷包、银锞、果盒。巳正，皇太后、皇上升殿，行两跪六叩礼，二次谢恩，并辞岁也。至各堂处致贺。晚祀先，家人团聚。

光绪三十三年，岁次丁未，余年五十五岁

正月元旦癸巳　晴。丽日和风，气象清朗。巳初二刻，恭诣太和殿朝贺。回寓。午后到署，那相来，同人相贺。

初二日甲午　晴。早贺年。午后到署。

初三日乙未　晴。至西城贺年，并到顾宅。

初四日丙申　晴。早出城贺年。拜刘正卿（殷□）。到署。祀财神。聪生来谈。

初五日丁酉　晴。由东北城绕西北、西南，竟日拜年。

初六日戊戌　晴。午后二点钟，各使来署贺年，各部院大臣接见。法主教林懋德、杜保禄，总税务司赫德亦先后来。俄兵撤退，拨马军十营，派昆源为总带，赴黑龙江驻防，拟由铁路前往，函商日俄两使。

初七日己亥　晴。闻润漪将过访，候之良久，未到。午后仍

进署。与木庵饯俄教习卜朗特于燕寿堂。

初八日庚子　晴。进署。聪生由快车南返，傍晚，在斌升楼饯之，送至车站。

初九日辛丑　晴。进署。连日苏府同乡在西城招饮，以往返途遥，从公鲜暇，辞之。

初十日壬寅　晴。进署。

十一日葵卯　晴。进署。同年刘绍岩（果）补礼部右丞。

十二日甲辰　晴。八钟进内，巳正各使在乾清宫觐见，贺年。法驻津提督徐熙雍、英驻津提督华特士由两国使臣分起带见。礼成后至聚丰堂与同人公宴。就严小秋、陈子丹之招。到龙泉寺晤汝言。晚在惠丰堂约刘正卿、恽孟乐、薇孙、吴敬之、陆棣威、潘酉生饮。是日驻跸西苑。

十三日乙巳　晴。蒙皇太后恩赏元宵一盒，又加赏四盒。天恩稠叠，钦感莫名。到署。夜，子文邀饮。

十四日丙午　晴。到署。英、美、俄等使与各堂会晤。

十五日丁未　晴，风大。进西苑。巳刻，皇太后、皇上由德昌门升勤政殿，随班在道旁行二跪六叩礼，谢赏元宵恩也。礼成回署，与子文见马副将文翰，系马景山提督派来商议调营赴黑龙江经过日俄车站事。午刻在省馆与咏春、酉生、棣威、康侯公请同乡。夜祀先。八点钟，苍侄率侄孙斯震到京。

十六日戊申　晴。到署。俄文学堂开馆，往行礼。阳、喜到译学馆开学。

十七日己酉　晴。到署。日本林使、义威署使与各堂会晤。是日早进西苑。巳初总税务司赫德觐见，那堂带领。巳正法主教林懋德、杜保禄觐见，瞿堂带领。礼成，与同人在聚丰堂饭。

十八日庚戌　晴。萱儿连日考试师范毕业。

十九日辛亥　晴。午刻开印，联堂到。晚约萨季谦、张凤翙及梦陶、谱桐在长吴馆饮。徐悦陶放□州府。

二十日壬子　晴。美青年会长穆德来京，各堂邀饮。

二十一日癸丑　晴。英朱使、法巴使到署会晤。

二十二日甲寅　晴。到署。晚七点钟在那堂宅，各堂公请各使，到者二十一人。振贝子亦来，知邸堂已见愈。余生日，亲友知者三五家来祝。

二十三日乙卯　晴。到署。将三邑馆账移交□□介（祥鍱）接管。

二十四日丙辰　晴。到署，英朱使、义威署使会晤。

二十五日丁巳　晴。过风老、药阶。吊蔚芝太夫人丧。仍回署，为那堂拟提署经费请留度支部，准各省开销正款折。夜雨。

二十六日戊午　晴。至龙泉寺，豫叔终七行礼。晤张尚之，汝言内弟，由广德来。至长椿寺送唐太夫人殡。过风老。与严小秋公饯药阶并同乡诸君，作四君子游。

二十七日己未　晴。到署。

二十八日庚申　晴。到署。瞿相于黄米胡同宅后亮果厂筑园，盖洋式厅事，宴各使于此，各堂及余等作陪，七钟到九钟散。香侄验看。

二十九日辛酉　晴。到署。李升有过，遣之回家，念其相随十余年，资偿之。

二月初一日壬戌　晴。到署。与谱桐、子丈在聚丰堂公宴同署（外客到者十余人）。

初二日癸亥　晴。到署。

初三日甲子　晴。到署。邑馆公祭文昌。郡人团拜。

初四日乙丑　晴。午初三刻，萱儿妇生一女，大小平安。到署，知曾敬贻呈称母老不能远离，将改派。孙慕韩（宝琦）使德，唐侍郎与德使雷克司商明电致代办吴寿全，告德外部接待，并函达雷使。

初五日丙寅　晴。到署。苍侄签分吏部，自改官制后正途捐纳始可得此。萱儿师范毕业考取最优等十八名，子侄徼幸成名，出自天恩、先德良深寅威。夜，俄文教习司、柏、伊三君在卧车饭店邀饮。

初六日丁卯　晴。亚圣升为大祀，圣驾亲诣国子监行礼。到署。苍侄到部。

初七日戊辰　晴。到署。申刻与曹润田至那宅，那、瞿两相，唐侍郎会晤日本林使，谈新奉铁路事。

初八日己巳　晴。到署。夜，民政部招陪各使公宴。

初九日庚午　晴。到署。夜就榷算司诸君招。过杨德生（家骧）太史。看小甜水井慈溪馆间壁新屋，将与议租。

初十日辛未　晴。接毕少斋信，知上年请宣付详文署太平县知县梁鼎藩，号孝通，广东人，梁节庵廉访之胞弟。

十一日壬申　晴。至妙光阁吊杨氏二表妹。过咏兄，为润漪议结局事，正卿亦来。午就王恂卿（宝莹，新选交城县）、钱友夔（人龙，新选当涂县）长吴馆之招。夜，约夏润芝（新选湖州府）、徐悦陶、于伯山（崇庆，新选广德州）、张筱斋（六翮，新选垫江县）、金桂亭（鹏，新选陵武县）、王、钱、鲍诸君于福州馆便酌。柯凤孙（绍忞）不到，亦不辞，未知何意。

十二日癸酉　晴。到署。夜就翻译诸君聚丰堂之招。

十三日甲戌　昨夜雨，□得雪，早即止。到署。夜就李梅坡聚丰堂之招。就汪范卿招，调停鲍、张、陈管结事。

十四日乙亥　晴。到署。三钟约至那宅，随晤日本林使。

十五日丙子　晴。拟复林使文凭稿。吉嘉甫辞俄文学堂教务长一席，挽留之。省馆公祭。

十六日丁丑　淡晴。庆邸销假，进内谒见。偕同乡谢缓运漕米十五万石恩。

十七日戊寅　晴。到署。

十八日己卯　晴。到署。过蔚芝，知其于三月初八扶护南归办葬。过汝言。接三弟信，缉叔在苏有恙，甚念。

十九日庚辰　晴。午后日本林使到那宅，仍议新奉、吉长铁路事，磋磨甚久。旋回署，与润田草问答，拟节略，十二钟始散。

二十日辛巳　晴。到署。

廿一日壬午　晴。到署。接三弟信，太平绅士于十二月十八日公送先严木主附祀众乐亭；缉叔已愈。佩葱、少庭、剑秋与九席臣补缺引见。

廿二日癸未　晴。到署。丙戌同年在湖广馆团拜演剧。

廿三日甲申　晴。到署。夜就子友销寒第二集。

廿四日乙酉　晴。岑云帅保荐江苏补用道。高而谦才任外交，请破格录用，经部电调到京。

廿五日丙戌　晴。早就静山陶然亭之约。晚就子封、仲弼之约。

廿六日丁亥　晴。均到署。

廿七日戊子　晴。是日庆邸七旬，赐寿，往祝。

廿八日己丑　晴。各使及参随同至庆邸祝寿，设宴款之，外部堂官及丞参陪席。余以日本使在那堂会晤先归。是日议定收回新奉，添造吉长等路各条款。与润田写问答、录底稿至更余。

廿九日庚寅　晴。庆邸寿辰，至府观剧。

三十日辛丑［卯］①　雨。到署。德英使以津镇路事会同问难，因三省公呈自办。有旨，交袁、张两督也。

三月初一日壬辰　晴。到署。夜，伦贝子招饮，陪外宾，在卧车饭店。

初二日癸巳　晴。到署。夜，日本林使招饮，日皇以前年议约，赠送全权及在事各员宝星。那相已得过，不再赠。外部自瞿

---

① 自本日至四月初七日干支均误，以下径改。

相以下共九人，由林使面为佩带。余得勋三等旭日中绶章。宴饮后，因所定收回新奉添追吉长条款（共七款）明日画押，偕润田到署，赶缮清单，以备进呈。（高子益奉邸堂派丞参上行走。）

初三日甲午　晴。条款即日皇所赠宝星名单，均由枢堂进呈。余进内后即回署，督同备事缮写文凭。下午四钟，仍偕润田至那宅，由那、瞿两相，唐侍郎与林使会同画押。（李寅龄丁忧，所遗主事，由那堂点朱应杓□□翟化鹏借补司务。）

初四日乙未　晴。到署。德雷使、英朱使同到署，仍与各堂议津镇事。和希使偕瑞典新使倭伦伯来，将议通使订约。瑞典、那威本为一国，尚系道光廿七年与我立五口通商约，现瑞、那已分立，故请另议新约也。

初五日丙申　晴。巳正，日本林使带领其国伯爵大谷光瑞及妻筹子，又海军少将寺垣猪三、天津领事加藤本四郎及妻直枝子等在勤政殿觐见。礼成，偕同人至聚丰堂宴。回署。陕藩冯星岩（汝骙）托招呼拜馆事。

初六日丁酉　晴。祝振贝子寿。

初七日戊戌　晴。到署。

初八日己亥　晴。徐世昌放东三省总督兼管将军事务、钦差大臣，唐绍仪【署】奉天巡抚，朱家宝署吉林巡抚，段芝贵署黑龙江巡抚。

初九日庚子　晴。那相兼署民政部尚书，朱宝奎授邮传部左侍郎。

初十日辛丑　晴。

十一日壬寅　晴。奉上谕：外务部右侍郎著邹嘉来暂行署理。钦此。自顾庸愚，仰承恩命，虽暂时署任，深惧弗胜，此心兢兢，如临渊谷，只有矢慎矢勤，勉图报称。闻将派李伯行出使英国，已与英朱使商明电致本国政府，一俟复允，汪伯唐即可回京供职，早卸此肩，尤所幸盼也。

十二日癸卯　晴。进西苑，是日有引见。两宫升殿，与新署顺天府府尹裴（维侒）同免冠碰头谢恩。孙宝琦充出使德国大臣，今日召见。

十三日甲辰　晴。到署。拟致刘芝侯函，为滇督事。

十四日乙巳　晴。午初正，各使馆夫人及参随内眷共十五人，又法驻津提督徐熙雍之妻及副将、领事之内眷三人，英提督华特士之妻，由领衔和国使臣希斯特带领（各馆翻译六人），进福华门，乘小轮车至五间房齐集，在海晏堂觐见。那相、瞿相带领希使述颂词。那相宣答敕毕，美柔使、俄璞使、英朱使、义博署使之妻上纳陛，联侍郎传皇太后温谕。旋谕内眷依次上纳陛，两宫均赐握手，成礼，而退入后殿，赐宴。余在殿右恭侍，即随同邀和希使及各翻译在春藕斋赐宴。奉懿旨尊令瞻仰仪鸾殿，游览一周，送之出，仍由原路回馆。余亦返署。

十五日丙午　晴。到署。午间约静山话别，润漪来陪。

十六日丁未　晴。朱应杓补主事，翟化鹏借补司务。随同那、瞿、联带领引见，旋蒙召对于勤政殿西暖阁。

皇上问：汝今日带引见，初未聆悉。

皇太后又垂问。谨对：是，带领引见。

问：汝天天上衙门。谨对：每日必上衙门。

谕：汝在衙门公事熟悉，办事亦甚精细。谨对：外交重要，臣才力短绌，深惧弗胜，惟有矢慎矢勤，勉力图报。

问：汝目力如何？带眼镜写字否？谨对：目力渐花，写字尚可，不用眼镜。

问：汝近六十否？谨对：臣年五十五岁。

问：汝何处人？谨对：江苏吴县人。

问：闻江苏雨水颇多。谨对：闻正二月间雨水较多，近日尚属调匀。去年江北水灾，蒙恩截漕发帑，全省绅民同深感戴。

奉谕：饥民亦甚可怜，尚能安分不滋事。谨对：此皆皇仁浩荡，端方、陈夔龙办理认真，饥民稍可存活，不致再滋事端。

奉谕：闻江南米价亦贵。谨对：近来购进洋米，并恩准缓运漕米，办理平粜，米价稍平，总期春熟得资接济。待至秋成，人心一定，匪徒亦无从勾结为患。

奉谕：必如此，匪徒方压得住。

又问：汝从前在何衙门？在外务部几年？谨对：臣由礼部主事于光绪二十二年传到总署。

奉谕：汝到部已有多年矣？谨对：共十一年。

问：汝上衙门是否下半天？谨对：臣十一点钟即到衙门。

谕令：下去。

谨退出。至车站，送静山南归。就阮子衡、张逸泉招。晚，偕朱桂卿、吴佩葱、徐班侯在佩葱处公请冯星岩、孙慕韩，陪客子封、炯斋。徐班侯未到。

十七日戊申　晴。到署。十五日学部奏准萱儿奖五品衔内阁中书（均非科举人）。

十八日己酉　晴。闻岑云阶制军来京。

十九日庚戌　晴。祝铭将军八十寿。至各使馆投刺，晤者德使雷克司、日本使林权助、英使朱尔典、美使柔克义、葡署使阿梅达。

二十日辛亥　晴。到署。

廿一日壬子　晴。值日，奏事，请简驻美、墨、秘、古国使臣。奉旨：派梁敦彦。即致电梁振东（诚）派员代办，先行回国，因梁崧生系派暂行帮办税务也。法巴使、俄璞使会晤。

廿二日癸丑　晴。到署。昨岑春煊补邮船部尚书，赵尔巽调川督。

廿三日甲寅　晴。到十里庄苏太谊园公祭范文正公、顾亭林先生。此事向归顾豫叔经管，今虽祀事照行，而斯人已古。余补题去年秋祭亭林先生卷子，感慨系之。是日到者二十人。余先归，就壬午南榜同年之招于江苏馆。闻朱子文革职，乃岑尚书所面奏也。

廿四日乙卯　晴。到署。

廿五日丙辰　晴。加班奏事。奉旨：陆征祥充保和会专使，钱恂充驻和使，李经方充驻英使。即分电，并电汪伯唐派员代办，回京供职。德雷使、英朱使会晤，催问津镇铁路何以派袁、张两督商办。袁复甚急，因直、东、苏三省京官呈请自办。奉旨：著袁世凯、张之洞妥商办理。两使以原订草合同不能改议，代其政府诘问已非一次。即电袁、张两处。

廿六日丁巳　晴。到署。答杨彝卿。

廿七日戊午　晴。到署。闻唐少川请开缺未允。

廿八日己未　晴。连日风大。到署。张督电询德英使询问之词，即电复之。

廿九日庚申　晴。西人在莲花池跑马，偕联春翁、高子益在前门西东站乘火车，出西便门往观，并食番菜。三句钟归，到署。

四月初一日辛酉　晴。汪伯唐请用金币，度支部奏驳。有旨：交廷臣会议。偕联侍郎至内阁阅看，先画阅稿。到署。

初二日壬戌　晴。值日，进内奏事，定各使馆经费折，奉旨：依议。旋到署。

初三日癸亥　晴。到署。德英两使来催询津镇铁路事。又电致直、鄂督。

初四日甲子　晴。到署。丁衡甫（宝铨）来。

初五日乙丑　晴。到署。赵御史（启霖）奏参段芝贵夤缘亲贵折，醇邸、孙相查无其事，复奏，奉旨，宣示罢赵职。

初六日丙寅　晴。振贝子奏请开去农工商部尚书及一切差使，奉旨俞允。

初七日丁卯　晴。到署。昨蒙恩赏暑药，进西苑谢恩。

初八日戊辰　晴。率萱儿谒寿州师相，门下门生渊源两代，因师相曾管大学堂，此次毕业亦蒙栽植也。学部尚书荣华卿（庆）中堂、严范孙（修）侍郎、达稚甫（寿）侍郎、大学堂监督右臣李柳溪（家驹）、前监督张燮钧（亨嘉）均执弟子礼，余亦次第诣谢。蒙赏绿豆。到署。

初九日己巳　晴。进内谢恩。旋到署。

初十日庚午　晴。到署。各使来晤。德又催津镇。英为西藏派员商议开埠事。

十一日辛未　晴。到署。访唐少川。奉邸谕，催商与俄议各条。

十二日壬申　晴。两宫幸颐和园驻跸。至西苑直班奏事，见邸堂。散后送朱子文、顾汝言扶柩奉母南行，至车站走送，凄然话别。回署，唐少翁及宋小濂到，均议俄案及关税等事。

十三日癸酉　晴。谱桐因腿疾不到署。日翻译高尾来言，日本派南满洲铁路总裁男爵后藤新平来京请觐。义水师提督柏拉迪来拜，亦请觐。俄璞使招饮（陪东三省督抚）。

十四日甲戌　晴。到署。出使英国大臣李伯行（经方）来。

十五日乙亥　晴。义提督、日本后藤均奉旨于十八日巳初刻在仁寿殿觐见。广东廉州因抢米滋事，英德教堂稍有损失，教士已保护出境，署府即颖芝也。

十六日丙子　晴。到署。答拜后藤。日本林使招饮，陪东三省督抚。

十七日丁丑　晴。广东钦州抗捐，潮州属之饶平县黄冈土匪戕官作乱，朝命岑春煊补授粤督，周馥开缺。袁、张两督电奏，派梁敦彦议津镇铁路事。德英两使又来催询，即告之。英使并催议苏杭甬路甚急。

十八日戊寅　晴。到园，日本后藤新平、义柏拉迪觐见。礼成，在公所午宴。散后到署。

十九日己卯　晴。到署。晚七点钟在那堂宅，宴日本林使、后藤等。

二十日庚辰　晴。晚，孙慕韩在那宅招饮。

廿一日辛巳　晴。到署。晚，东三省督抚在卧车酒店招饮。

廿二日壬午　晴。值日，到园。孙慕韩请训，华石臣、易丞午借公所请其午酌，作陪。午后即在公所静憩，忙里寻闲，转觉甚倦。夜，刘我山、存子孚来，稍谈即睡。

廿三日癸未　晴。早起见邸、那堂。谢赏纱葛恩（石青宝地纱一匹、蓝麻地沙一匹）。饭后到署。

廿四日甲申　晴。到署，英法两使来晤。

廿五日乙酉　晴。到署，中德接线合同盖印。杨彝卿行。

廿六日丙戌　晴。到署。那堂招高尾来议木植事。大连设关征税，赫德与日本林使议定照胶关办法，内有关东州字样（应改旅大租界），及员役俱用日本人（应改洋员）、日业经营字。税务处咨部核复，只可作为声明，仍改西七月初一日开关之期。

廿七日丁亥　晴。到署，那、联两堂与俄使商关税事。夜，慕韩在那宅招陪德法两使。

廿八日戊子　晴。到署。义人赛电车，由张家口经库伦赴俄境，邸、枢堂令于护照内声明，不认保护。义使不愿改作，仍发游历护照，而于函内声明。

廿九日己丑　晴。连日亢热。在聚丰堂约新授奉天提法使吴伯琴（钫），哈尔滨江关道萨季谦（荫图），岑制军幕府高啸桐（凤歧）同年、子益之兄便酌。奉天参赞钱干臣（能训），又施植之未到，惟其兄施子英（则敬）来。

三十日庚寅　阴，傍晚稍凉，夜雨。到署。七句半钟，就两广制军岑云阶之招，直六国酒店宴各使，作陪。早，送孙慕韩星使由东三省经西北利亚赴德。

五月初一日辛卯　阴雨，旋霁。到署。大连湾开关办法，赫德已与日本使声明，部驳两节，于试办一年后更正。日本林使辞行，请假回国，以参赞阿部守太郎暂代。英朱使来，催结梧州关扣留渣甸水淀案。即电粤督。又交上海修改会审公堂章程及复公堂肇事案会查办法节略。均转行南洋核办。

初二日壬辰　晴。到署，李伯行来谈。

初三日癸巳　晴。到署。岑帅行，子益送之赴津。此两日公事并为料理。

初四日甲午　晴。到署。和希使来，为复州煤窑案，和人雷得补索偿。驳以事甚轇葛，不得干涉，所交照会行奉省核办。英使交来西藏议开埠事节略，张大臣率藏员到印京，英亦派品位相当之员会商。即电张荫棠。上赏角黍（即粽子）四盒。

初五日乙未　晴。至颐和园谢恩。归途过李伯行，传邸谕，所带参随洪述祖（因有物议）、左镠（其父左秉隆，派充新嘉坡领事，不便同官）应另换。

初六日丙申　晴。到署。大连湾于五月二十一日开关，办照会稿。

初七日丁酉　晴。到署。谱桐因腿疾静养，将两旬，稍愈始出。瞿尚书为恽薇孙奏参，奉旨开缺回籍。伯行改派杨学沂、陈昌绪。俄使来议关税事。日本代使阿部来议木植事。

初八日戊戌　晴。吕镜宇（海寰）补授外务部尚书、会办大臣。到署，商复俄使节略，允其在百里内不纳税（唐少川意），一年后体察情形，再行厘订。铁路减三分之一税，大车站五里，小车站三里，均以四面算。惟哈尔宾［滨］地段较广，各以十里为限。所收之税，照新则办理，入内地补足正税。英朱使来，仍谈粤东交涉案。

初九日己亥　晴。醇邸在军机大臣上学习行走，鹿传霖补军机大臣。到署。法日订约，有牵涉中国边境之语，其意在保护地、占领地各不相干，而于保全亚东平和互相订约，我之危机可想，非亟修内政不能防外人之干预也。

初十日庚子　晴。到署，约俄翻译柯理索福来署，以节略交之。

十一日辛丑　晴。到署。德雷使来言，川汉铁路鄂督借他国款，请电致亦向德华订借。即电询有无其事。法巴使来告法日订约条款。美柔使来言与英、德、和兰、日本商允派员会查禁烟事。俄璞使送回节略，于百里免税删去爰珲，新税则声明除陆路章程不免税之货物一年后再行厘订，不欲专指百里不纳税一节。又为酌改送去。

十二日壬寅　晴。具奏答复日斯巴尼亚王女兄生子国书，又李星使派员折。那相到园，进洋将戈登之妻所呈铁轨模型。

十三日癸卯　晴。到署。复电驻法刘使，与法人议交还广湾、撤北省守兵、厚待华侨三事。电滇督，查留学生所呈法派兵建碉有无其事。

十四日甲辰　晴。到署。美使来照，以会查禁烟事案。复拟详酌再办。俄文学堂公请教习。

十五日乙巳　晴。到署。英俄使来言，两国订约，各国游历人三年内不入藏，请中国照办，并查明藏界。此事未知是何用意，关系重大，应加体察。徐廉泉来。

十六日丙午　晴。早访余尧衢同年晤谈。午到署，闻伯唐已抵京，往访之。晚，瞿相起程，至车站送别，并送尧衢。瞿相在政府自有公论，任外部七年，余无私谒，公事甚承器许，临歧依恋，不胜知己之戚。

十七日丁未　晴。到署，伯行来辞行。

十八日戊申　晴。至车站送伯行出使。答张古愚（鸿翥），玉甫丈之弟，将指省山东。过子亮，亦由保定来。又答钱芬[1]

① 原文“钱芬”之间空缺一字。

(贻荪)，安徽候补知县，常州人，与远生有亲。午，同乡在东馆为保送举贡接场。散后到署。美使来言，禁烟事，并无干预内政之意，望中国速复。是日，伯唐至颐和园复命，余即交卸署任。

十九日乙酉　晴。到署。

二十日庚戌　晴。凤老夫人生日，往祝。与同人雀戏，小胜，今年才第二次也。

廿一日辛亥　晴。伯唐到署。英朱使来，请撤江孜委员高恩洪；追渣同行，在梧州被扣；水难赔款。

廿二日壬子　晴。到署。

廿三日癸丑　晴。到署。俄璞使来，北满洲开关事，其政府已复允。

廿四日甲寅　晴。到署。举贡出榜，头斋获售。

廿五日乙卯　晴。到署。邸堂于七点钟来，与各堂商议英使交涉各案。午后英使来言，鄂省借英款造路事，外部何以阻止。那堂力与辩驳。

廿六日丙辰　晴。早，邸堂到署，英朱使来晤，论福公司晋矿、苏杭甬铁路两案，询政府宗旨，催办甚急。午后，因伯唐病，往访之。三弟、恒若弟到，晚车。闻顾三婶、汝言亦回。

廿七日丁巳　晴。顾宅已移回镇江胡同，往视。到署，阅皖电，恩新甫中丞至巡警学堂考验，为会办道员徐锡麟枪伤身故，捕徐锡麟正法。事略定，约佩葱诣沈子封，并约朱季衡、高子益看竹。

廿八日戊午　晴。梦华授皖抚。到署，知江鄂派兵赴皖，地方已安静。居停不散之喜，雨亭迁回。

廿九日己未　晴。到署，美柔使、法巴使会晤。

六月初一日庚申　晴。北满洲关税事，俄使于廿八日复允，即以是日为开关之期，行文各处。展地、伐木、煤矿各合同亦议定，函商东三省总督。

初二日辛酉　晴。本部具奏，请派驻日本使臣。奉旨：简放学部右臣李家驹。

初三日壬戌　晴。无事。

初四日癸亥　晴。

初五日甲子　晴。连日均到署。至佩葱处看竹。

初六日乙丑　晴。至那宅，那相与日代使阿部议木植。

初七日丙寅　晴。赵启霖复职。到署。晚大雨。那相宅，邀英人伊德（在江北办赈有劳）饭，作陪。

初八日丁卯　晴。到署。

初九日戊辰　晴。到署，电催东三省总督核复展地、伐木合同，事无异议，即照复俄使。

初十日己巳　阴雨。到署。韩皇禅位于太子。

十一日庚午　阴雨。到署。

十二日辛未　阴，大雨竟日。吕镜宇尚书于晚车到京。

十三日壬申　阴。诣吕尚书于法华寺。到署。那堂与邸堂商定预保丞参六人：高而谦、梁诚、胡惟德、吴品珩、恒文、陈懋鼎，即拟奏稿。为禁烟事，电调南斐洲总领事刘玉麟来京。

十四日癸酉　晴。到署。

十五日甲戌　晴。日本代使阿部来言韩事，因海牙会派员与议，得罪日本，致有禅位之举，但仍谓出自韩皇本意，非伊藤干涉。

（眉注：偕三弟、钧弟子侄至山本照相馆拍照。）

十六日乙亥　晴。到署。储才馆添倅三十余人。

十七日丙子　晴。到署。

十八日丁丑　阴雨。早送三弟行。午后到署。预保丞参折奉旨留中。

十九日戊寅　早阴雨，午后止。至伯唐处拟致南北洋、鄂督电，为日法协约事。

二十日己卯　早阴，微雨，午止。吕尚书于未刻到任。法使将回国，辞行。

廿一日庚辰　晴。到署，英德两使会晤。

廿二日辛巳　阴雨。到署。在德昌饭店宴李、柳、泽诸君。

廿三日壬午　晴。请简丞参，奉旨：雷补同补右丞，杨枢转左参议，高而谦补右参议。

廿四日癸未　阴雨。举贡保送。今日奉旨：颐斋用主事。

廿五日甲申　晴。贺谱桐，并至会馆晤颐斋等。到署，美总统电祝万寿，拟复。

廿六日乙酉　晴。晨趋颐和园，随班庆贺。午归，至佩葱处看竹。

廿七日丙戌　晴。到署。

廿八日丁亥　晴雨间作。到署，英日等使会晤。美卫理来□芜湖曲酒案。法巴使请假回国，代理者潘荪纳。

廿九日戊子　晴，午后有雨，夜亦雨。早，偕润田至那相宅，日代理使阿部会晤，仍议鸭绿江木植事。

三十日己丑　晴。到署。

七月初一日至十五日　天气自交秋后多晴，炎热。连接三弟两信，一复之。接梦华信，知其幼孙殇，复函无可慰藉，勉以为国自爱。梦华由郡守至封疆，卓有政绩，宅心仁厚，修德不获报，此难以常理测也。接二弟信，尚未复。闻少楠辞银行差，将到部。同乡考举贡者于初六日在省馆宴客。颐斋分度支部。初十日，朱伯平等在贤良寺请吕尚书，邀作陪。十五日，与谱桐请刘星阶（宇泰），总署旧友，在沪随办商约，现将往川省，办度支部分行事。俄文学堂于十一日开学，阳、喜等亦于是日到译学馆。孙干甫归无锡省亲。函致静山。褚才馆添调人员已到廿一人，举贡分部者七人。东省铁路煤矿合同已与俄使议定。日法协约，照会两使，声明中国主权。日俄协约亦经两使送部。张大臣荫棠议开埠事，已定十四日由大吉岭赴印度新辣，电请奏给全权。日本将派兵至间岛保护韩民，事关中韩界务，电函东省筹画办法。以上皆署中近事之要者。夜三点钟，东北有彗星见，前月荧惑入南斗，西人谓无关休咎也。高子益经邮传部奏准，兼京汉铁路监督。

十六至二十日　接三弟信，六弟署乐平。那、吕两堂嘱曹润田拟组织内阁、设资政院说帖，系会议赵侍御（炳麟）原奏也。交衡若弟书之。日法两使送到复中国声明协约节略，大致谓于中国主权毫无所损，维持时局外无他意。日本派兵至间岛，以保护韩民为词。照会阿部代使商阻。电旨：召袁慰帅来京。杨杏城奉懿旨派赴南洋各岛考查商务，抚慰侨氓，来晤，嘱照会英、法、和、美四国。刘和卿（灿藜）同年令其子大濂来见，将以知县分发安徽，函托向梦华提及，复以过便代达。韩莪生改官四川知州，为向仁昌挪款俾克集事，现已验放，即日出京。刘正卿作古，先严史传，又须另觅作手矣。其子钟球，奔丧到京，往吊之。接陈蓉曙同年书，言川东矿务交涉事办理均有条理。

廿一日至廿三日　夜雨即晴，秋高气爽。廿二日闻袁慰帅到京。廿三日祝那相寿。复二、三、六弟书。徐憺亭于十五日作古，往吊两次。去年豫斋叔后事，皆憺亭经征，劝恳异常，不可多得，乃水肿数日，遽以不起，殊为惜之。

廿四至三十日　袁慰帅于廿六日召对，廿七日即授军机大臣、外务部尚书。张香帅亦补军机大臣。廿八日偕谱桐、子益谒慰帅，又谒庆邸。点恩丰补主事，周传经借补司务，系张荫南补长崎领事遗缺也。廿九日谱桐奉出使奥国之命。自去年奏定新章后，因丞参不谙洋文，已不开单，今奉特简，殊出意外。多年同事，互相商榷，现忽远去，丞参只余与子益两人，而子益又有铁路兼差，余虽从公黾勉，不敢告劳，未免增一惘怅。至奥馆，交涉甚简，较在部当差为适，海外桃源，在谱桐则良足喜也。三十日晚，继旭之（善）招饮，并看电影戏。

【八月】初一日至初五日　汪伯唐使英，于晦若使德，达寿使日本，均充考察宪政大臣。初二日蒙恩赏石青缎一匹、驼色缎一匹。初三日赴颐和园谢恩。谒邸堂，请以保久山帮同管理银库收支事务。梁敦彦署外务部右侍郎，余自闻才力竭蹶，不能胜任，此次未得，深堪自慰。初五日陈征宇等为伯唐、谱桐在德昌饭店设饯，往作陪。座有联春翁及褚材馆诸君，共拍一照，以为纪念。日本进兵和龙峪，屡次照会日使催撤。吉韩界务甚为棘手，东省已设法布置，并请旨赏夹皮沟练总韩登举参将衔。

初六日至十五日　袁、梁两堂均于初六日到任。初十日奉旨派伦贝子往日本国问候，因该国博恭王来，特报聘也。礼物由署预备，不用国书，由联堂告日代使，并电杨使转达该外部。间岛事亦电杨使理论。十三日派伦贝子、孙寿州师相为资政院总裁。是日上赏月饼。十四日进西苑谢恩。晤新署北洋大臣杨莲甫（士骧）同年，已到京接任。十四日奉旨：丁振铎、余廉三、陆元鼎、李经义均来京预备召见。闻内阁学士蔡钧驱逐回籍。英使催福公司矿务，电旨：令山西按察使丁宝铨来京会商。接三弟信，初六日赴江西租定大草场房屋，居停为宝香士方伯，实则其戚奎心如之屋抵与宝者，奎仍住西院，租东院。

八月二十一日，移居大草场，连接六弟书。①

八月二十三日，朱伯平放江西建昌府。二十五日请邸堂点定陈征宇补郎中，曾霁生拟陪；文博廷补员外郎，曹润田拟陪；翟溟南补主事；王茂亭、吉舒庵补司务，一翟所遗，一周赞尧调奥馆参赞所遗也。均于九月初五日验放。吴佩葱调榷算司掌印，征宇主稿，博廷帮掌印。鲍润漪同年初七日放福建泉州遗缺府。八

① 以下非逐日记。

月二十六日伍廷芳放出使美国大臣。萨荫图放出使俄国大臣，俄使颇有挑剔，后即转圜。李季皋、梁振东均交卸使事，先后来京。

【九月】十九省馆公祭。廿一祭范文正、顾亭林先生于十里庄谊园，余主祭。胡馨吾廿二日到京。十月初间伍秩庸、萨季谦两星使亦先后到。皇太后万寿，蒙于【十月】初四日恩赏线绸蓝色一匹、宫绸石青一匹。初五日进西苑谢恩。苏杭甬事，南中纷拒借款，因九月十七日《神州日报》载，有余主持强硬办法一段，大受责言。自思并无此意，而身在局中，横受重谤，一生谨慎，不知何以构此无妄之灾，莫名惶悚。由造路而改为借款，在汪侍郎已煞费苦心，而不见谅于乡里，因其未向公司先商耳。余则并未与议，亦无主持之权，自无从先为宣布。而诽谤之词皆毫无影响，众口铄金，何以解免。况时势岌岌，大局可危，一身名誉不足惜，殊为时势忧也。咏春兄倏然归里，高尚可敬；谱桐使粤，亦先还乡，何福分之不同耶。

屡接三、六弟书。六弟自八月廿一日到乐平县任后，九月初四日即遇逸匪夏病意聚众扑城之事，防营得力迎剿，毙夏，余匪星散，转危为安。然痛定思痛，倍深感念。闻将得保，拟捐同知过班云。署中苏杭甬外，西江缉捕案又起波澜，各堂焦劳。余则更形竭蹶，奔走不遑，自愧无才，不足以赞助万一。欲退未能，疑谤交集，近来心境郁结，无可告语。但愿大局获安，余非所计也。

十一月十三日，江浙铁路代表到京，曾开会一次，来署见各堂，将刷印之案卷交阅，始知此事原委。代表者张元济、王同愈、许鼎霖、孙廷翰、杨廷栋也。五君到部会商数次，初尚欲尽数购回股票，又欲移借京汉英公司。濮兰德商之□使，皆未允。迨后始议部借部还之法，稍有头绪，而张、王皆因病先归，杨则先至南中宣示大略，新正复返。堂派胡馨吾、高子益与银公司磋议，作为邮传部与订合同，于三十四年二月初四日具奏画押。对外之事已完，其邮【传】部如何拨交公司存款另订章程亦议定，惟两公司只认至五厘五，其余扣头包利虚息，一切亏耗尚须江浙督抚与政府会筹也。代表来时，堂派铁路局长梁士诒，本部陈懋鼎、曾述棨，前宁绍台道世增在丞参上行走。馨吾十月到，高子益十一月亦由粤回。凡接晤代表，余皆与闻，银公司则未一面，无端受谤，亦不辩自明。而外间归咎于盛、汪两公，其间误会，尚所不免。甚矣，任事之难也。

世益三先放兖沂曹济道，后升云南臬司；汪伯唐赴英考察，均于二月廿七日出京。胡馨吾授出使日本大臣，高子益放临安开广道尚未走，杨星垣（枢）假满来京，新授右参议梁如浩须俟卸沪道后方到，迎新送旧，余之情绪可想。

署中公事，又有福公司晋矿一案，经山西臬司丁宝铨将晋绅与该公司代表梁恪思磋商，以二百七十五万两赎回，丁即升藩司，原议之晋抚胡聘之、道贾景仁、知府刘鹗均予处分，以示劝惩。西江缉捕事，粤督认赔英轮西南船案六万余两，严定缉捕章程，英兵轮即退出。正月初四日复出有日本“二辰丸”私运军火赴澳，在中国海面意图起卸一案。此事本彼无理，我兵船管带吴敬荣办理太骤，未及起卸，即下旗扣留，致为借口，彼此争持，和平了结。然亦不满人意，惟有严定禁止军火办法，以善其后耳。

继室石夫人自丙戌九月来归。时余甫通籍，乞假归省。吾父筦榷和州，与吾母均健在，奉侍数月。次年春随余率儿女北上，岳母亦伺内弟偕行。五弟景彭夫妇同在京寓。戊子四月长男应荟殇，旋产一男亦不育（产时甚危，胎死腹中），服补剂病愈。庚寅产一男，十余日殇。辛卯秋，岳母去世。是冬生男亦不育。壬辰冬，迎养吾父母来京。癸巳六月应欢生。八月初二日五弟景彭病殁。十一月吾母弃养，是冬扶护南归。丙申春服阙，余到京销假，五月进总署。夫人留苏侍吾父（是夏病甚，调治得愈）。是年十一月廿二日，吾父弃养，余先期假归，廿四抵里，仅视合殓。己亥春服阕，随余至京师。庚子五月生男，数日又殇。六月逃拳乱，至保定，病痢甚剧，服丸方而愈。八月抵里。辛丑春余先回京。壬寅春，大人率儿女至。是冬，兰女赘婿潘承福。癸卯七月，应艾生。萱儿回苏完娶，偕新妇回京，甲辰生孙女荣宝，丁未生孙女旭宝。夫人于十一月廿五日早间腹震，延东洋收生妇须藤来视，谓胎已死腹中。午刻始分娩，男也，坠地无声，产妇危，幸无恙。第三日，因失血过多，牵动肝风，头疼甚，延无锡顾信臣诊视，不敢用重补。肝风似平，而内热口渴，饮食无味，改服习西医之萧姓药，忽发汗，寒热交作。请曾霁生开温补重剂服之，已不及，至十二月十五日午时竟永诀矣。病剧时神思甚清，自知不起，约略处分后事，亦无所系虑。呜呼！死者已成大觉，生者其何以堪。从凿产纷，屡濒于危。此次病非不治，值余心绪恶劣，儿辈亦不更事，疏忽因循，竟成铸错。白首难偕，素心谁语。悼亡盖自悼己。十二月二十六日为石夫人设奠，吊者甚多。二十七日发引，暂停长椿寺。

跋一

此《仪若日记》十二册，起光绪丁亥，迄丁未，前后凡二十一年，中间微有缺失，为乡先辈邹紫东先生遗笔。先生早掇上第，就职礼部，旋调总署，叠简尚侍，于朝政得失颇多条陈。日记所载，固略而不详，然当时交游往还，亦可概见一二。先正典型，枌榆留泽，弥足珍也。存古斋主人严君瑞峰，知余雅耆乡邑文献，自苏邮示。兹央索，值百金。再三商价，损二十金得之。旅居庄诵，聊破岑寂。倭氛鸱张，中心惴惴，顾瞻家乡，麋鹿横驰，乃复斤斤于拾遗补献之业，结习未忘，自笑亦复自怜耳。岁戊寅十月五日潘承弼谨识于沪滨之润康村寓庐。时年三十有一。

潘景郑（印）

跋二

树文先生过访，询知尊人日记为余杭抗战时所得，惜留存□□□及检赠，荏苒数月，无以报命。比抱病来沪，检箧得之，即以奉贶邺架，俾楚弓重返，亦艺林佳话耳。病中无俚，漫寄一词，以志鸿泥，即呈教正。

酣战名场，浮家海岛，幽怀离黍宗周。诗囊社燕，把盏拟同闲鸥。盈尺墨痕前梦，沧桑过眼写春秋。余情又，点滴桑麻，琐细荣瓯。惆怅罡风碧海，叹故家麋鹿，半付尘沟。零缣偶拾，多少珍重吴钩。记取瓣香片羽，胜山残水一齐收。堪相慰，楚弓楚宝，佳话长留。

调寄庆清朝

乙丑六月潘承弼

欧洲观战报告

沈鸿烈 著　杨善尧 整理

编者按： 本刊总 141 号曾刊载何遂著《参观欧洲大战记》，本篇可视作其姊妹篇。作者海军中校沈鸿烈与何遂同为北京政府军方所派遣的欧洲观战团成员。

沈鸿烈（1882—1969），字成章，湖北天门人。清末留学日本，学习海军。民初在海军部任职，奉派赴欧洲观战，考察海军，后任陆军大学教官、奉系东北江防舰队司令、海军第一舰队司令。南京政府时期，曾任海军第三舰队司令、青岛市长、山东省政府主席、农林部长、浙江省政府主席等职。

本篇原名《海上封锁攻守之大势》，被列为"海军观战报告总编之二"。报告对第一次世界大战中的海战，特别是新兴潜艇战的考察颇为详细，反映了当时中国军方对欧战的了解与认知水平，于民国军事史研究颇有参考价值。本报告于民国七年十二月十四日呈送海军部，编号为"呈字第一五一二号"，曾经海军部总长刘冠雄、次长徐振鹏等签阅。原档名《沈鸿烈欧洲观战报告》，现存中国台北"档案局"。

凡例

一、书中地名、人名，以新学会社出版之《外国地名人名

整理者： 杨善尧，台湾政治大学历史学系博士候选人。

辞典》为标准，其未见该书者，则以杜撰成之。

一、书中人名作单直画，地名作双直画，物名及会社名作括弧，如纳尔逊（Nelson）、伦敦及“克虏伯”会社（Krupp & Co.）等是也。

一、潜艇、海防两端，皆军事上极秘事项。是篇所纪，除目击者外，类依法国海军部之调查、英意海军军官之谈述，法国潜艇名家若罢甫氏（Laubeuf）及英国结忍氏（Jane）之著作，并美国造船造机协会之公布等，期无大误，但战事愈久，真相愈出，容俟随时订正。

中华民国七年（西历一千九百十八年）五月辑于欧美旅次

海上封锁攻守之大势

海战性质与陆战异，举舰队全力，决胜负于俄顷，海面洞开，无遮断掩蔽等战法之可言，胜固所期，败则一劫不复。陆军既陷重围，商务允沦覆灭，存亡攸关，未容轻举。故每值战役全期，海上大战不出一二，倘两势相等，则胜负参半，而大战易期，否则强者尝挟其有力舰队，封锁敌舰于港内，使不敢越雷池一步，海权仍自我操，此联军对德奥之作战法也。弱者尝假其轻快舰艇，以奇袭而破坏封锁，挫敌之主力，俾得持平而立决战之基，使其海上转输亦无宁日，德奥对联军初期作战，亦本于此。客岁二月，德国宣布潜艇战后，封锁形势巨变，弱者转居攻势，强者反有山阴道上奔命不遑之势，开海战未有之奇局，联军生死关头，竟系于此。此是篇所以有叙述之必要也。

前篇　封锁战之始末

第一章　英德宣布封锁之经过（附图1）

第一节　英国宣言

（一）一九一四年十月二日之宣言

因军事必要，敷设机械水雷于北海南方朵发（Dover）海峡入口，自北纬五十一度十五分，至五十一度四十分，及东经一度三十五分至三度间。

（二）一九一四年十月二十七日之宣言

太晤士河（Thames River）航路一部，自此闭锁。

（三）一九一四年十一月三日之宣言

因德船滥用中立国旗、敷设机械水雷之结果，不得已宣布北海全部为交战区域，十一月五日以后，凡船舶之出入此间者，须受英国军舰指示云。

自此宣言实行后，凡商船之直接出入德港者，悉被英军捕获，即经由中立国丹麦、和兰、诺威、瑞典等者，临检拿捕，亦极严峻。彼美国曾提出抗议于英，英不之顾，积怨于德者愈深。

（四）一九一四年十一月十日之宣言

英国濒北海东岸诸港，皆敷设机械水雷，凡入港船舶，须由领港指导。

（五）一九一四年十一月七日之宣言

朵发附近，水雷敷设场较前增大。

（六）一九一五年二月二十三日之宣言

入爱尔兰海（Irish Sea）北水道（North Channel）之大部，悉敷设机械水雷，船舶只限于昼间通行于拿是林岛（Rathlin I.）南方之狭水道，可保无虞。

（七）一九一七年一月三十日之宣言

英国敷设机械水雷于北海南部德岸附近，即北自丹麦玖替兰（Jutland）岛距岸四浬，南至和兰尼达兰（Netherland）距岸七浬两处之间，避去丹麦、和兰领海，敷设场作不规则四角形，特此通告于中立各国云云。

（八）一九一七年一月三十一日之宣言

德谓英以病院船作运送船之说全属虚言，如德击英之病院船，英当即时报复。

（九）一九一七年五月之宣言

北自诺威白耳格忍港口附近，南至比利时阿斯坦提港口，西至苏格兰北方之雪替兰朵岛附近，连各点所成之区域，即北海东半部，悉为危险界，域面作长三角形。丹麦、和兰等中立国之交通，仅恃各该国领海之窄狭航路云。

第二节　德国宣言

（一）一九一五年二月四日之宣言

因英国宣布北海之爱尔兰、诺威间为战域（按此系指英国一九一四年十一月三日之宣言），故德亦宣布英国及爱尔兰近海并英法海峡全部为交战区域。自二月十八日以后，凡敌国商船之在该区域内者，力行破坏，即中立国船，亦以英船冒用旗章结果，在该域内亦难免危险。但和兰玖替兰之北部，北海之东部及沿和兰海岸三十浬之航行，可保安全。

（二）同日宣言

英国滥用中立国旗，并以各港湾为军港，近且用多数武装商船，直与军舰无异。自二月十八日后，将举各项手段对英国军港及商船为自由行动，凡中立国船舶之入英国港湾者，难免危险。中立国船舶航行交战区域，直与通过战场无异，损失所归，德国不负其责。

（三）一九一七年一月三十一日潜艇无限制战之封锁宣言（参照后图）

二月一日以后，联军各国沿岸均为危险区域。在此封锁界内，凡海战上一切限制，悉难顾及，中立国船舶，以五日为期，自此退出。和兰、美国与英之交通，依特别规定，每周航行一次；和兰船得往来于烧矢虢尔（Soulhwald）、甫留新（Flushing）间；美船得自北纬五十度、西经二十度之处，依直线东航至英之Falmouth① 港，每周定以星期日入港，星期三开行云云。

按，德自一九一五年第一次宣布封锁英国近海后，亘两年之久，皆奏相当功效。至一九一六年秋季，潜艇大事扩充，此时乃有无限制战之宣言，海上之到处荆棘，自此为始。

（四）同日之宣言（参照后图）

联军国滥用病院船为运送船之举，德国皆有确证，因此通告英法。此后 Flambarough Head② 及 Terschelling③ 与 Lands End④ 及 Ushant⑤ 等线之内，凡病院船之通航，未能宽容。

（五）一九一八年一月之宣言（参照后图）

沿非洲西南海岸及其北部（即原为希腊开放之交通路）并 Madera 岛⑥迤西区域，悉为危险界。

第二章　联军执行封锁之状态

前章所述英国之封锁宣言，如视北海为交战区域，则德之通商阻绝，沉水雷于德国近海，则德舰之出入困难，法意之封锁奥港，与其设防要道，与英亦同，但此仅封锁事业之一部，且为其末而非其本。其本维何，即联军所挟之强大海军是也。法意舰队之远强于奥，亦犹英之于德，德奥既以势力不敌，未能决战，联

① 法尔茅斯。

② 弗兰伯勒角。

③ 泰尔斯海灵岛。

④ 兰兹角。

⑤ 韦桑岛。

⑥ 马德拉岛。

军乃行大舰封锁之策。准诸史乘，逼近敌港之直接封锁，固甚确实，依此次战争结果，潜艇、飞机发达靡极，设防者之乘间突击，使封锁舰队有万难接近之势。故就北海以言，英军北据落西是港（Rosyth）及矢架柏湾（Scapa flaw）等，为大舰队及巡洋舰队之根据，南挟哈威起（H awich）及朵发（Daver）诸港，为水上飞机及驱逐舰队之重镇，既扼英法海峡要道，北海之北口、诺威、爱尔兰间，亦未容德舰脱出。小型艇队，守望要津，虽云间接封锁，德之海军、商业，根本上已无立足之地。转观地中海方面，希腊之可甫（Ceefu）及意大利之他南妥（Tranto）两港，分扼亚得利亚海口东西，法意两国舰队分驻于此，意大利非忍利矢（Venice）军港之舰艇，尤呈直迫奥港坡拿（Pola）军港之势，奥之商业固无可言，即舰队亦未敢逾关而出。兵法要义，死地求生，德奥穷蹙如此，岂能坐以待毙，此潜舰战所由横行也。

第三章　德国采用潜艇战之原因

潜艇战策之起因，可大别为自卫及进取二种。自卫云者，如联军封锁之严，既如前述，益以英美出口商货之取缔，中欧经济同盟之成立。法奥直接供给，固全被遮断，即经由中立国和兰、丹麦、瑞典、诺威及瑞士等者，亦莫由获及。原料食物，需额孔多，生存竞争，此痛难忍。以言乎战，则舰队势力悬殊，胜无可期，巨舰费时需财，亦万非旦夕所可补充。无已，则惟有以小制大，以奇为正之术。战而效，则根本解决可期，即难奏厥全功，亦可杀敌势而有持平之望。此自卫之说也。进取云者，英为德之劲敌，亦即联军主干，法、意、塞、比等之经济军需，多资于英，远交近攻，英实为之枢纽。故海军之直接制德者为英，陆军之间接制德者亦为英，英破则联军自破。破英之术维何，数年击英军舰而英舰未可尽爆也；每夜进袭朵发，而海峡转输如故也。武力战争不得，则惟诉诸军需食品之战争。方德国宣布潜舰战争之前，曾与美国磋商，谓假两月余裕，当使联军盟于城下。盖当时德当局之理想有三：

（一）深知英国商船之被征发，分供海陆军及联军之急需者至六百五十万吨，又转运于海外之百万吨，亦供海陆军用目的，其继续往时商务者，仅及原吨数二分之一有奇；

（二）深知英国值战期之中，商船之积货卸货，每多迟延，海运吨数，较平时锐减；

（三）英国战初二年间所增加商船吨数，合计造船及捕获所得者共二百万吨，适与彼间损失数等，是后英以职工应入兵籍，军械急需制造，益以原料短少，所谓人物两缺，欲制造相当船数，以维持所失，断有未能。

准是三者，役务既多更变，损失复难补充，海运随商船断绝，则英民将饥饿以死，联军亦当不战自毙。

更有进者，德军官潜艇操纵法之精，素为列强矜式。一千九百十六年秋季而后，德政府已秘为潜艇战之准备，大增艇数，力练乘员，并与各中立国交涉，为异日油类、食品供给之预备。英则仍持大舰主义，对于此项应付之方，绝未梦及，一经猛击，必呈崩山倒海之势。美国彼时加入联军，固非德计，倘德果于短期奏效，美亦缓莫济急。此皆德所深知，其所以悍然不顾，为潜艇无限制之封锁战者，此也。

中篇　德国封锁用武器之预备

第四章　潜水艇

英之潜艇最多，法之潜艇最古，意美亦特具型式，各擅专长。德实取宗于法，发达较缓，此次转居海战主位，于潜艇之兵学技术影响至巨，欲悉海战真相，应究其现状如何。但德军素以迅速、秘密制胜，于海军之潜艇为尤，确实情报，未易搜集。兹参酌各国政府调查，各专门名家预计，以及目击者之谈述，缕记于左。

第一节 战前潜水艇

据英国海军部统计，一九一四年初期，德国潜艇之已成者二十四只，建造中者十四只。其建造中之八只，于同年六月前竣工，余六只（即 U 三三号至三八号）系起工于一九一三年末，战初竣工与否固难确定，然开战之顷，各造船所工事猛进，其转瞬就役，亦无疑义。战初自该国造船所征发者有奥国定制潜艇五只、诺威定制潜艇一只，皆将竣工。故德国开战当时，总计潜艇三十八只。其通常称号以潜水艇 Underseabot 第一字母 U 字冠首，而以号数随其后，兹逐述各艇种要目如左：

一、战初德国潜艇要目表

战初德国潜艇要目表

艇种			海岸练习用潜水艇		航洋可潜艇				即大者潜水艇
艇名			U1	U2－8	U9－12（征发诺威艇同）	U13－20	U21－32	U33－38	征发奥艇5只
要目	排水吨量	水上	185	237	500－600	400	650	650－700	675
		水中	240	300	675－755	550	800	850－900	835
	马力	水上	200马力（容尔轮）武机械2台	300马力重油机2台	仝左机械600马力2台	仝左	仝左机械900－950马力2台	仝左机械1240马力2台	仝左机械250马力2台
		水中	120马力电动机2台	160马力电动机2台			400马力电动机械2台	450马力电动机2台	

续表

要目	速力（浬）	水上	2	12	14	15	16	18	18
		水中	8	85	9	9	10	12	10
	兵装	炮							
		鱼雷	一鱼雷 18 吋	二鱼雷 46 吋	二（18 吋雷 4－6）	仝左	前后各二门（20 吋雷 8）	仝左（20 吋 10 门）	仝左
	体大密达	长	39.1	43.3	602	仝左	65	仝左	65.1
		宽	3.6	3.75	636		6.1		5.75
		吃水	2.8	2.95	3.72		3.6		4.1
	年月	起工	1902	1906 1907	1908	1909	1911	1913	1913
		竣工	1907	1910	1909	1913	1913	1914	1915
	续航力量	水上	约 1000	约 1300	3000 以 9－11 节	仝左	2000－3000 以 12 节	仝左	4500
		水中	40－50（以五浬航八时）	仝左	80－90		70－100		100－120

上述潜艇构造，其一部为二重船壳，即以供配置水柜之用，所谓复形者是。计其最初十二船（U1－12）取法于法国之“耶固类”Aigrette 形，其次八艘（U12－20）取法于法国“普留发矢”Pluvâise 型。方着手时，参酌名家学说制造，弃单纯潜艇而采用大型之可潜艇，是后即始终一贯，与法之一艇一型者远殊，此所以能发达至今也。兹表示潜艇制造经费，藉窥其扩张情形之一班。

德国战前制造潜艇经费表

年别	经费马克（每年潜艇制造费）
1907	6250000
1908	9750000
1909	12500000
1910	18750000
1911	同上
1912	同上
1913	25000000
1914	23750000

德之潜艇制造殆始于一九〇六年，即过去十二年间着手虽迟，其进步扩张状况概如上表。一九一四年八月开战之顷，立即新造潜艇二十只（据美国协会调查为六十只），益以战争趋势迫以猛进，遂呈现有之局。

第二节　战后潜水艇

第一项　潜水艇制造之能力

一、制造厂。战前德国工厂之制造潜艇者，只基尔之克虏伯 Krupp Germania 工厂（德之潜艇即此会社之型）及党齐 Danzig 之海军工厂，每年制造总数在二十及二十五只之间。战后国内大小各厂向之制造大型军舰或商船者，现多改事潜艇之制造，计其卓著大厂及制造力如下：

战后德国制造潜艇主要工厂及制造力

厂名	厂址	每年制造潜艇数
Krupp	Germania Kiel	24
Weser	Bremen	30
Blohm & Vuss	Hamburg	14
Vulkan	Hamburg	16
Navyyard	Danzig	10

续表

厂名	厂址	每年制造潜艇数
Howaldl	Kiel	10
Schichan	Elbing	14
Techlenborg		不明

上述各大船厂外，余多数工厂均依其制造性质所近，改造潜艇之规定部份，即在内地之工厂亦然。其数殆难枚举也。

二、制造法。近来大型航洋潜艇（U）均依规定型式（Standard form of design）制造，上记各大船厂类从事于此。艇型一则操纵易，材料同则制造速。艇种既定，艇队无难立集。

小型潜艇如UB及UC等，其规定标准，多分为各部（通常分艇为三部制造）。各工厂可依其机械性质，专造某规定部分（Standard Part），集各部而组合，潜艇乃成。其工厂之在内地者，或由运河运至海港，或即以所造各部，由铁路运至目的地点，如土国之君士旦丁堡及奥之坡拿（Pola）军港等处，再经各该处工厂组合就役，较之由德迂回直布罗陀海峡冒万险而至地中海方面者，难易实未可同日语也。

三、制造速度。关于德之潜艇制造速度，言人人殊，即各国政府所发表亦互有参差。法国有每年竣工九十五艘之主张，英国有一百五十艘之预算，美国客岁腊月所发表则谓每日平均制造额〇.七五，即每月二十三艘，每年二百七十六艘。此外各国专家或学会之报告，多在一百五十至三百艘之间。参酌各议，分记如左：

各型每只制造速度：大U艇型一艘，五个月至六个月；大UC艇型一艘，两个月至三个月；小UC和UB艇型一艘，三星期至一个月。

每年各型制造速度：潜水巡洋舰（U型，每艘二千五百吨）

每年十只以上；航洋潜水艇（U 型，八百吨至一千吨）每年百只左右；小型潜水艇（UB 及 UC 型二百吨至四百余吨）每年百只左右。

上特合各厂一般速度而言。至每年实得艇数若干，则更以艇种选择为标准。制艇小则得数自多，如一千九百十五六年间，多制中小艇型。去年以来，则以八百吨至一千吨之大艇为主，UC 等之制造较少。其敷设水雷任务，多自小型 U 艇改造。最近闻有一千五百吨型数队，及大潜水航洋艇三只就役，可知其制造趋势渐重大艇。大西洋远海之活动，抑亦理有固然也。

第二项　潜水艇现有种类及数目

一、潜艇种类

德国现用潜艇，可大别为三种，即 U 型、UB 型、UC 型是也。

U 型。此为大型航洋潜艇，供外海攻击敌舰之用，为德国潜艇之主脑。其排水量类在六百吨及一千二百吨间。就中以八百吨内外者为最多，水上速力十四浬至十八浬，水中速力九浬至十二浬，备有四吋一或三吋四炮一门至二门，二十吋之水雷发射管四门或六门，搭载鱼雷之数多者十八，少者亦八。艇之较新者尚有六吋炮一门，及携带敷设水雷三十六具之设备。其潜入水面以下，可至五十密达之深，纯全航行水底，可达百里以上。水面航续距离，则以十二浬之速力能行八千余浬（此即依普通商船速力，可行二十四日余）。且因艇壳制造之强，艇内设备之周，坐于海底休息可至四十八时之久。敌舰攻击，无所施其技。去年来新制之一千五百吨型，长三百四十呎，载六吋炮及小炮、机关炮各一，据云可载鱼雷四十，及多数水雷、炮弹等。至最近二千五百吨型（或云二千八百吨）之潜水巡洋舰，载六吋炮及小炮各二尊，准各项情报，其搭载四十以上之鱼雷，六十以上之水雷，并多数炮弹、炸弹等亦可预料。水上司令塔，闻极坚强。速力之大，自随排水量以俱增，如此则将与轻快巡洋舰势力相当，远非驱逐舰之敌。数年间之发达至是，恐德人亦未预料及此也。

UB 型。此型自开战时起造，供海岸防御之用，排水量在一百三十吨及二百五十吨间，其分解后以铁路运至奥土，活动于亚得利亚海及地中海东部者即此。原只二十吋鱼雷发射管二及机关枪一，现有装置四听［吋］炮一门者。艇之小者，水上水中速力自六浬半至五浬半，其大者则由八浬半至六浬，去年来颇少制云。

UC 型。此型分大小二种，大者四百吨至四百三十吨，小者一百八十二吨，亦系战后新制，专供敷设水雷之用，其收效之巨，亚于 U 型，惟速力较小。其大型水上水中各在十五浬及九浬以下，小者则六浬至四浬，武装自以搭载水雷为主，小型十二具，大型十八具。惟大型更有二十吋鱼雷发射管三门之设备，则携带鱼雷之数，最少亦在三门六门之间。去年以来，敷设水雷，广用水面巡舰，而 U 艇之小或旧者，亦多改造敷设水雷装置，故近来此型亦似少造。

此外尚有运送潜水艇型，或作潜艇母舰，或载水雷与商货等，排水量一千三百吨以上，水上速力十四浬，水中速力八浬。此型仅五只左右云。

二、潜艇数目

（A）一九一四年开战当时数三十八艘，即 U 型一号至三十八号（U1 – U38）。

（B）一九一四年未竣工数六艘，内五艘系 U 型，六十一号至六十五号，即战初征发奥国在德厂克虏伯制造之艇，余一艘系征发诺威在德厂所定制。

（C）一九一四年末、一九一五年初期起工至一九一五年末，竣工数九十一艘。计 U39 至 U65，二十七艘；UB1 至 UB47 ，四十七艘；UC1 至 UC17，十七艘。

（B）［D］一九一五年末、一九一六年初期起工【至】一九一六年，竣工数一百零二艘。计 U66 至 U100（或以上），三十五艘；UC18 至 UC79，六十二艘；U 或 UC 运输用潜艇五艘。

（E）一九一六年末及一九一七年以后起工至目下竣工数一百四十七艘。计 U 型 一百十二艘。内潜水巡洋舰（二五〇〇吨型）八艘（内三只就役，五只明年二月竣工）；大型航洋潜水艇（一五〇〇吨型）二十四艘；同型（八〇〇吨至一〇〇〇吨型）八十艘；他型潜艇如 UB、UC 等 四十艘。

共一百五十二艘，内除建造中五艘，竣工数计一百四十七艘。

综上述各年之合而计之，则封锁用潜艇之主脑 U 型达二百十二艘，UB 及 UC 合计约一百六十六艘，合之运输用潜艇五艘，则现有各项潜艇总数，应得三百八十三艘。观去年九月 U 字二百九十三号被抑留于西班牙港，则 U 型似较上计之数远巨。但德军颠倒数字以惑人，向所恒有，殊未足恃。上述三百八十余艘之预算，准诸制造力及各项情报，纵非精确，应无大误也。

三、潜艇丧失

据英国首相去年末在议会宣言，谓自开战至今，德潜艇之出没于英国近海者，其被击沉或捕获之数，殆占十分之四而强，就中以一九一七年下半期后成功为巨，计一九一七年全年丧失之数，较一九一六年二倍半有奇。又本年初华盛顿所发表，则谓德潜艇每日损失平均数目为一. 二五只，即每月达三十八只之巨。各国舆论对此皆有不确之感，其见诸公布及报端者，除 U15、U18、U8、U12、U29、U27、U14、U51 等八艘外，则为左列各艇：U41、U37、U34、U30、U29（报载同号二艘）、U28、U27、U26、U24、U23、U22、U20、U18、U17、U16、U15、U12、U9、U8（报载同号二艘）、U7、U5、U4、U3、U2、UB8、UB6、UC39、UC5 等二十九艘。

合计上数，共计三十七艘。英政府屡有不愿公布实际号数以告敌之宣言，实则水底战争，或击沉而号数未悉，或疑似参半而附会其说者，亦所恒有。法国潜艇名家若罢甫氏甚主此议，并计算一九一七年初间，德潜艇损失共数不出五十以外，则参酌各项情报，德自开战至今，丧失潜艇只数约为百只左右。

合前项所计潜艇总数与上项损失数相消，则德国现有潜艇应在二百八十至三百艘之间，固可推测而知也。

第三项　潜水艇现用鱼雷

德国海军用鱼雷计分四种。

二十二吋鱼雷。发射距离万码内外，一九一三年后之新战舰及巡洋战舰用之。

二十吋鱼雷。发射距离七千码，一九一二年后之潜水艇、驱逐舰等，类由十八吋改用此种，余战舰亦多用之。

十八吋及十七吋七鱼雷。发射距离二千码以上，原有旧式战舰、巡洋舰及驱逐舰、潜水艇等多用此。

十四吋及十三吋七鱼雷。发射距离二千码，旧式小巡洋舰用之。

潜水艇所用鱼雷，向为二十吋及十八吋二种，自采用潜艇攻击商船之策，可接近发射而无虞，大式鱼雷未免浪费，且因联军商船武装而后，潜艇击敌之机，又纯以鱼雷为主，故特制小型鱼雷以击商船，而以大式者为攻敌国军舰之用。计分两种如次：

二十吋或十八吋鱼雷，一名满装（Full bharge）鱼雷，大型U艇之一部载此，备雷腔内满装火药，炸力极猛，与常品无异，俾于远距离攻敌国军舰及对于商船特别情况时使用。

十四吋鱼雷，一名轻装（Sharte bharge）鱼雷。一般U艇及小型潜艇类多载此，雷内装药，仅及常量之半，俾于近距离如五百码至六百码间，攻敌国商船之用。

鱼雷制造工厂以 Schwartz Kopff Warhs 为主。据最近消息，德有鱼雷缺乏之忧，盖其常服役潜艇需用一千五百门有奇（按，此系依各潜艇搭载鱼雷数，平均计算而得），预备之数称此。去年以来，战局扩大，预备之数更增，而其制造鱼雷速度，转有较逊潜艇之说，满装鱼雷，颇难敷用，故关于攻敌时之使用鱼雷，有种种限制之法，容详后篇。

第四项　潜艇乘员之教育训练

利器可宝，无人则废，潜艇价值之升降，端依使用者为转圜。德自战争以来，基尔等处有极大校址之设备，为乘员教育之资，其实地训练，则以波罗的海之练习潜水艇队为主，老朽舰艇，多供此间射击目标之用。其训练法之最周到者，于练习潜艇进攻之中行种种捕获或击沉潜艇之法，互攻互防，推阐尽至。潜艇战未布之先，已将联军对付潜艇之法研究无遗，训练所归，攻者自操胜算，故实际作战，均确有把握。英国去年上半期损失之巨，实由于此。

第五章　水雷敷设舰艇

德国潜艇为祸之猛，人尽知之，实则水雷攻击，亦与鱼雷之势等。北海、地中海方面，英法军舰之触雷沉没者，为数至巨，去年以来，水雷战大为扩充，除敷设用潜艇及旧式巡洋舰外，多数新造巡舰亦专供此次役务之用。计现有敷设舰艇，可大别为三种。

一、新式巡洋舰

补内猛矢（Bremse）型，六艘，排水量各四千吨，速力三十五节，五吋九炮四门，四吋一炮八门，搭载水雷数至四百八十具。此型应竣工于一九一六年及一九一七年之交，殆专为敷设水雷制者。

耶猛登（Emden）型，五艘以上，排水量各五千四百吨，速力二十八节，五吋九炮十门，二十吋或二十二吋鱼雷发射管二门，搭载水雷各一百二十具，其竣工在一九一六年尾间。旧耶猛登之威名未坠，新耶猛登之横行正长也。

皮罗（Pillau）型，一艘，排水量四千三百五十吨，速力二十七节半，四吋一炮十门，十八吋发射管二门，搭载水雷二百具，竣工于一九一五年末。

芮坚矢罢（Regursbarg）型，二艘，排水量四千九百吨，速力二十七节，五吋一炮二门，四吋一炮八门，鱼雷发射管二门，搭载水雷各一百二十具，竣工于一九一四年中。

二、轻快巡舰及敷设水雷舰

计轻快巡舰为阿可那（Oukona）等六艘，排水量二千六百余吨至二千七百吨，携带水雷自八十具至一百具不等。

原有敷设水雷舰为若替那（Nautilus）型二艘，排水量二千吨，携带水雷各四百具。

三、敷设用潜水艇

UC 型。计小 UC 型（即 UC1 至 UC15）等十五艘，水雷管各六，携带水雷十二具。

大 UC 型。即 UC16 至 UC79 等六十四艘，水雷管各九，携带水雷十八具。

U 型改造敷设艇。中型 U 艇近多改装水雷管，充敷设之用者，其余携带鱼雷数目锐减，向时每发射管二三门者，现只一门，而以其容量改藏水雷，计每艇可带水雷三十六具。

按德国战前充敷设水雷之役者，只前述二千吨型旧舰二艘，战初有轻快巡舰之增设，现则合新制各舰艇以从事于此，而新旧战舰及驱逐舰等，亦多载水雷，故水雷战亦极为猛烈，容详后篇。

后篇　封锁战

第六章　潜水艇封锁战

第一节　德奥潜艇之海岸防御

进攻之前，在能自守。潜艇所以能远行封锁，以其能突破联军之封锁线也。故言潜艇之攻，须先言潜艇之防。夫以弱势海军之德奥，其潜艇防御任务，首在防制敌舰队之炮击海岸，或扬军上陆，并使敌军封锁线不得接近本岸，使本国舰艇有活动之余地。以言炮击，则德国港湾未曾一次被攻，英国轻快巡洋舰队之进窥库库矢哈芬（Baxhaven），特侦察而止。法舰虽有炮击奥国架他若（Battaro）港之举，而成效毫无。至于陆军之进至德奥海岸，更为未有之事。方战前二年，德国识者以抵御强英，曾计议及此，其海岸炮台及飞机、水雷等，固早经设备周密，而远岸之以攻为守，实赖潜艇为主干。本年初间，英政府公布，明言舰队之进窥德港，绝对难能；英海军当局者流，类抱此旨，不恤舆论訾议，亦足示潜艇之防守功效。以言封锁，则开战当时，英舰队亦曾图近逼德岸，行确实压服敌舰之法。然九月二十三日（一九一四年）德以U9号三百二十吨之小艇，使英国各一万二千吨之装甲巡舰“火顾”（Hogue）等三艘，偕其将士一千五百余，刹那间沉入海底，是亦使英国翻然改悟，取［此］目下间接封锁策之由来。自彼以后，德战队转屡次进攻英岸，如同年十二月十六日之役，英海岸之被击者三市，德舰以无事归港。近年以来，季布拿季（Zeebrugge）港之德国驱舰、潜艇，其进攻朵发（Dover）海峡及英国东岸者，几于无夜无之，使英能直接封锁德岸未由有此。即云德之商船，其转运于雪尔替（Scheldt）及耶猛矢（Ems）间者，直至去年七月，甚为舆论非难之的。如同月十六，德商船四艘被捕于和兰近海。去年末季，英海部之宣言，亦有德商船之航行于德港及比利时、和兰间者，其被逮捕或击沉之数大小计二十四艘，足见去年以内，德商船并未绝迹。德军舰、商船之能乘间出入，莫非英国间接封锁之遗算，以潜艇等之攻防猛烈，英亦不得已而为此。至于法军舰之进窥奥港“架他若”者，亦屡受潜艇攻击，迅速脱逃。倘以主舰为牺牲，适中敌军之策，故法意之为间接封锁，亦如英之于德，是皆足证明近海封锁，即所谓有效封锁者实施之难，而潜艇价值于是可见。

第二节　德国潜艇之外海进攻法

第一项　进攻前之布置

一、潜艇役务之规定。潜艇共数约分三部，其一部尝在外海服役，余则在港内修缮休息，就中约半数航行途中，为役务之交代。大型U艇每次服役海上，以三月为期，小型者三四十日不等，中型者约二月。其在港内休息期间，约与其每次服役期等。

二、服役潜艇之配备。潜艇服役性质可别为三种，即封锁敌军，敷设水雷，防御海岸是也。

封锁敌军用潜艇：此项艇种、艇数，更依地点而别。大西洋方面，大型U艇；英国近海，大中型U艇；地方［中］海及亚得利亚海方面，UB型及中小型U艇。

敷设水雷用潜艇：UC型及改造之中型U艇。

防御海岸用潜艇：中小型U艇和UB、UC等型。

三者之中横行海上者，实为封锁用潜艇。其出没各海之数，诸说分歧。按其大致如左：

大西洋方面，十四只，长在海上服役数；英国沿海，二十只，同上；地中海及亚得利亚海方面十五只，同上。

三、潜艇供给之筹备。潜艇远至目的地点，倘食料、物品获就近供给，便利至多。方一九一六年秋季，德向中立数国为临时补充所之规定。去年春间，墨西哥湾方面，屡有德艇根据之报，自玖马加入联军，此虞稍减。比利时海岸之季布拿季港，固对英作战中心，直布罗陀海峡近口，亦有德潜艇根据之处。此外秘密补充所之多，固在意计。地中海东部港叉纷企［歧］，其潜伏处所亦见于亚得利亚海外。近来艇型增大，其携带兵器、物品足用三月有奇，潜艇母舰亦足为补充之助，其活动于近海，如北海及亚得利亚海上者，归港尤易，更无容计虞及此也。

第二项　进攻时之状态

一、目的地点之进航。潜艇自本港出发后，因避监视敌舰并图节省电力，每于夜间航行水上，昼间或进航，或休息，露艇身于海面者甚少。其由德港至大西洋及爱尔兰海方面者，类利用中立国丹麦、诺威等领海沿岸北进，俟出英军北口封锁线后，亦变针西向，至苏格兰之北端，更西南行至目的地，其取道英吉利海峡之径路者甚少，盖道狭防严，危险较巨也。

二、攻敌前后之动作。潜艇既至目的地后，各监视其预定区域，且依各种通信搜索敌船行踪及其配置情形。迨见商船、军舰等之烟影或樯杆于水平线上，则立时潜入水中，免被发觉，一面向敌速进，至射击距离，即开始攻击。其对于军舰，则以满装鱼雷发射于较远之处。对商船则反之，方商船未经武装之时，潜艇由水面直至其旁，命其乘员退船，以炸弹或炮弹轰沉（按，前月余德潜艇突至美岸，连沉美国无防御之商船十四艘，尚用此法）。迨去年下半期后，各商船类载有三吋以上之快炮，并机关炮、炸弹等，潜艇乃须于水面下以鱼雷攻击，惟通常逼近至五六百码，发射其十四吋之轻装鱼雷。方其瞄准射击时，只现三吋余之潜望镜管于水面，瞬息后即行隐匿（两年前尝露出水面二三呎），镜管之大不逾四吋，即在五百码中，发见綦难，故商船每有被沉而不自知者。去年下半期后，商船夜间之被沉者尤多，英首相曾因此力戒商船严灭灯火，实则补救甚少。若商船或运船由小军舰护送时，每先击军舰，各大战舰以小军舰护卫，则更先击战舰。争胜负于俄顷，其操纵之敏锐精确，多堪惊讶者。

三、被敌发见后之动作。值商船被潜艇击沉，联军各国每依其遭难地点，立派驱逐舰或飞机等进攻。潜艇见攻者之来，则立即潜入水中，不与交锋，或径至海底，或航至他处。其休息海底可逾四十八时，追击者万难允［永］远守望，迨伺攻者既去，则彼更出现。

第三节　潜艇战

德军自一九一六年后，以强英海军压迫，锐志为潜艇战之预备，英则仍事战舰及大型浅水炮舰并驱逐舰、潜艇等之建造，于对付潜艇法素未讲求，商船亦未经设防。故德自去年二月宣布潜艇封锁，同年上半期六阅月间，联军商船被沉总额将近五百万吨。迨受创既巨，始为防御潜艇发明术之征集，经数月研究实验，至去年八月，始渐具规模。分记对付潜艇新说，及联军实用各法如左：

第一项　抵御潜艇建议案

一、利用鱼雷、水上飞行机及驱逐舰、潜水艇等，逼近敌港，与水雷敷设场相辅，敌艇自港中逃出，悉与击沉，庶区域小而监视易，可收清源之效。

二、除以铁网横断英吉利海峡外，北海之北口、诺威、苏格兰间三百浬之海面，亦可以铁网封锁。值兹技术发达，此种巨网，应非难制。

三、急造数千或无量数之驱逐舰，搜击大西洋、北海、地中海等潜艇出没之地。

四、制极大数之特型武装汽艇，警戒各海要道并敌国近海。

五、以两船牵布铁网，直当要道之口，与捕鱼无异，网上装备棉火药，连以电池、电缆等，敌艇触击，则立时爆发。

六、以两驱逐舰并曳锚锁，平行要道，直与捞锚法无异，冀挂柱［住］水下潜艇之体或潜望镜等，将之提至海面，乃行击沉。

七、利用驱逐舰或他船之速力，发见潜艇之潜望镜管，即直冲其上以撞沉之。

八、制造小型水雷或深水炸弹等，于发见敌艇潜望镜时，投入水中，则该炸弹等至预计所在之深度，依水压力或击系绳之牵引力等爆发，倘能命中，则潜艇自被击沉。

九、装置铁杆于驱逐舰上，以小鱼雷保持于杆之外端，其杆甚长，发见潜望镜时，以此直向水下敌艇，依时限信管或电气等装置，使之爆沉。

十、以驱逐舰曳引水雷，航行至潜艇隐伏之处，预测雷与敌近，则依电气发火。

十一、飞机发见潜艇甚易，以此巡视要地，迨见潜望镜时，则投掷炸弹或发炮轰击。

十二、以绳系一触发水雷，直垂于飞机之下，飞机得见潜艇，则以此击沉。

综计各议，如二三两项，仅属理想；九项以下，收效甚难；六项之说，且有最大危险，徒束缚本舰，供敌艇进攻之的；余法或曾经试行，或继续采用，总之俱非根本至计。试更记实行各法于后。

第二项　潜艇战攻防之伎俩

方德军实行潜艇攻击之前，曾先究抵制潜艇之术，或布铁网于要道，为种种捕获轰沉之装置；或用多数快速武装汽船，严密搜巡于海面；或附特别冲角于驱逐舰首，供撞沉潜艇之具。举各法与潜艇演习战斗，求得攻击最后之胜利，故实际作战，其锋难当。英之海上被攻目标居联军主位，其忽视此种防御，曾详前项。去年下半期后，以英、法、美、意之合力，海上之经验，积极、消极两面，渐有把握。兹述其攻防伎俩，借窥潜艇战之真相。

一、敷设大水雷区域于要道。英之敷设水雷区域，如朵发

(Dover) 海峡、爱尔兰海 (Irish Sea) 北口及德国沿岸，并其南北和兰、丹麦近海，占北海之东半（区域图志详第一篇）。据近日英首相宣言，谓此项区域扩大，诺威、苏格兰间之海面，亦悉行敷设，法意之对奥土亦然。其敷设场之外线（就在敌国近海者言），或敷设场间之要道（紧要交通处常于敷设场中晋［留］一安全航道），以舰艇守望，无令敌舰艇自该本国港湾逃出，即使漏网，亦可阻其侵入要地。

缺点：（一）水雷敷设，宜保持相当深度，此易行于海峡及较浅之处，大海水深，难期适当；（二）敷设线长，哨艇有限，守望未易周到；（三）潜艇能航行水雷下，遇雷缆可避其冲触，且以夜间行于海面，吃水既浅，更可无虞；（四）敌军扫海探海，备极灵妙，要道水雷，每被除清，且其敷设迅速，有英军沉置赫利果兰妥岛（德海军前哨根据）方面之水雷，转瞬见于玖替兰妥（英舰艇常游弋处）附近者，亦可谓防不胜防。

二、以轻快军舰游击各海，并配置多数武装快船警戒要道，一般当局及有识者流类主此议。去年四月（即潜艇最猛时），英前舰队总司令官结利可 (Jellicoe) 氏，对美国希望之谈，以是为唯一办法，目下联军实行各术，此亦为主要之一。英自战后征集其本国及属领之捕鱼汽船，并增造巨额，现数至四千余船，法意之合数一千，美亦极力补充。其警戒法分为数种：（一）运送频繁之区，规定特别航路，以此沿途扼守；（二）巡逻各海口要道，并哨戒敷设水雷区域，如前项所述；（三）进逼敌艇根据，阻其出航。

缺点：（一）按赫利果兰朵居德海咽喉，为敌艇第一根据，其周围一百五十浬内，皆属滩水 (Shoal water)，潜艇昼间可坐于海底，夜间至水面进航，英艇终日守望，类属空费。（二）大西洋面广阔，搜索之难无待烦解。即云北海方面，北海面积十四万方浬，英国北海东岸延长五百六十六浬，敌岸和兰、丹麦间海线延长三百浬，北海北口、诺威、苏格兰间海面三百浬。试转观警戒潜艇之能力，轻巡洋舰队及附属驱逐舰队夜间视界五方浬，一警戒艇夜间发见潜艇视线二百码内。两者相较，则十四万方浬之区域需警戒五方浬之舰队若干，一万一百余浬之海线，需二百码视线之警戒艇又若干。以是为例，英之轻快军舰数百，及武装快船四千余艘，不啻沧海一粟，况其大部尚须服役于他海，谓巡守确实，势有难能。（三）德国操纵潜艇之规定，利用其水下隐蔽特性，达于极点。即在夏季，白昼二十时间以内，只得显出潜望镜头，非不得已不得浮出海面。往时潜艇遇敌军武装快船等类，迅速潜入水中，现其艇型增大，备三吋以上至六吋之炮者甚多，势力远过于武装快船，且为新式驱逐舰之劲敌，则纵使不避而战，胜负亦有难知。（四）或谓潜艇善用其隐蔽性固矣，但其服役稍久，蓄电不足，当补充电池时，难免出浮水面，最少亦须四时之久，则驱逐舰等可闻声进击。但德军规定，有所谓权衡状态（Brancing）者，潜艇尝伸长其潜望镜管，现少许于水面，而以最小限度之电力，维持其固有位置，免致消费，故蓄电可维持甚久，即有充电之必要，每行于中立国水面。据最近西班牙及美国报载，且有直用油机航行水下之说，以德之科学发明，亦难遽与否决也。

三、防御潜艇网之敷布。此亦联军采用最广之术。网之作用，以展布于紧要水道，防止潜艇阑入为主。其制造展布之法，英、法、意皆稍有出入，其大体近似。网以细软网丝制成，网孔纵横各二密达，其长度自依敷设地区而异。宽度（即展布水中之深度）约别为三种，宽二十五密达者，港口多用之；宽三十密达者，港口及较浅之水道多用之；宽五十四密达者，海峡及水道多用之。网之上下两端，以铁锁贯系，上端铁锁系于固定间隔之浮标，下端则以锚固定海底（有于港口固定木杆，以网支持其上者）。每网宽一百码间，系两小型水雷。水雷之发火装置亦依其上部引绳，可爆发于数种深度。潜艇入网，则水雷随网围于艇身，雷绳伸张至规定深度，则水雷炸发，而潜艇亦沉。现时联军之军港、商港并紧要海峡水道等，莫不设布此网，多者三重，少者一二重。英、法、意舰队根据口门，莫不恃此为障壁。英法海峡之铁网，固致用最巨者。

此外尚有与此近似之法，即前防御潜艇议案之第五说，系铁网于两船间，横布于紧要水道，潜艇触网时，更有发火装置示其位置，以便进击，要领与前略同。

缺点：（一）德国潜艇艇首有钢铁钣剪网器之装置，艇首触网，则依电动齿轮作用，将其两侧各剪开十八呎，则三十六呎之孔，潜艇得安全通过。又有自樯杆及潜望镜等，以铁锁牵至艇之首尾，为卷网之装置，铁网之效力大减。（二）艇体之强度远增，能抵抗深水压力。目下入水最大深度为二百呎，闻其新制各艇，有能沉至三四百呎之说。铁网深度最多者，只一百七十余呎，则潜艇自网下通过，固甚易易。

四、驱逐舰撞沉法。此为英国对付潜艇最早之法，世论多认为有效者。英初采用此法时，置坚结物如洋灰等呎许于驱逐舰底，俾见敌艇潜望镜时，以驱舰之最大速力，直冲其上而压沉之。

缺点：（一）英军初行此法颇效。德乃仿制多数潜望镜杆，装置于机械水雷顶部，略现上端于水面。英舰仍以为潜艇，进撞，反自被轰沈。如是者约二三次，此法遂未便轻易使用。（二）近来德艇潜望镜管延长至十密达，驱逐舰吃水深度，只三密达左右，即使冲过其上，亦未能触其艇身。

五、深水炸弹（Depth bharge）攻击法。此项深水炸弹，联军轻快舰队及警戒快艇与商船等莫不搭载，弹置舰边，见潜望镜时，即行投入，期于相当深度爆沉敌艇。弹作圆柱形，大小计分三种：装药自二十启罗“固那猛”，至一百四十不等。发火法有三，一为绳之引发，一为水压装置，皆可依预计潜艇深度而定，余为触击潜艇时发火之法。据目下舰中设备状况，炮与鱼雷而外，此亦呈最要兵器之观。

缺点：炸弹在水底炸发，即使不中，其水压力亦可波及附近，为潜艇之害。但潜艇只露微管，即昼间在五百码内，且难明晰，况其潜入极速，迨接近投弹，已不知其处所安在，故亦未可深恃。

六、新式炮弹攻击法。攻击潜艇仍以炮为主脑，此项炮弹制造原理，亦与深水炸弹无异，弹头制新式信管，可使弹爆发于预定深度，或由水面若干呎下，潜艇艇壳甚薄，倘被弹击，自无存理。

七、驱逐舰拖带水雷法。此法与前项建议案之九、十两法近似，少数驱逐舰用之。其缺点所在，如敌艇位置之不确，雷在水中之起伏，即使超过潜艇之上，其炸毁之效力仍少。

缺点：据实战经验，潜艇目标之显出者，只少许之潜望镜管，纵能迅速发射，其击断潜望镜管者则有之，而致害艇体亦难。

八、受音器之采用与潜水艇攻击潜艇法。近来联军潜艇均装置受音器于艇首，布置于敌艇出没之区，露潜望镜于水面以窥其动静。敌艇前进，则其推进之音响，可由受音器而辨其方向，乃进而投击。此法全为两造之水底之对敌战争，彼此沉降深度，因潜望镜延长，更未易推测，操纵发射颇难。胜负所归，端在伎俩如何耳。

九、飞行机之搜击潜艇法。联军各国沿海，水上飞行栈林立，自空中观察潜艇，视界既阔，瞭望甚明，每舰船未能发见者，而飞机能见。其在潜艇之直上时，视其潜望管之进痕尤晰，故飞行机可谓搜索潜艇之唯一武器。惟其速力过大，瞄准尤难，其以炸弹或快炮击沉潜艇者，向所罕闻。据名家之谈，长百密达、宽二十五密达之长方标的，自空中投掷炸弹，每难命中，潜艇之长宽仅六十余密达及六密达而止，其平面仅四百平方密达，与二千五百平方密达之标的相较，不及六分之一。且潜艇素无与飞机对战之事，每见即速行潜入，隐其体于水面三十呎下。飞机之炸弹，触水爆发，即使正中其所在地点，亦与彼无伤。况以北海之水性，大西洋之荒涛，即发见亦有难确切之时乎。

十、商船武装。潜艇战初布之时，联军商船暴露于敌，损失甚巨。去年末期，英国商船之载炮者三千艘，船中乘员皆入特设各校，研究危险界中之驾驶、警戒及攻防等术。美自去年二月二十二，即其宣战前月余，威总统已向议会为商船武装之宣言。法意之政策亦然。其成绩所在：（一）商船皆自为防卫、减轻军舰之负担。（二）商船乘员既经训练，关于避敌时操纵之术，遇敌时隐蔽之方，或直与决战等，颇足自卫。（三）潜艇有被击之虞，则未能如往时之径至水面，以炮弹射击，须隐入水中，发射鱼雷，大艇所载雷数至多不逾十八，小者只数门，雷毕即宜归港补充，既增敌艇途中之危险，海面扰乱程度，自亦略为减轻。

缺点：潜艇多以夜间进攻，商船每被害而不觉。即在白昼，纵能幸脱虎口，亦难加害于敌。加以水雷射距随时变迁，商船之小口径炮未能致远，尤非新式潜艇六吋大炮之敌。至于运用巧拙，更无待言。

十一、商船警卫制度。潜艇避军舰攻击商船，为近年潜艇战之要旨，以军舰而护送商船，应为自卫击敌之良策。去年来，联军盛用此制，凡主要军港、商港、运船出入之区，皆特设警卫长董其事。该长据各项情报，预定各船到港、出发日期，并警艇途中特别训令。警艇多少，依商船载货紧要程度与船数多少为断。船数六艘以下，警艇类为一二只；十艘以上，则以四只为小限。载货以军火最要，食品、油类、钢铁次之，他物又次之。卫艇种类为驱逐舰、水雷艇、武装快船等，飞机、飞艇亦时充近海要道警卫之役。途中航行必以曲线前进，所谓之字形（Zigzag）者是。警艇尝分居商船队之左右前后，以其大速力绕视航途左近，遇敌艇则警艇进攻，商船则利用发烟等器，乘间脱逃。武装快艇能力较薄者，充商船掩护救助之役，商船无彼此救助之事。近因系球之观测力强，警卫队亦经采用。兹例示商船十艘以上警卫队编制之大凡如左：

商船警卫队编制大要图（见附图2）

先锋舰在旗舰之前当三四浬，商船彼此距离约五百码。全队进航方向、速力及队形等，皆由旗舰指示。系球视界广阔，潜艇未接近射距之前，可早见而预为之所，队形因船数及临时情势而变。此特组织之大凡。自此制定后，成绩颇佳。据英海相宣言，大西洋上出航船舶，其经派艇警卫者十分之九，而被卫商船之被难者，只二百分之一云云。德海相虽冷评其议，谓为不尽情实，然警卫艇队之价值，于此亦可见一班。

缺点：（一）目标愈大，则攻击愈易。盖以德军侦探敏锐，每为乘间奇袭之举。去年十月十七日北海之役，由诺威至英之商船十二艘，由驱逐舰二艘及武装快船三艘护送，遇德国巡洋舰二艘之攻击，只商船三艘（德国主张则谓皆被击沉）及快船一艘得脱。被难在雪替兰妥岛（Shetland）及诺威之间，为英国封锁严重之地，德舰无事得脱，国人大哗。夫警卫艇队万难以如许有力军舰充役。如此可知成算之难。（二）警卫队之编制倘如前图，则潜艇发射之鱼雷，每失于左船者，或可中之于右。地中海、北海各处军舰战队受潜艇之齐［奇］袭者，亦所屡见，谓此制为全策，断有未能。盖以潜艇活动于夜间，汽球及警艇之能力锐减。

十二、闭塞敌港之法。英海军年来纯取守势，为舆论攻击之的，乃有主张闭塞德国潜艇根据、为正本清源计者。本年四月二十二夜，乃有闭锁季布拿季（Zeebrugge）港，同五月九号，又有闭锁阿矢拿朵（Ostand）港之举。以浅水炮舰及轻快艇队并封锁用船等，利用暗夜及种种隐蔽之术，期以一面闭塞敌艇出路，并以陆战队毁其内部。虽未能奏厥全效，其成就颇多。如此勇决行为，固无可非难之地，惜其他该本国重要根据，未能如斯处理也。

综上各端，目下实乏绝对制服潜艇之术，惟轻快艇队之众多，水雷区域之广阔，以战以守，确为潜艇之障碍。击艇须于水面时，尤以其潜入潜出时为良机，巡守较周，收效自广。此各国当局，咸有轻快舰队，及武装快船不足之感也。

第七章　水雷封锁战

依海牙会议规定，水雷敷设之地点、性质，皆有特别限制。此次战争，则无何项局促之可言。联军军舰之触雷沉没者，不亚于潜艇之攻击。去年以来，范围益广，其以多数新式巡洋舰队与潜艇从事于此，曾详前篇。水雷本海军三重要兵器之一，此次德人更应用尽致，因述其概况如左：

第一节　德军之敷设水雷法

第一项　敷设地区

德以水雷封锁联军，遍布各国海面，计其要者如左：

一、北海及爱尔兰海方面。英国东岸及其紧要港口；英吉利海峡；南爱尔兰海。

二、大西洋方面。法国濒大西洋各军港、商港。

三、地中海方面。意大利沿岸紧要各港；马耳他（Malta）岛附近；萨若利架（Saloniki）附近。

第二项　敷设法

远海敷设，多由巡洋舰等，其法与前无异。兹述潜艇敷设法如次：

一、敷设地点之撰［选］择。潜艇（即UC及改造之U型，详前篇）敷设水雷之地域甚多，尤以海峡、海岸及港口等处为主。其敷设于海岸者，类取敌军运送船队所尝行之路，其横断海峡之敷设线，尝作斜形，且以猛烈水雷沉置峡之入口，以至其附近要港。至于要港口门，则多敷设二重以上者。其敷设时间，恒以暗夜。

二、敷设前后之状况。水雷藏于潜艇两侧外壳各库中，其底洞穿，水雷仅依该库四角之支片维持。艇至目的地点时，由艇之操纵室内按电钥，则支片自开，水雷以其重量沉入海中。彼时系水雷之铁缆解放，缆端重锤沉于海底，水雷上浮至预定水深处。水压弇以力学作用关闭，系缆停放，则雷乃静止。计其通常在水面下深度为十二呎。

第三项　一般水雷战

一、德国新式战舰及巡洋战舰等，现皆携带水雷，自二十至三十不等，其他战舰、巡舰亦然，驱逐舰亦有带十余具者，舰尾有敷设水雷装置，为遇劲敌时且战且走之助。

二、敷设水雷，除特定船外，如一九一四年腊月德巡洋舰队进袭英岸，不惟炮击各港并投多数水雷，英之从事扫除至费两周之久。

三、德军作战，有系水雷于绳上，曳于舰侧，俾流近敌舰则行爆沉，但此项功效甚少。

四、水雷上安置伪形潜望镜事，前章已详。此项思虑新奇，间接补助潜艇者匪浅。

第二节　联军之破坏水雷法

第一项　发见法

水雷之发见，不外自空中及海面两法，尤以自空中者为主。近来采用系球，以之系于警戒舰艇，巡视要道，其由此发见之敷设场已逾百数。陆海军用飞机及飞艇，亦时搜索水雷于沿海要地，且每护送警卫舰队，飞行其前，如发见水雷区域，则警告艇队以避之。

自海面发见，较空中为难，惟警戒人员类［累］积此项经验，水雷震动之形迹，低潮时之浪痕等，尝资察觉之助。

第二项　扫海法

发现水雷区域时，由各当局转知各联军国海军参谋机关，标志新旧各水雷区域于海图，分发于航海船舶为临时处置，随即从事扫海。但此项作业困难危险，在海峡方面，地域局限，选点亦多，风雾潮流，影响尚少，远海则漠无涯涘，欲求精确，恒多徒劳。每当风烈浪高，扫海船陷入凹处，辄触雷而遭不测，且捞住雷缆爆沉，亦非易事。此项扫海船舶，类自平时渔船征发，略事武装，而扫海【者】亦即往昔渔夫，其辛苦之点，较他役务尤甚。

此外，如进至敌军之水雷防区，为通路之扫除或堵塞其防区要道，为水雷之敷设，其性质更转防为攻，水雷战之复杂以此。

第八章　封锁战之归束

潜艇攻防状况，呈未有奇观，然联军海上运输，仍未落危殆之局，则德人努力之成绩，联军支持之要道，固尽人所欲知也。纪商船之变迁如次：

第一节　战前商船状况

战前世界商船数目表

国别	汽船只数	总吨数
英及殖民地	10009	19849167
德	2019	4743046

续表

国别	汽船只数	总吨数
美	1871	4302294
诺威	1597	1870793
法	987	1793310
日本	1037	1500014
和兰	662	1286742
意	591	1274127
奥	419	1010347
瑞典	1043	943926
西班牙	547	826261
俄	716	790075
丹麦	552	711094
希腊	365	705897
巴西	402	313416
比利时	164	296196
亚尔然丁	236	180576
土耳其	135	111848
智利	95	108491
葡萄牙	20	92636
中国	66	86690
罗马利亚	32	45123

第二节　战后商船状况

一　英及联军中立国商船损失状况表

年别	季别	英及中立国损失		
		英国	他国	损失吨数（以船舶总吨数计）战后损失共吨数
1914	8、9月中	314000	85947	399947
	冬期	154728	126688	281416
1915	春期	215905	104542	320447
	夏期	223676	156743	380419
	秋期	356659	172822	529481
	冬期	307139	187234	494373
1916	春期	325237	198958	524195
	夏期	270690	251599	522289
	秋期	284358	307681	592039
	冬期	617563	541780	1059343
1917	春期	911840	707533	1619373
	夏期	1361870	875064	2236934
	秋期	952938	541535	1494473
	冬期	782889	489954	1272843
1918	春期	367296		367296
总计		7446788	4748080	12194868

二　英及联军中立国商船制造状况表

年别	季别	英及各国损失数	制造吨数（总吨数计算）	
1914	8、9月	253290	337310	1012920
	冬期	422320		
1915	春期	266267	551081	1202000
	夏期	146870		
	秋期	145070		
	冬期	92712		

续表

年别	季别	英及各国损失数	制造吨数（总吨数计算）	
1916	春期	95566	1146448	1688000
	夏期	107693		
	秋期	124961		
	冬期	213332		
1917	春期	246239	282200	528439
	夏期	249331	377109	626440
	秋期	248283	368170	616435
	冬期	419621	512402	932023
1918	春期	320280		320280
共数		3351835	3574720	6926555

三　英及联军捕获敌军商船吨数表

年别	季别	捕获数及国别		捕获吨数（以船舶总吨数计算）
		英	联军各国	
1914	8、9月	725500	453000	1178500
	冬期	28000	5000	33000
1915	春期	5000	1000	6000
	夏期	500	500	1000
	秋期	3500	6000	9500
	冬期	2500		2500
1916	春期		241000	241000
	夏期	3500	8000	11500
	秋期	0	47500	47500
	冬期	0	0	0
1917	春期	0	0	0
	夏期	7000	702500	709500
	秋期	4500	266500	271000
	冬期	0	78000	78000
共数		780000	1809000	2589000

依上记三表，可比较而得其结果如左：

四、战后船舶得失比较表

国别/得失比较	损失吨数	增加吨数			损失超过吨数
		新造吨数	捕获吨数	共数	
英	7446788	3351835	780000	4131835	
联军及中立国	4748080	3574720	1809000	4383720	
合计	12194868	6926555	2589000	9515555	2679313

观上表，则潜艇击沉吨数虽达一千二百余万，赖制造补充力大，损失超过仅二百六十七万九千吨有奇。但此系根据英海部公表。本年四月十七，德海军部长力驳英国布告之失实，其要点所在：（一）战前十年中，世界平均造船额每年二百二十万吨。因商船新陈代谢，逐年自然耗损者八十万吨，每年所得新增吨数，实只一百四十万吨。此为世界造船力之标准，即德奥诸国亦含其中。（二）战后职工短少，物质缺乏，且减去德奥之造船力，每年制造吨数断无逾此标准之理。（三）英国造船，占联军及中立国之大部，就其当局所主张，前谓每年二百万吨，现云每年只一百十六万吨。果尔，则每日平均约十万吨。而潜艇每日击沉之数为六十万吨，是其损失亦倍于新造。即将其每月制造力以十五万吨计之，而减少潜艇击沉数为每月四百五十万吨，则损失数当三倍于新增云云。其语亦非无因。惟美国自本年以来，造船力锐进，德海相未曾计及。英自去年统一造船各事，速度实较前有加，合各部以相消，前表纵非精确，应无大谬。联军对于潜艇战所以能支持之故，于此亦可了然矣。

结　论

夫潜艇为战舰附属品也，现占独演舞台，其变相一。以军舰而肆击商船，其变相二。潜艇本弱国消极武器，德以强国而用之，以制海上王之英，其变相三。绞世界之脑，合列强之力，海军之大，三倍于德，任此小艇猖狂而莫如何，其变相四。然则潜艇果万能欤？曰非也。其物非灵，其人惟灵，世界之有潜艇者何限，而成效迥殊。执一例以为则，非至计也。况乎潜艇有破坏海权之功，无常握海权之力，两败俱伤，己与人同，则求海上之绝对自由，潜艇固未可专恃，然亦雄矣。

欧洲观战员海军中校沈鸿烈编

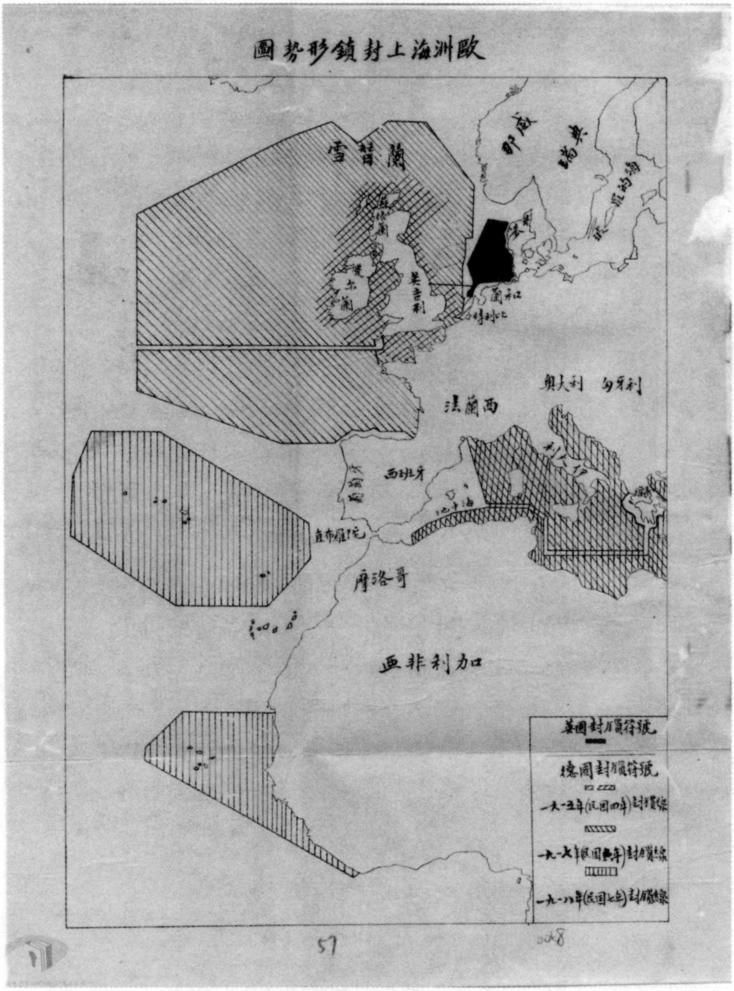

附图 1　欧洲海上封锁形势图

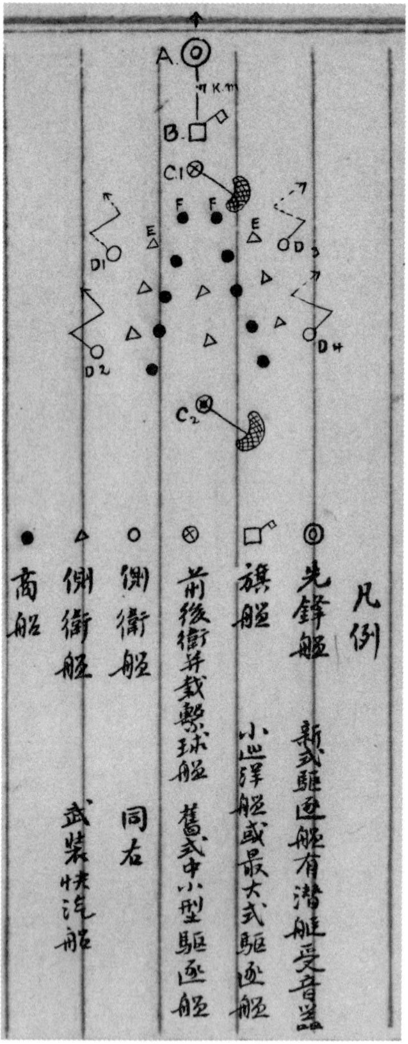

附图 2 商船警卫队编制大要图

旅行长安日记

朱希祖 著　谭贞寅 整理

说明：朱希祖（1879—1944），字逷先，浙江海盐人。历史学家、语言学家、藏书家。曾执教于浙江两级师范学堂、嘉兴府中学。历任北京大学中文系主任、史学系主任，中央大学史学系主任，清华大学、辅仁大学教授等职。五四时期为《新青年》和《晨报》副刊经常撰稿人，曾与茅盾、郑振铎、叶圣陶等发起成立文学研究会。著有《中国史学通论》等。

朱希祖1923年日记稿本，主要包括旅行长安日记、旅行武汉时记录王星拱《环境改造之理论》三讲两部分。旅行长安日记始于民国十二年（1923）六月八日（日记误书为五月），讫于同年八月十六日，系作者自接到陕西督军刘镇华邀请赴陕至离开全过程的记录。内容涵盖一路所见风土人情、与陕西政学两界之接触、学术演讲、游历名胜等经历，间亦点评陕西学风、政治举措及北洋时局。当中披露朱希祖曾与傅铜共同草拟《国立西北大学章程》，以及参与该校选址事宜，为学界所未知。

日记书于商务印书馆特制算学练习簿上，题为《旅行长安日记》，正文部分计42页，另旅费记录5页，他人书费

整理者：谭贞寅，中国美术学院艺术人文学院博士研究生、西泠印社出版社编辑。

用记录1页。日记无朱希祖本款，但字体系朱氏典型书风，所记活动和演讲内容与张鹏一《在山草堂日记》等所载相合，据考证确系朱氏日记，并得到家属确认。现征得藏家同意，整理刊布。

十二年

五［六］月十八日　北京大学英文系毕业生张之纲（字勉斋，陕西人）来请至陕西讲演。

二十一日　陕西督军驻京代表郭光麟（字伯勇［庸］，河南陕县人）、众议员河南王敬芳（字抟沙，河南巩县人）代表陕西省长刘镇华设席中央公园，宴请讲演员傅铜（字佩青，河南兰封人）、徐炳昶（字旭生，河南泌源，原唐县人）、王星拱（字抚五，安徽人）、吴法鼎（字新吾，河南信阳人）、陈大齐（字百年，浙江人）、柯乐克（美国人）及其夫人。余亦预列。尚有屠孝实（字正叔，江苏人）未到。

二十三日　张勉斋携来刘督军赠品四种：一、陕西省长公署新出土之颜鲁公书《颜勤礼碑》；二、陕西各项要政单行法规；三、陕西教育行政会议汇编；四、陕西举办各项实业章则。

二十五日　十时，偕陈、吴、徐、傅、王、柯诸生及张勉斋乘京汉汽车起程，过长辛店、琉璃河，诸传为直皖、直奉战争战场之一部。段、张皆思以武力统一，而吴继之，不变其主旨，以暴易暴，无怪人詈之以私斗也。下午二时过保定时，黎元洪新为曹锟逼走。曹锟驻保定。冯玉祥为陆军检阅使，驻北京，迫黎走。王承斌为直隶省长，驻天津，劫黎之总统印。黎本傀儡，均受小人播弄，其人格亦无足取，故国人不为之惜。惟劫夺相寻，置总统如弈棋，弃置随意。徐世昌、黎元洪皆为非法总统，皆非法迫走，曹欲继之，亦恐一蟹不如一蟹耳。夜五时抵郑州。

二十六日　六时至郑州城外旅馆沐浴。早餐尝黄河鲤鱼。傅佩青之兄铭（字仲新，河南省议员）及其友牛葆忻（字武卿，河南沘源人，寄居郑州）、陈树棠（字芾村，河南开封人）皆来会。牛君言民国元、二年时，偶在郑州车传购地二十余亩，计每亩价银二十余元，今已涨至每亩银二千数百元。察［查］郑州为陇海、京汉二铁路中心交互点，将来工商业必非常发达。今陇海西路仅通车至观音堂，将来至兰州，或延长至新疆时，则西北物产必以此为委输地，则地价必再加增无疑矣。九时乘陇海铁路车西行，陈芾村君偕行。至陕西，过荥阳、汜水、虎牢、成皋诸名地。十二时过洛阳。下午五时抵观音堂。自荥阳以西皆为黄土层，陂陀起伏，自成陵谷，北邙山蜿蜒于洛北，亦一邱陇耳。洛涧诸亦不过一衣带水，山不高峻，水不深广，徒以地属中枢，故周、汉、魏、晋、后魏都此。后人凭吊，留连不已。高坟岧峣，似皆为骨董商发掘。年来后魏碑志出土甚多，中外人士不惜巨金购买，盖有以奖励之也。惜不为学术的发掘，致古物、古器半不知其出土所在。骨董商所深喜，考古学家所深恶也。洛阳以西至渑池等处，方有石层山谷。河南西部诸山，其民尚有穴居者，自荥阳以西，触目皆是。闻河南友人言，穴中冬暖夏凉，以故贫民固爱居，即富者亦每构一二处以为别庄，非全属野蛮未进化之故。此次康有为赴洛阳，深讶居民未脱穴居陋习，以为失望，亦未尝深察云。案某友之言固亦有理，然居民因陋就简，恃天然而不恃人力，则亦为进化之一阻力矣。六时，住观音堂大旅馆，屋舍浅隘，秽气熏人。对宇有大金堂，亦一旅馆。吾国好大之心、作伪之习到处流露，试一旅行各地，则各处有大学校，有大旅馆，蒙马以虎皮以迎合人心理，不务其实，而务其名，此亦吾国之最大缺点也。

二十七日　仍住观音堂大旅馆，因同行人多，驴车等不能备齐，故不能成行。傍晚，陕西督军署一等副官、驻观音堂办事马思骏（字金台）设席践行。陈君芾村言，观音堂以北，抵黄河南岸，其间有一大区俨成一国，外人所不能入，因一入其内，无处购买食物，故几断绝交通。中有土豪张姓者俨然为此区之皇帝，人皆服从其号令。区内穷苦之人至无以为生时，则求张姓接济。张则作一信，令其持至富人家借粮若干，言若不借给，则日后彼穷苦之人来强劫时不能保护。苟肯借给，则将来遇有劫盗，彼可赔偿。故富者愿为之供资粮，而贫者亦愿为之出死力。贫者不以此正道而行、有为盗贼者，则张姓处之以死刑。其法，即嘱境内之人将此盗贼捕得，用麻布袋盛缚，掷于黄河。其地富于煤矿，用土法采之极易得。富者役使贫人开采。其分配法，资本家得其半，劳力者得其半。现在此地煤价，铜元六枚可购一筐。有人愿包办此区煤矿者，张姓允之，惟须每筐纳铜元二枚，以供彼地公用，则值三税一也。案河南为中国腹地，而有此化外之区。然其土豪颇能保境安民，调剂贫富。富者不罹盗贼之厄，贫者亦免冻馁之忧，资本家对于劳动者分配亦颇平均，亦且自由，吾国政府对此有愧多矣。

二十八日　午前五时早餐。六时半起程，马副官派护兵十名送至潼关，因此间多盗也。同行者别有学生五人。共雇驴车七乘，每车两驴。驾窝子四驾，其制如小船形，当船腹处以绳相络，便装行李，以被褥覆其上即可坐卧，前后各驾一驴，如北京之驴轿然，惟易轿为窝子耳。此种交通器具实最简陋，左右用两木，如轿杠，上覆芦席，如小船，而前无遮蔽风雨日光之具，盖不须木匠，土人皆能为之。宜其设备不完，坐卧处全藉行李，亦不能平，颠簸之时，肠胃为之震荡，然较之驴车稍胜一筹，而尚能保存不废者，因可免撞头耳。八时顷，抵硖石。据护兵述土人言，前两小时此处行人被盗劫，失去货物及银弊［币］约共银八百元云。硖石为崤陵北路，崎岖险阻，最为难行，忽在山巅，忽在谷底，岭腰岩腹曲折环绕。山无树石，偶有榆柳桑槐，绝无松柏。土质细而黏，硖石以东色红，其西稍黑。到处两崖壁立，其直如削，中成一衖，车行其间，往往不能方轨。或一面壁削，上有穴居，远望如城郭。十二时抵张茅镇，住客店，食午饭。其店污秽，更不如观音堂。午后四时半抵磁钟镇。此处离陕州三十里，以多盗，即住宿。是日行六十五里。此镇客店污秽如张茅镇，惟房屋稍高，而饮食则更不及前，索大、小米，亦不可得矣。此日天气甚热，而夜则有雨，甚寒，同行者有罹疾矣。

二十九日　雨。午刻才行。途中细雨凉风，身坐驾窝子中，前无遮蔽，寒苦殊甚，衣被半为水湿。四时抵陕州城外，涧水如带。石卵累累，绵延二三里，山腹水涯，弥望皆是。大者如砥，小者如奉［拳］，而无甚小者。五彩斑驳，深可玩赏。有纯色者，有青色而红花斑者，有绿色而白花斑者，有赭色而绿花斑者。其纯色者如猪肝，如白石，如水晶，经雨之后，采［彩］色更觉鲜明。惜不能拾取数十种，为之以色以斑分类而著为一谱也。五时半抵桥头沟，其客店即清慈禧太后及德宗于庚子蒙尘时所驻行馆，土墙、板门形制甚陋，然廊庑、照墙亦粗备云。

三十日　雨霁。因傅佩青病，八时半起程，二时抵灵宝县午餐。四时半起程，五时抵函谷关，九时抵达紫营住宿。

七月一日　上午五时起程，八时过阌乡县，十二时抵盘豆镇午餐。二时起程，七时抵潼关，住潼关高等小学校。潼关县知事张钟鼎（字灵涵，长安人）来会。

二日　上午游潼关城，自北门上城头，至西门下，至潼关县署答拜张知事。午刻，镇嵩军第一师师长憨玉琨请食午餐，至其署。二时乘汽车起程，行二百四十里，抵临潼县，住骊山下华清宫故址，今名环园，俗名宫园。浴于华清池，名莲花汤。临潼县知事周仲甫来会，赠县志。

三日　上午六时浴于杨妃池。八时，偕王抚五、徐旭生、张勉斋及陕西督军署招待员张秉洁（字莲波，四川名山人）上骊山，登西绣岭第三峰，有老君殿，其像为玉石所雕琢，外涂以泥，以避多欲者之目。殿西山坡有隋炀帝石马槽。又上第二峰，有老姆庙。又上第一峰，为周幽王举烽火处，俗名杨广插旗处，此为骊山最高峰。自山麓至此，土人云八里。二时回环园午餐，小憩。五时，偕王、徐二君至临潼县署答拜周知事。至劝学所观魏造像三大石，至高等小学校观魏元苌《温泉颂》，皆周知事引导，并聆其论陕西军队现状及财政情形甚详。周为湖北应城人。七时半回园，浴于太子汤。

四日 上午八时，偕同人及周知事谒秦始皇陵，离临潼城约八里。陵大三顷，高如小山。陵之四周为陵户开垦为田，垦出陵中旧砖瓦，整者已多出售，残破者堆于陵隅。余捡其残瓦当二片，有花纹。十一时乘马回临潼，拟游东绣岭石瓮寺，观烽火台故址。已入其山麓，尚离五里，因日方中，热甚，未携热水壶，余人皆先归，惟王、徐、张三君与余尚鼓勇拟上。渴甚，购乡人沙果叶汤解渴，饮之甚甘。十二时回园午餐。三时乘汽车起程。四时半过灞桥，望汉文帝霸陵。又过浐桥，入东郭门。陕西教育厅长景志傅（字岩征，富平人）等来迎。入八仙庵，观唐代黄杨二株，旋入长乐门，住西北城第一中学校。长安县知事王文同（字书樵，河南武陟人）、政务厅长郭涵（字芳五，河南孟津人）等设宴于校内晚餐。

五日 八时，陕西督军兼省长刘镇华（字雪亚，河南巩人）来会。刘君旧为保定师范学校肄业，后在北京法政学校毕业，民国初元组织镇嵩军起家。人颇好士，陕西知名之士皆网罗于两署。时请同人拟定讲题，先登报端。余即拟五题：一、文学之势力；二、新史学之趋向；三、考古学与史学之关系；四、法家之历史观念与统一事业；五、司马迁之史学。午后一时，偕王、陈、徐、张，及旧徒、北京高等师范学校国文部毕业生米登岳（字峻生，蒲城人，现为陕西省视学员）游城南慈恩寺大雁塔

（慈恩寺为唐玄奘译经之处）、荐福寺小雁塔（荐福寺为隋炀帝潜邸），望曲江乐游原诸古迹。回城，过鼓楼，观“声闻于天”四大字，俗传武则天书。据景岩征言，此四字乃左宗棠之书办所书。左初以为不佳，自书易之，乃书数十次皆不及，始大服，仍用之，终身与共事，亦一趣史云云。五时赴刘督军晏，至省长公署。陕省重要军政长官及士绅皆陪席。七时回。

六日　上午，雨。实业厅长刘宝濂（字楚材，洋【县】人）、教育会会长刘星涵（字养伯，岐山人）来会。午后雨歇，偕王、徐、米三君至南院门旧书铺购地方志及旧书。各书铺皆无善本书，甚失望。四时回。景教育厅长率教育界数十人公晏于校以表欢迎。陕西宿学之士，如张鹏一（字扶万，富平人，著有《汉律考》）、毛昌杰（字俊臣，长安人，原籍江苏江都，深于经学）等，与谈甚欢。晚七时，张丙昌（字午中，鹏一子，省长署科长）来谈，言省城内人口约二十万，回教人占其四万，回人在城内分七寺、十三坊。倡乱以后，不许在城外居住，不准买田地，只治工商业。省城以外回人，当时杀戮甚多，余皆逃入甘肃、新疆云。惟问之他人，则云省外尚有回民，尚待调查。张又云，陕省自古以来碑甚多，其石皆出于富平，甚坚致。外省刻碑，亦至其地采买，故产石之山已铲入十余里，殆已经过数千年之采取云。

七日　上午微雨。七时半，讲演《文学之势力》。听者二百余人，女生数人。绅耆老宿如张鹏一等亦来听讲，此甚可钦佩。九时讲毕。午后大雨，偃卧休息。夜与同人谈老子哲学，甚快。有人送讲演笔录来，乃与余意多有不合者，乃为之重作，成半篇。

八日　上午晴。偕王、陈、徐、吴、米游碑林，观唐石经及《景教碑》，及颜、柳、欧阳、徐浩所书碑。族祖朵山公所书程子四箴并楹联、乡前辈吾德涵所书《心经》，皆刻石于碑林。周览既毕，乃至碑帖肆定购碑数十种。又谒孔庙，见壁上所悬《七十二贤像》，系杭州学宫所刻。其外又悬《历代帝王像》二种，一为有正书局影印藏于紫光阁者，一为袁克文（未知是否）影印，为唐阎立本所画，藏于清宫者。此次清宫失火，已焚云矣。归京时，拟速购影印阎所画者。午刻回寓。下午续作《文学之势力》讲演稿。客来，时作辍。夜，景岩征来谈，言王《圣教序》翻刻者七十余种，惟碑林为真，余碑皆然，惟经时既久，字稍漫漶，而翻刻者反有丰神染旧出外，各省人士不知者，反以为宋元旧拓云。

九日 上午晴。《文学之势力》讲稿成。午后休息，写日记。傍晚，刘督军邀至督军署夜宴。闻此署为新署，冯玉祥督陕始迁入，在明为秦王府，在清为满营。光复之际，陕军因满人凭城固守，乃攻破之，杀戮满人甚众，生者皆逃亡满城外。旗人房屋拆毁殆尽，旗人稍有流落在此、无力逃出省外者，则经营小商贩而已。满城为旧王城，砖甚坚固厚大，城内清代已无房屋，仅为满军驻防操演之场。冯为督军，乃拆王城砖，营造督军署，形制质朴虽其特色，然毁古迹以便己亦一罪也。登城四望，百里内外尽皆入目，南望终南，夕阳反照，烟霭苍翠；东顾骊山，西眷渭水，诚胜瞩也。夜宴后，赴易俗社观戏剧，演《双锦衣》全本，为陕人自编改良剧本，布景颇多，然不脱传奇主义，离现代新戏剧程度尚远。

十日 上午客来谈天。午后偕米登岳君至旧书坊购陕西地方志数十种。傍晚赴张叔冶家晚餐（叔冶名镕，河南人。其长兄名钫，字伯英，民国初元曾为陕西副都督，镇守潼关）。

十一日 上午，百年先回京。十一时景教育厅长偕同人游清真寺，一为唐中宗时创建，一为唐天宝时创建。三时回，预备讲演稿。

十二日 上午讲《新史学之趋向》，购地方志三四十种。午刻政务厅长郭芳五请宴。午后至旧督军署。前督军阎相文即自杀于此。傍晚易俗社主人请观新剧。

十三日　上午至督署讲《法家之历史观念与统一事业》。在署午饭。下午至督署城门洞（今改为窑，可以避暑），观李宜之（三原人）所绘陕西开渠计划图。李为水利局长，其所计划，分为二步：第一步，规复郑白及元、明旧渠道，可以灌田一万余顷；第二步，新辟一水道，可以灌田五万余顷，详所著《引泾论》。前者预算银百万元，后者六万元。诚能实行，陕西农业不下江南矣。四时回寓，预备《司马迁之史学》讲稿。

十四日　上午讲《司马迁之史学》半篇。午后至清真寺，约拓回教各寺碑。

十五日　上午续讲《司马迁之史学》完。十时至教育厅，并至教育会。因该会会员开欢迎会，乃为之演说《社会教育》，以调查陕省歌谣及流行小说、戏剧，以为改良地步，且评论易俗社戏剧之缺点以期改良。下午二时乘汽车至马嵬坡，过未央宫故址，丰水、渭水，咸阳、兴平二城。坡在马嵬驿前，其上有唐杨贵妃墓，赋诗二章，其一云："凄凄马嵬驿，当年驻六军。千古空留恨，将军杀美人。"其二云："一曲淋铃枉断肠，河山无恙美人亡。景阳宫井多情甚，南内空教哭上皇。"同行者有王、徐、吴三君及咸阳王磐城（北京高等师范毕业生）。王抚五亦赋诗四章。夜，回兴平县署驻宿。县知事赠碑帖数种。

十六日　雨。由兴平起程，至汉武帝茂陵。十时雨初止，至陵上。西有李夫人墓，东有卫青、霍去病墓。霍墓象祈［祁］连山，上有奇石。墓前有石马一，甚古，或象天马云。十二时午餐于墓南张姓家，乃回咸阳。过汉哀帝义陵、平帝康陵，以日暮，未上陵。七时抵县城，住县议会。知事白建勋来会并设宴。

十七日　五时起食，乘车，拟至醴泉九峻山谒唐太宗昭陵。出咸阳城，浓云四布，似欲下雨，乃改至毕原（在咸阳北十余里），谒周文王、武王、成王、康王陵及周公、鲁公、太公墓，又谒汉昭帝平陵、元帝渭陵、成帝延陵。二时回咸阳。白知事赠碑二种。三时渡渭水，其地俗称咸阳古渡。六时回长安。

十八日　上午至督军署讲演《前识论》。督署参谋长范滋泽（字润芳，江苏江宁人）代表督军来陪。下午四时，张霁若、孙剑泉二君请至图书馆夜宴。午刻，文献征辑处请宴。张鹏一（字扶万，富平人，著有《汉律考》《河套志》等书）赠书数种。

十九日　上午至督署讲演《老庄哲学中之认识论》。下午至南院门购地方志。傍晚，督军及政界重要人物请宴于图书馆，并摄影。

二十日　上午，王、徐、柯三君先回京，十时出发。商务印书馆经理庄澄东（字小瀛，浙江镇海人）来会。下午整理书籍。灯下写日记。

二十一日　雨。上午与傅佩青谈天。下午，景志伊（字莘农，富平人，教育厅长景志傅之兄，现为省参议会秘书长、省长公署科长，预科《陕西通志》）赠自画山水一轴，并题二绝，云："高论人才出钓屠，不缘升降后来无。入关百一诗酬罢，新见多能秀水朱。""右丞题后诗难道，太乙峰回色自苍。为写一泓秋意思，垞南垞北读书堂。"跋云："太乙汤峪傍景正如此。癸亥夏中，欣接遏先先生，相见恨晚，辄赋奉赠。"夜，景岩征厅长来谈天。

二十二日　上午雨。作七绝二首。下午晴。至南院门树信堂购地志八种，并至商务印书馆答拜庄君。又托第一中学校庶务科寄书六十包至家，代百年寄书十二包。得家信，知百年母夫人逝世。傍晚，偕傅佩青至法政学校（旧为关中书院，基址甚大，其后院今为教育厅）及第三中学校（校地约一顷余，甚广大，旧为贡院东部），为选择西北大学校舍也。夜，续作七绝二首，并为四首，以酬景莘农。其一云："多能自愧朱鸿博，高论终惭许子将。为慕关中饶古迹，天教邂逅入咸阳。"其二云："三秦分割自成区，都尉何人为策图。眼底英才起耕筑，休将空过绕朝庐。"其三云："迢迢泾渭自分流，鉴水知心迥不侔。我欲濯缨君莫笑，君须揽辔我何求。"其四云："秦中山色最依依，却恨函关锁翠微。多谢辋川诗画笔，为我写取载将归。"

二十三日　晨，张扶万来，赠汉瓦一。偕傅佩青至职业学校（校长张思忠，字荩丞，兴平人，家住茂陵霍去病墓东，即前日饭于其家）及城外西南隅甲种农业学校（凤翔第二中学校因避匪暂附于其内），并至实业厅（厅长刘宝濂，字楚材，洋县人）。下午写诗四首，送至景莘农家。傍晚，刘督军请至易俗社观剧，至夜半二时始回。

二十四日　上午七时起。饭后阅《王莽传》一卷，午后又阅半卷。古董商携秦汉瓦当，并古镜一，上镌"长宜高官，位至三公"八篆文。购瓦当七块。傍晚至景莘农家，不遇。又至张扶万家，谈天一小时。观秦砖一，长约今尺一尺二三寸，阔五六寸，厚三四寸，砖上有小方印，篆文二，出秦始皇陵。并承赠秦砖拓片二、加"气始降"瓦当拓片一。是日，段绍岩赠隋仁寿元年岐山凤泉寺舍利塔铭拓片一。

二十五日　六时起程，赴三原县讲演。傅佩青、张勉斋、蔡疆丞、王霆宣同行。出长安北门三十余里，渡渭，谒汉景帝阳陵。其东又有一陵，相去里许，以时促未能走谒。又三十里许，渡泾。泾水南为泾阳，地有泾阳塔，高十三层，可以登临远眺。又二十余里，至三原，已七时矣。入城，至渭北中学，校长郝梦九（北京大学数学系毕业）引导至北城工业学校住焉。此校旧为宏道书院，基址甚大，为明代王氏所创云。

二十六日　上午，工业学校校长范克立（字卓甫，三原人）、师范学校校长张用章、私立中学校长韦焕章（字文宣）、驻三原陕西陆军第一师步兵第二旅长田玉洁（字润初，富平人）来会。午刻设宴款待。下午，田旅长派人引至清麓山正谊书院，并晤张衡山及其弟子三十余人（此书院为现今陕西讲理学之处）。又至半耕园（俗名唐园，旧属刘氏，今为九县公园。盖此九县以三原为中心，东至高陵、富平及临潼，渭南之渭北，北至同观［官］、耀【县】，西至泾阳、醴泉，皆为胡景翼势力范围，今归田氏节制，俨同独立，县知事皆为其所派，钱粮皆为所收取）补园，均在东里堡城外。六时设宴于唐园。七时反［返］三原。

二十七日　上午，三原学界及田旅长开欢迎会于南城师范学校，莅场演说。午刻，田旅长设宴于司令部款待。下午游三原东关吴园。

二十八日　上午至师范学校讲演《前识论》。与张勉斋至城隍庙旧书坊。午后与人谈天，阅《王莽传》【第】一卷。

二十九日　上午讲演《中国人种略说》。至旧书坊购书七种。午后与人谈天，阅《王莽传》第二卷。

三十日　上午讲演《文学之势力》。三原学者朱佛光先生来会。先生年已七十一，而讲学以新为法，且谓现在讲学当以欧战以后为标准。其弟子有井勿幕、于右任，而先生以为已旧云。下午阅《王莽传》第三卷。

三十一日　上午讲《新史学之趋向》。午后与人谈天，阅《汉书·元后传》。傍晚散步北城西部，过李卫公故宅及三原故家旧宅，如王贺等家，其门上及墙上皆悬匾额，书其官衔及略历，可以见古代阀阅之式云。

八月一日　上午讲《法家之历史观念与统一事业》。午后至渭北中学参观，并与吴庸（字伯坚，三原劝学所长，其人曾在上海中国公学肄业，后从军于山东，艰苦耐劳，夏衣布袍，不苦溽暑，冬衣夹袍，不苦严寒，饮食动作皆以克为苦的，谓人之卫生皆从消极着想，无有从事积极方面，锻炼身体以任艰巨者云）辩论前识，纵论《易经》。吴颇深染前识之学，不能自拔，因规劝其以科学方法研究精神科学。四时，三原学界请讲音韵学，为之讲小时，听者颇踊跃。自午后至此改在八月二日。

二日 上午讲《中小学校国文教授方法》。讲毕，全体摄影。午刻田旅长设宴饯行。同座有许、李、牛、二张五理学家。十时回北城工校。河南孟津许鼎臣（字石蘅，治理学，陕督请其讲《大学演［衍］义》，尚留辫发），巩县李惟人（字允升，曾官蓝田知事，不坐轿，其坚苦颇胜吴庸），蓝田牛梦周，兴平张晓山、张衡山（三人皆关中理学名家。牛在蓝田讲学，其服制道冠、释袍、儒带。二张在青麓讲学，衣通俗衣，而冠儒冠，上有八卦，亦类道家。三人皆索发）亦来校。下午召集三原学界来听五先生讲演。其所讲类多理学常谈。牛先生赞美唐虞三代，谓西洋学术以新为善，吾国唐虞三代，其美无以复加，故以古为善，颇招学界之反对，谓阻碍新机，行动怪诞，为学校之污点云。夜，三原学界中有来责问是否北京学界特来此提倡理学，果尔则甚为遗憾。余答以非我之意，且亦不赞成此举。成此举者，乃傅君之意，且督军征此五人，将设关洛学社以联络感情耳。此乃政治作用，与学术无关。

三日 上午五时，自三原起程回长安，取道高陵。四十里至高陵县城。二十里至渭桥，渡渭水，向西涉灞水。六时半至长安。夜浴身，早寝。

四日 天热甚。上午至督军署城门窑避暑。四时回第一中学。

五日 天仍热极。佩青接家信，谓北京热甚，恐路上中热病，故暂缓行期。午刻至张伯英家窑避暑。四时，商务印书馆经理庄君请至曲江春宴会。六时回校。

六日 天仍热。第一中学太闷，迁居旧督军署，在钟楼外，前清为巡抚衙门，有巡抚陕西都察院题名记碑，中载毕沅，江苏镇洋人，庚辰状元，乾隆三十八年十一月二十六日到任，乾隆四十四年十二月二十八日刘秉恬接任，乾隆四十五年十一月二十一日毕沅重莅任，五十年二月十一日调任河南巡抚，综计毕为陕西巡抚前后十一年，其慕宾如孙星衍、洪亮吉、邓石如等皆住抚院。正堂东旧有终南仙馆，饶松竹水石之胜。其东有楼三楹，即邓石如所居，写字三年，未尝下楼。后终南仙馆改为四来堂（四来堂有二说，一云陈宏谋四来此为巡抚所筑，一云英和之母少时从父、嫁时从舅、壮时从夫、老时从子，为巡抚四来此庭，故自题其额为四来堂云）。清德宗西奔，以此为行宫。皇太后居正寝，德宗即住四来堂。民国初建，张凤翙为都督，其后陆建章、陈树藩、阎相文皆以此为督署。阎被刺后，冯玉祥为督军，乃迁督署于满城（即明代秦藩宫城，故称王城），乃毁旧督署房屋甚多。今者败瓦颓垣，荒凉满目，惟最后正寝门户尚全，余即居其中。民国以来，督军皆以此为寝室，阎即自杀于此。前面二堂、大堂门窗已不全，而梁梗伟大。张扶万谓，清初满人入陕，即拆秦王府建此署，故其木材皆明代遗物。冯玉祥武夫，不知历史，毁坏古迹，甚属可恨。正寝东数十步，有台。台上有楼二层，高几与钟楼齐，此为陈树藩所筑，囚胡景翼处，盖胡于此曾拘留一年有半云。

七日　上午至通志局参观。陕西全省各县志尚缺十余县不全。《盩厔志》仅有抄；《同官志》一为二册，一为六册；《甘泉志》仅一册抄本。并晤局长宋伯鲁（字芝田，醴泉人，年七十一）及纂修景志伊、周镛（字石笙，泾阳人）、郭毓璋（字蕴生，华县人）、萧之葆（字筱梅，旬邑人）、吴廷锡（字敬之，江宁人，廷燮之兄）、张鹏一等，尚有段维（字刚伯，岐山人）未见。又至陕西赈务处，晤其处长刘晖（字春木，年七十一，善山水，为北派后起之劲。又善书）。至陕西印花税处，晤其处长王普涵。至陕西图书馆，晤其馆长高培支。回署已三时。傍晚至督军署晤刘督军，新从终南山回，谈彼处风景，并拟筹办国立西北大学电报，电甘肃、新疆及教育部。

八日　上午写日记。下午，刘督军之三弟茂松（字秀岩，司令部参谋）、五弟茂恩（字书霖，机关枪营长）、七弟茂修（字竹庭，尚在入学，同住旧督署）来会，尚有二弟镇乾（字建宇）、四弟镇海（字泽普，骑卫营营长）、六弟茂宣（赴德留学）未见。弟兄七人，一母所生。其太夫人尚健在，吴新吾兄为之画像云。夜，与张云（字润苍，河南人，督署西席）谈天，并授其音韵之乐。

九日　上午，偕吴新吾、张莘南谒汉宣帝杜陵，离长安二十五里。涉浐水，上高原，谒汉薄太后陵，去杜陵约二十里。其东北三里许有大陵，至其陵上，无碑可考，疑为汉窦太后陵。其西约三四里，又有大陵，过其北约里许，因时晚，不及上谒。此陵在薄陵北约五六里。按之古籍，谓薄太后陵在汉文帝陵南十里（汉里约今六七里），则此陵殆为文帝霸陵欤？约离长安三十里，仍涉浐水，入长乐门归署。长乐门外五里，有韩信冢，甚大，在高原上。七时抵署。

十日　本拟至终南山，天雨，未果。上午与佩青商拟西北大学章程。午后刘督来邀谈天。夜至东门陈宅看戏。中有《大学衍义》一剧，刺陕西理学先生，颇佳。

十一日　上午，偕傅君访蔡疆丞、王霆宣及教育厅长景志傅。午刻，张云、张莘南、金请宴于本署，因皆同住故也。午刻稍睡。三时至实业厅观房屋，拟作西北大学校舍。晤其厅长刘宝濂，引观署舍、农事试验场及女子棕边蚕桑学校，地址甚大。夜，刘督来谈天，并约定行期。又与傅拟《西北大学章程》。

十二日　上午，偕傅至实业厅西，观旧面粉公司。洋楼三座，亦系厅之官产，拟拨为西北大学图书馆之用。午刻，蔡疆丞、王廷［霆］宣请宴于义聚楼。此为陕西革【命】起义会议之处，故名。座有景教育厅长，深信鬼神怪诞之学，谈狐仙及扶乩等事，津津有味，一若目睹鬼神者，可以代表陕西学风。盖陕西人喜空谈心性，故佛教、外道、道教及山东江神童之学，陕西人皆深信不疑。下午客来谈天。旧北大学生张云鹤（字腾霄，束鹿人，陕省署科员）来，送食物三瓶。五时，刘督军邀集参谋长范、政务厅长郭、教育厅长景、实业厅长刘及陕西高等审判厅长贾晋（字菩生，四川人）来署设宴饯行，夜而散。与傅拟《西北大学章程》完成。

十三日　上午至商务印书馆购《四部丛刊》一部、《学津讨源》一部、《学海类编》一部，共洋七百三十三元，捐于陕西图书馆。又捐易俗社新旧戏剧参考书，洋一百元。余与王抚五、陈百年、徐旭生、吴新吾五人以督军所赠川资有余款，故捐此。且因陕西图书馆书籍太少，易俗社无新旧戏剧参考书，故特捐此以为之倡。十一时至督署，开西北大学筹备会议。陕西学界、政界人物咸会。余说明《西北大学章程》宗旨，议决付印，再修改。其章程采北京大学、杭州大学之所长而去其所短，故人多赞成。散会后，即在督署午餐。下午至商务印书馆。庄君谈陕西军队派钱事甚悉，敛怨于民，其在此乎？又谈阎相文督军之死确为饮鸦片烟自杀。其原因为陕西财政拮据，当时实无现款，而冯玉祥逼饷甚急，汹汹压迫，实为其逼死。案此论甚是。黎总统亦为冯玉祥逼饷而走，其明证也。五时，景教育厅长请宴，至其家。夜，政界、学界中人来话别者甚多。收拾行李。十二时而睡。

十四日　七时，督军及政界、学界来送行，派副官马祥骥（字志昂，河南偃师人）带护兵一人护送。同行者吴新吾及李协（字宜之，水利局长）。七时半乘汽车起程，出西长安乐门，过灞桥。九时抵临潼，至温泉宫暂停，浴于温泉。十时行。午刻抵渭南午餐。下午四时半抵潼关，驻镇嵩军第一师司令部。夜，东风甚大，继又大雨，枕上伏思，恐明日不能行矣。

十五日　天晴。由潼关乘船，由黄河至陕州，司令部派护兵十人护送。八时开船，适遇西风，风水均顺，故行甚速。十时半过阌乡县城。一时过函谷关、临宝县城。四时抵陕州，住南门外耀武旅馆。傍晚，独行至南门外，水涧中拾五色石子数十枚，拟以种水仙花时置在花盆内玩赏。夜，餐后，李宜之谈其当时被虏于土匪情形甚悉。

十六日　因无车，不能起程。八时，豫西镇守使丁香珍来会（字芳亭，安徽宿县人，吴佩孚之高等顾问）。十时至陕州城内镇守使署答拜。丁君年五十九，为豫西剿匪总司令，自述去年至南山剿匪，得大病几死，四阅月乃愈。盖南山一带地不宜田，十年九旱，又无水可灌溉，运输更不便利，其地饥民食树皮、泥土为生，故聚为土匪，常万余人。尔时，在豫西一带劫人千余为票，以待赎。剿匪军将至，则散为民，去则聚为寇。丁进剿时，运输不便，粮食亦断，军中无可采办，则亦食树皮、泥土为生，于是大病。由是言之，豫西土匪之多，皆迫于生计。陕西人言，豫西土匪自清初至今未尝断绝，小则劫物劫人，大则聚千万人，与官军抗。官斯土者不为根本之计以兴农业，专为治标之策以剿土匪，无怪愈剿愈多也。自观音堂以西至潼关，三百里间，土山皆童，田野亦无树木，荒旱之时，树皮草根具［俱］无所得。张茅硖石一带，土匪尤多。俗语云：张茅土人不耕田，待［逮］着客人吃半年。根性既成，牢不可破，然行旅之人为之裹足，行则须兵保护。豫、陕二省往来孔道，而二省人民不为之筹画，偷安侥幸，足以见其无识矣。

旅陕费用

收家中洋一百二十六元

付汇款洋五元

付陕教育图书社（书十七种，地图一种）洋廿五元六毛
付崇记书局地志四十六种洋四十一元七毛
付瀛记书局地志廿四种洋二十七元三角
付又五种洋元四元一角
付崇记书局地志七种洋十元
付树德堂《苏州府志》洋六元
付景莘农送画敬使洋一元
付小六骏洋三元
付瀛记地志四种、《诗韵》一部洋三元
付树信堂地志八种、金石一种洋十七元
付汉瓦□块洋四元
付又二块洋一元
付三原买书七种洋十元
付三原买古器三件洋一元
付新都平远《上海志》洋三元
付三原送书一箱酒力洋一元
付碑帖洋廿九元
付伊汤安《嘉兴府志》洋六元
付《陆宣公集》《南江文集》洋五元
付《宜川》《续武功县志》洋二元
付《四川通志》洋十四元
△付碑帖找洋十三元
付四川府县志三种九元
付《山阴会稽县志》洋四十元
付寄书七十三包邮资洋十四元六角
付零用二元八角

一中存款

一、存百年洋六百五十元
二、存自己洋二百元
三、存自己洋六十五元
四、存王徐洋三百元

一、支洋廿五元六角
二、支洋廿七元三角四分
三、支洋五十元
四、支洋五十元
五、支洋五十元

付商务洋七百三十三元
付易俗社洋一百元
付商务汇京洋九百元

吴新吾借洋七元，又三元，又五元，又三十元，又一百元，又十元

张扶万鹏一，西仓内五十一号富平张寓

代百年付款小六骏洋三元，借去洋五元，邮二元八角
代王抚五邮费三元

买皮箱洋十二元
赏督使洋五十元
买锁、绳及夹板洋三元
买毡、毯各二件洋五元
寄书籍、碑帖五十四包洋十一元，吴八包、王十五包、陈

二包

赏所差十六元，自加一元
赏潼关护兵十名洋二十元
赏马副官护兵洋十元
赏观音堂护兵洋二元
观音至郑二等票十一元
买郑至京二等票洋四十元二角
余洋二元四角

铜面盆三只洋六元四角
寄唐石经邮费洋二元
卧车茶资洋一元
北京人力车洋六角
共十元

八十五元七角，一百五十五元
一百七十七元七角

陆征祥致刘符诚手札（二）

崔　彤　整理

四十六

（1938年1月10日）

黼斋老弟爱鉴：

十二月五日香港 Peninsula Hôtel 来信，一月八日到达，计程三十四日。我弟在港约两月勾留，此次复信，未知在港在沪达览矣。

承示上海、香港详情，以及外交同仁散居避难各节，读之不胜感触，浩叹之至。际此祖国存亡一发之间，惟有各尽各力，或间接，或直接努力，聊表一分爱国之忱耳。兹附上①《圣诞通启》一大张，刊诸《巴黎十字报》者，又捐款小启一纸。比国除少数同情日方者外，可算全国表示关切之情。

小兄曾一度赴使馆午餐，得与顾、郭、钱、程四大使晤面，同席有蒋百里君、胡世泽公使②，海外得此良晤，亦可望不可遇之机会，快慰难以言喻。

近来目力、脑力颇觉干枯，构思为难，动笔又懒，故少上书

整理者：崔彤，中国社会科学院大学历史学院博士研究生。法文由近代史研究所助理研究员任雯婧翻译。

① 此处被挖掉三四字，疑为于斌之名。

② 此处被挖掉三四字。

问候，歉甚歉甚。我弟来书有七页之长，精神振作，溢于言表，可喜可贺。匆匆。先奉数行以慰远念耳。祇请日安。

如小兄　征祥手泐

廿七、一、十

于主教通启捐启阅后付丁。

四十七

（1938 年 1 月 12 日）

诸葛忠武侯评传　王缁尘撰

一

凡一民族，必有一优越之特质，然后才能争生存世界，否则在太古邻国相望、不相往来之时代，尚得度其优游之岁月。及至与其他强大之民族之相遇，势必归于自然淘汰之境域。此生物之公例，自古迄今，未有能违避者也。故如美洲之红种、澳洲之土人，在数百年前，何尝不芸芸总总，盛极一时，而今则何如矣！

今日抄奉一页，以代面晤。此上黼斋弟，并祝日安。

如小兄　征祥手泐

廿七、一、十二

四十八

（1938 年 1 月 14）

穷思我中华之民族，初则不过繁殖于黄河流域，而东则有淮徐诸夷，南则有荆苗等蛮，西有戎狄，北有猃狁。当时我民族四面受敌围攻，岌岌不可终日；而我民族卒能应付拒逐，或使之同化于我，合而为一，以迄于今，尚巍然为世界唯一之大民族者，此无他，即有一优越之特质故耳！夫此特质，散之则在各幺匿，而合之则在拓都，此亦社会学之公例，无可非议者也。

连日阴雨，构思为苦，续抄评传数行，以代面晤，日后拟手抄曹大家著作以饷金龄侄女，何如？此请黼斋我弟日安。

如小兄　征祥手泐

廿七、一、十四

四十九[①]

（1938年1月17日）

此特质之散在幺匿者，无论多寡，每个幺匿体中，总占有若干之成份。其成份多者，则其人之智识也特高，道德亦特厚，遂为此民族之代表，又遂为此民族之群众所信仰、所崇奉，传之百世而靡有止境，而此民族，亦益以繁殖而昌盛，此自然之理也。

此代表之所以受人信仰、受人崇奉者，即由上所述优越之特质，占其多数之成份之故。吾人今欲将此特质之代表锡以一名，是即一般人所称之“人格”二字是已。

续抄数行，以饷我弟。人格可增可减，全在本人之努力以验其升降，何如？兹颂健康。

如小兄　慕庐手泐

廿七、一、十七

① 此信前有刘符诚注：“此页以前之文未收到，至入封时忘却装入。诚注。”

五十

（1938年1月18日）

具此人格之人，其蓄于内者，为智识与道德，其见于外者，则为政治与武功，而流传于后世者，则藉文字。故文字最要之因素，即记载此人格者之历史也；此历史之效用，所以为不可没也。

吾读中国数千年历史，在秦以前，足以代表我民族者为孔子，而秦以后，则为诸葛孔明而已。是二人者，于《中庸》所称之智、仁、勇之三达德，皆完全无阙，而又皆生于衰乱之世，栖栖皇皇，不曾一日得其宁息，且复不得见树事功于当世，而千载以下之人，读二人之言行，想望其人格，总无不生高山仰止，景行行止之心焉！此吾读孔明遗书而所以不能已于言者也。

抄录前八行，以表思弟之殷，并颂加餐。

如小兄　慕庐手泐

廿七、一、十八

五十一

（1938年1月21日）

黼斋我弟爱鉴：

两日未得暇，抄写数行字以代面晤，渴念之至。细思王缁尘君所说人格之成份有多有少，占有多数之成份者，遂为一民族之代表，传之百世而靡有止境；然占有少数之成份者，或得传之十世而不泯灭乎。

日来特将刘氏、陆氏二家之支派，在《王云五字典》、《辞源》及《中国名人大辞典》三书内略检历代人物，占有多多少少人格之成份者札记一二，以觇二氏盛衰之沿革，饶有趣味。查刘姓大族甲于他族，现得刘氏大人物三十人内，属皇族者八人、学者十一人、宦官九人、仙家二人，共计三十人。兹先奉告，余续布。此请日安。

如小兄　慕庐手泐

廿七、一、廿一

附上"吃苦"邮片两纸，盖自六年七月七日起，迄至今日，可谓过差日子矣。小兄十年苦修，不致谓苦，现反觉甘矣。祥识

五十二

（1938 年 1 月 24 日）

黼斋我弟爱鉴：

近日报传上海又有暗杀杨某之案，据称此案与刺陆伯鸿宗兄之事同一原因云云，未知确否。上海似不宜久居，夫人、姑娘暂住则可，久居恐非所宜，尚祈安筹办法，至祷。

日来查考陆氏宗族，学者九人，宦官三人，计十二人，远不及刘氏宗族之昌盛。既有创国之君，复有成仙之侣，倘在民国出一女才，实意中事，不能算了不得的光荣。小兄对于女学向来十分注意，日来构思为苦，翻书抄书较易为之，但未知我弟与金龄侄女不以迂腐见笑否？此请日安。

如小兄　慕庐手泐

廿七、一、廿四

五十三

（1938 年 1 月 26 日）

黼斋老弟爱鉴：

昔年从役森都，习闻《女训》之重要，竹贺先师尝以"万化

出于闺门”之语，不烦三令五申，嘱小兄公余之暇，补读古圣先哲教女遗籍，故平日留心《女诫》、《女训》、《女论语》、《女孝经》各书，搜集书架，惜未拜读过目，深以有负先师遗训。

数月以来，执笔构思，往往思索许久，思路不通。欲以院课述告，或以战情详陈，或以身心自修，或以起居饮食之琐屑略述一二，以代面晤。思久神倦，弃笔叹曰：“友朋通信，每以性懒互规，而我非性懒，思路不通，今欲通此思路，惟有以古人之思路为先导，引出我之思路耶?”故有手抄《武侯评传》、曹大家著作之拟，但未知我弟暨金龄侄女不以陈腐、不以老生常谭而厌闻否？此请日安。

如小兄　慕庐手泐

廿七、一、廿六

五十四

（1938 年 1 月 29 日）

孔子人格之全部，具载于《论语》，发挥赞扬之者，则有七十子后学，以及子思、孟轲、荀卿、杨雄、韩愈，并其他经师大儒之文字。至濂、洛、关、闽出；复以论、孟、学、庸，定为功令必读之书，故孔子之人格，凡识之无者，类能知之。

至孔明之人格，人之知之者，仅凭民间流行之《三国演义》，且三虚七实，不可尽信，其所记者又多属于机智巧取之末，于其堂堂之人格，不及十分之三四。至陈寿之《三国志》，则读者既鲜，而复语焉不详，今幸有孔明三十六世孙诸葛羲基所纂辑之《诸葛忠武侯集》二十二卷，于孔明之平生行事，以及片言只字，无不网罗于其中，由是而孔明全部之人格，遂如日月经天，江河行地，与孔子足以后先相辉映，而为我整个民族之代表者，亦于是乎在！惟原书颇繁，读者未必即能见其精要。不佞于孔明，既为生平所信仰之人，今获此书，遂遍求其结晶之所在，故特述此一编，以为读是集者之先导；即不读全集，而仅读是编，于孔明人格之荦荦大端，亦已无不腾跃于心脑间矣！此实不佞区区之微意焉。

先师竹篔公喜读《三国志》，惜未询悉所读者系何本，《三国志》乎？《三国演义》乎？先师公余之下读之，为消遣解闷，谅必系《演义》，未敢必也。我弟于孔子、孔明二人当有所轻重乎？抄奉二页，以慰渴思耳。此请双绥，并祝金龄侄女加餐，饱读群书。

如小兄　慕庐手泐

廿七、一、廿九

五十五

（1938 年 2 月 2 日）

夫吾所谓孔明人格足与孔子后先相辉映者，何也？盖因其所具智、仁、勇之三德同，以故律己处世，亦无不同也。孔子曰："用之则行，舍之则藏。"此圣哲之进退，大抵然也。夫圣哲者，以忧天悯人，视民之饥溺，犹己之饥溺为怀抱者也。所以"以道易天下"者，此物此志耳。而孟子亦曰："穷则独善其身，达则兼善天下。"即"用行"、"舍藏"意耳！故世不我用，惟有"独善其身"而已！孔子欲以其道易天下，故孜孜矻矻，奔波劳碌，数十年置身于道途之间，虽屡受困厄而无怨悔，晨门语子路曰："是知其不可而为之欤！"而孔明之对后主自白曰："臣鞠躬尽瘁，死而后已，至于成败利钝，非臣之明所能逆睹也。"二者相较，有以异乎？无以异乎？此孔明与孔子相同者一也。

两日来抄奉数行书，思念殷殷，盖手抄数行，心向往之，恍与晤面一室，促膝谈心耳。

伯鸿宗兄被刺殒命，报传屡屡，始终怀疑，欲唁欲吊，而终不发者，疑信参半耳。爱之切，疑之深，耳闻恶耗，心坚疑之。留此疑，所以稍慰此心。昔俄主尼果赖被害，伊母始终不信，疑字之能慰藉人心者，如斯乎！一叹。此上黼弟，并请日安。

如小兄　慕庐手泐

廿七、二、二

五十六

（1938年2月3日）

黼斋我弟爱鉴：

此单页的按日通信，先室得之在先，盖长编通信。先室擅长单页日日通信，小兄之表情渴思之谓乎？今日抄示数行，我弟读之必表同情也。

> 女教乃根本问题，岂可忽视乎？家乃国之本，女乃家之本，故齐家为治国之本，教女为齐家之本，本立则家齐，家立则国治。先师竹筼公所云："万化出于闺门。"陈文恭公云："王化始于闺门，家人利在女贞。"异口同声，若合符节，今世忽之，可不惧乎？

此上。并祝加餐。

如小兄　慕庐

廿七、二、三

日来遍觅旧书破纸中，得《女诫》、《女训》、《女论语》，而缺《女孝经》，或者此书送入鲁文藏书楼，未可知也。可喜者，觅得《陈文恭公教女遗规》一书，读之，深得我心。《遗规》序云："天下无不可教之人，亦无可以不教之人，而岂独遗于女子也！”又云：“夫在家为女，出嫁为妇，生子为母。有贤女，然后有贤妇；有贤妇，然后有贤母；有贤母，然后有贤子孙。王化始于闺门，家人利在女贞。女教之所系盖綦重矣。”

金龄贤侄女清赏。

慕庐抄寄

廿七、二、三

上海危地，避之为是，望早谋之。祥又及

五十七

（1938 年 2 月 10 日）

黼斋我弟爱鉴：

月之八日，接河内发出一月廿六日八页长信，读之恍若把晤一室，快慰之至。连日发比前王四周年追悼函及追悼纪念，有日不暇给之势，兹附刊件两纸、纪念三纸，分赠夫人、金龄为感。

此次伯鸿宗兄被害，现得各处详细情形，为之痛悼，然小兄之心仍以不信为慰藉，老年人借此作自慰自解之一法，亦可怜矣。瑞典黑大理石十字苦架，我弟接收后，敢恳面赠隐耕世兄，并代为面唁面慰，至祷至恳。致此苦架之陈列何处，容想出相当地点，再行奉告。

金龄贤侄女之聪慧绝顶，我弟不我告而我能测知之，乃上主之默启，非小兄之能察隐识昧也。可发一笑，亦可惊而可惧焉。刘、陆二氏之关系乃前定耶？主之安排耶？先此奉复，后容续布臆。此上，并祝加餐。

如小兄　慕庐手泐

廿七、二、十日

北平之行深心为虑，尚祈审慎考虑，勿入虎口，至祷至祷。

祥又及

五十八

(1938年2月11日)

黼斋我弟爱鉴：

黑色苦架转赠隐耕世兄，小兄之意拟请嵌入新普育堂之圣堂内之地板内，缘本院修士赴华，必到此堂上祭，未识隐耕世兄能同意允许否？尚祈面商为祷。另拟一小铜碑题词，刻成嵌在圣堂墙上，以志纪念，未识合式否？题词望托季璋兄改正，又祷。

伯鸿宗兄之丧，与公教进行关系不可以言语形容，上主安排，固非我人所能揣测。小兄完全信任主旨，不独隐耕世兄继续尽力伊先君一切事业，且有青年中之优秀份子，分任合作，以竟先哲未竟之志也。匆匆奉肯。祇请日安。

如小兄　慕庐手泐

廿七、二、十一

附上题词稿一纸，求季璋兄斧正，又感。祥又及

五十九

(1938年2月12日)

黼斋老弟爱鉴：

陆伯鸿宗兄之丧，在公教方面的观念感想，独具超性达观，即有与日方共同担任维持市面秩序之嫌疑，亦地方绅董应负之责，毫无烦言。惟华方青年，不顾大局，智识浅鲜，任意加以奸商某某字样，读之，令人不平。

值此乱世，“明哲保身”四字，实不易做到，孔明于《出师表》内亦曰：“苟全性命于乱世。”小兄为前总统菊人公，曹、颜、施、唐、熊诸同部同阁诸公担心祈求者，即此区区四字耳。

我弟处境，超出寻常，与前国际法庭亮畴先生的地位相同，但仍以“慎言慎行”四字为度过此乱世之不二法门，谨守为祷。我弟一日不离国土，小兄一日不能安心也。此上，顺颂日安。

夫人、金龄均此问好。

如小兄　慕庐

廿七、二、十二

六十

（1938 年 2 月 13 日）

黼斋我弟爱鉴：

先君云峰公常说“天下莫如做人难”。值此乱世，此言实验。今读纽约寄来《民气报》，内有苏州老文学家张一麐氏投井自杀；又有新会冈州中学高材生杨炳超愤寇自杀。国内做傀儡，做汉奸，代外人统治本国人，大有人在，或为利禄，或为迫逼，或为免地方糜烂，囿于地方观念，忘却国家立场，一上台后，身不自由，任人利用，沾染汉奸傀儡丑名，虽抉［决］西江之水，难以洗清自白，可不慎哉！可不慎哉！总观以上各节，可测度我国良莠不齐，合时代之人物过少，教育缺点尚多，惩前毖后，未为晚也。此上。祇请日安。

如小兄　慕庐手泐

廿七、二、十三

六十一

（1938 年 2 月 14 日）

黼斋老弟爱鉴：

前信所说“误国殃民”的总算账，四十年前竹篔先师的过虑，今固实现，可叹可惊。先师面嘱密密的预备总算账时合用应付的人材。小兄自荷兰到北京，又到森都，又到熊城，无处无时莫不用心预备此项人材，除外交部内各同仁外，到一使馆，必留用熟手，凡有学生之来见者，莫不注意探询课程及其志向。

民国廿七年来，直到总算账时，在对外方面，大致尚无贻误陨越之处，外交界内的公使，十之七八，尚系预备计划内的人。我弟虽离外交，确系计划内的一份子，现为国计民生效劳，总算账时的确合用人材，聊以自慰。可为弟告，不可为外人道也。倘军事、财政、交通、司法、教育，种种方面，都有预备工作及人材，今日局面，当不致如是失败涂地。弟意何如？此请日安。

如小兄　慕庐手泐

廿七、二、十四

六十二

（1938 年 2 月 16 日）

黼斋老弟爱鉴：

连日《民气报》评论汉奸傀儡，溥仪难逃记者之指摘。忽然忆及一九一九年在巴黎和会，公余之暇，曾与先室详细讨论，为溥仪谋一个人、国家两益之计划，并与法外部 Pichon① 非正式面商，设法劝溥仪来法留学，优加接待招拂办法。一面备置大本照相纪念册，曾将巴黎及附近宫殿、园池等大号相片，择优购致，订成一册，带至北京，面请世中堂转呈逊帝，并将区区计划并法外部长表示欢迎密商一节详陈之，恳托转奏。倘能引动逊帝一游巴黎兴致，则留学一节，不言而喻矣。世续颇示难色，踌躇至再，婉词答曰：陆专使所陈一节，臣下未便转陈，深为抱歉。巴黎风景图册，当为谨敬面呈，特先奉谢等语。小兄区区忠诚计划，付诸一叹耳。世君今日有知，谅必同声追悔叹惜也。

嗣悉政治学会地基，由小兄面托朱启钤内长，商请世中堂设

① 毕盛，时任法国外交部长。

法拨给旧库一所，以建藏书楼。世中堂竭力周旋其间，并面告朱内长，以陆外长此请必当办到云云。或者以巴黎图册挽到门神库地址，未可知也。今午偶然追念及此，笔以奉告，以代面晤耳。

连日发出比前王四周纪念等，计百三十余份。又女修院八处，函托祈求亚尔倍前王在天主前面求默助祖国得到最后胜利。此请日安。

如小兄　慕庐手泐

廿七、二、十六

六十三

（1938 年 2 月 17 日）

黼斋老弟爱鉴：

值此世界出轨，群英争雄，俄、德、意皆系暴发户，而当局者，均一代豪杰，每阅报纸，钩党之祸、暗杀之案，不可枚举。凡报纸所载者，虽未可尽以为事实，助同类而攻异己之祸，可想而知，昏乱黑暗，达于极点。以上三国，有志之士，纷纷隐遁异邦，以避小人之祸，凡年老有节之士，不克远遁，尚能见机而保其身者几乎。

俄友葛诺发（审计院顾问），伊妻有一子系前夫所出，留学德国，毕业回俄谋事。此举葛君颇赞同而行，初有信札往返，现无只字久矣，伊妻深悔而痛之。即此一端，可见乱世做人之难矣。举以告我弟，以代面晤耳。此请日安。

如小兄　慕庐手泐

廿七、二、十七，比前王四周年追悼日

六十四

（1938 年 2 月 19 日）

黼斋老弟爱鉴：

晨接到二月十日《民气报》，内有“熊希龄死后之毛彦文”

一节，读之令人心酸。回想我弟与聘老有旧交，小兄亦承聘老垂青下交，在平曾识伊前夫人，且曾参与童子军之操演，极佩聘老之人格。老成凋谢，为之痛惜。日前报传，日人有拉拢唐少川出来担任上海市政府之领袖，唐已辞谢云云。值此乱世，日人亦诡计百出，处世之难，更可想见。天津徐、曹诸公之处境，亦可测知，日在危城中，奈何奈何！

我弟北上计划，再四考虑，终觉未妥，然未敢固执坚劝中止，尚祈酌量环境之空气，审慎行之，倘无特别重要原因，能免则免，较为妥贴耳。此请日安。

如小兄　征祥手泐

廿七、二、十九

六十五

（1938年2月20日）

黼斋老弟爱鉴：

回溯先师竹篔公四十年前之老话，曰："扬名显亲，扩大门户"，合时制宜，应说"扬中国之名，显中国之亲"（近如孔孟，远如尧舜禹汤王等）；又说"倘陆氏无后，毫无关系，但求中国之存在耳"。

此次我国所争者，生存耳，独立耳；我国所宣传者，不出公义和平，中山所说的王道耳。宣传工作，有平时、临时之别。平时宣传，按竹篔公之意，驻外使领各馆，乃作宣传的无上地点；临时宣传，确在国际公会、有力报纸，散布刊物等等。然临时宣传，远不如平时宣传之效力，且有临时抱佛脚之嫌云云。拉杂奉告，尊意以为何如？此请日安。

如小兄　征祥手泐

廿七、二、廿

二月一日《政闻政［报］》载，润老有充北方政府高等顾问之命令。小兄远离祖国，未识内情。润老此次重出，有何影响，便中示知尤感。未知确否，念念。祥又及

六十六

（1938年2月21日）

黼斋老弟爱鉴：

今晨各报满载Hitler[①]三钟的长演讲，中间对外交方面与我有关系者两端：一承认满洲伪国，二疑我无实力防止“赤化”，并疑我抗敌非自我之决心，受他人之劝言，云云。此演讲之重要性，谅各国均甚注意。报传本年五月九日，Hitler将赴义答拜Moussolini[②]。欧局复杂，难明真相，偶然阅报，固难窥其内容，即老于专心研究欧局者，恐亦为之迷糊。我弟在国内报纸，当可读知祖国报界（如《大公报》等）之评论。承认满洲伪国，郑重宣言，当有作用也。匆匆。祗请日安。

如小兄　征祥手泐

廿七、二、廿一

六十七

（1938年2月22日）

黼斋老弟爱鉴：

昨今两日，院内两报La Libre Belgique et Le Vingtième Siècle[③]竟无只字谈及中日战事，满载Hitler演讲之影响，及英

① 希特勒。

② 墨索里尼。

③ 《自由比利时报》和《二十世纪报》。

外部 Eden[①] 之辞职，及英下院前外部与英首相之舌战，两事之重要性，可以想见测度。我国政府将有训令，饬驻德大使抗议德之承认满洲伪国。

兹附上致陆隐耕世兄唁函，望我弟与墨色十字架同时面交，尤为感祷。伯鸿宗兄之被狙，与先师竹篔公之被逮，前后相隔三十七年，成小兄生平终身憾事，一为师，一为友，将日日在圣祭中追念追祷矣。此请日安。

如小兄　征祥手沕

廿七、二、廿二

唁函露封，阅后面交是祷。

附上竹篔公纪念，烦面送隐耕世兄，倘有伯鸿宗兄纪念，见赐百（100）份，以便分赠比友尤感。祥又及

六十八

（1938 年 2 月 23 日）

黼斋老弟爱鉴：

今日（二月廿三日）午后二时，在里耳 Lille[②] 公教大学公开考试，本院爱德华神父，被请参预监考官之列。高思谦神父，是午在考场，辩护论文论题，乃儒教与社会及政治之关系。里耳公教大学校长，以考试此论文，苦无专家监考，函约小兄前往参预，嗣以体力未克远行，加以冬季之潮寒，更难外出，辞之。惟函内介绍爱铎克胜此任，竟得前途之同意，函邀爱铎担任监考之职。论文稿约二百余页，经爱铎煞费苦心，前后校阅，尚无大毛病。特以奉告。明后日，候爱铎回院，报告结果，再行续布。此

① 艾登。

② 现称里尔。

请日安。

如小兄　征祥手泐

廿七、二、廿三

再，今日各报仍乏中日战事消息，足见欧局变化之重要性矣。祥又及

昨上挂号信内，附致隐耕世兄唁函，望阅后面交为祷。祥又及

六十九

（1938年2月24日）

黼斋老弟爱鉴：

昨晨爱铎面述里耳 Lille 监视考试经过详情，深为快慰。十年苦修，私心所奢望者，恢复利玛窦 Matteo Ricci、南怀仁 Ferdinand Verbiest、汤若望 Adam Schall 三大传教士之传教心法。其法惟何？以学问为钓鱼之饵是也。近六七十年来之赴华传教士，放弃学问之饵，利用金钱，包办诉讼，诱掖愚民种种办法，用为钓鱼之饵。结果，公教信徒悉在民间，社会方面仅有罕见，政界中可谓绝无矣，甚为惜之。盖非教之咎，取法不善耳。反之，耶稣教会之盛兴，政界社会士大夫中，处处有耶稣教信友。盖耶稣教传教士，曾沿袭利、南、汤三大传教士之心法，以学问为饵耳。私心切望恢复此心法于公教界者，十年有矣，一旦目睹成绩，其快慰有不可以言语描写者。其成绩何在？在爱铎利［里］耳之一行耳。

爱铎热心中国，盖有年矣，为我国辩护，用心苦矣。蒙主暗示，近三年来攻读中文，饱阅《十三经》译本（英、法、德译本），苦心研究中国历史、地理、宗教、学派、美术、音乐等中国古今文化，积学三年，得此监考中国孔教论文之监考官。沿袭利、南、汤三大传教士之心法，自爱铎始，并由本笃会修士为沿

袭人。非上主安排，曷克臻此哉？为我弟告并望代为表扬，以重开风气，公教前途实有赖焉。此请日安。

如小兄　征祥手泐

廿七、二、廿四

便中函贺南院长及爱铎，以示钦佩，并使公教界有人继续沿袭此心法于今世纪耳。祥又及

再者，Reprendre et continuer la tradition des grands missionnaires Matteo Ricci, Adam Schall et Ferdinand Verbiest des XVI et XVII siècles 谈何容易，今果起始实现，est une ambition qu' on doit tenter de réaliser. D' une manière inattendue, la participation du Roi, Père D. Edouard Veal au Jury pour la soutenance d' une thèse sur le confuciusme ne constitue – t – il pas un modeste commencement de cette réalisation tant ouvriée ?[①] 传教工作，忽现于辩护论文之大庭广座中，尚未前见。查本笃会，欧人普通称为“Ordre des savants”[②]，继续前哲心法，非本笃会，其谁属耶？更足见上主之安排默启也，无疑矣。祥再识。

七十

（1938 年 2 月 26 日）

黼斋老弟爱鉴：

自三月二日圣灰瞻礼日起，转入封斋期内，在此严斋期（四十日）内，按照会规，定止通信、见客，终日缄默。同院修

---

① 传承 16、17 世纪伟大传教士利玛窦、汤若望和南怀仁之传统是应实现之志向，然而谈何容易。国王和爱铎意外地加入一场儒学博士论文答辩委员会，这难道不是实现此志的良好开端吗？

② 哲人级。

士，改过自新，勉作补赎，格外求主仁慈，垂怜赦罪，准备到复活瞻礼日，与我主耶稣一齐复活。在此准备期内，更加热心爱主、事主、敬主，以便得主复活之恩。故四十日严斋，即取法前耶稣于讲道之先，在旷野所守的四十日严斋，亦即每［梅］瑟赴西乃山前，所守的四十日严斋，又亦即厄利亚先知赴何烈山前，所守的四十日严斋。

值此期内，当为世界、祖国、同胞、亲友特别祈祷，俾和平早日恢复，民族前途转入顺利途径，并为亡者特别祈祷，俾忠魂早登天国，以享永福。倘无重要须告事项，拟守此斋禁，专心补赎愆尤，获得复活节之恩耳。匆匆。祗请日安。

如小兄　征祥手泐

廿七、二、廿六

深望我弟略做补赎工作，尤盼。

七十一

（1938 年 4 月 1 日）

黼斋老弟爱鉴：

顷奉由香港发三月二日惠书，附致米朗商店函稿乙件拜悉，感谢，并悉行事进行仍感迟缓，尚有汉口之行。年来奔走，由法东渡，由沪而港，而河内，辛劳为念。惟此辛劳，对国对民两有裨益，不独为战时救急需要，且为战后预谋复兴基础，为公为私，毫无遗憾耳，羡羡佩佩。

窃念我弟目前地位及工作，均系上主安排，非人力、人智所能预料而预谋者也，一切审慎进行。小兄近体安适，堪告慰远念。专此奉复，祗颂加餐。

如小兄　陆征祥手泐

廿七、四、一日

附复活节贺片三纸，恳转寄夫人、金龄为祷。祥又及

七十二

（1938年6月14日）

黼斋老弟爱鉴：

复活节后天时不正，忽雨忽睛，寒暖一日三变，真令人难于对付天公矣，奈何奈何。

教[①]小兄早以比国梅西爱枢机主教心许之矣。兹特附上剪报乙件，然则以梅枢机推许野声主教者，不独小兄一人已耳。又附上比前王宣言摘句邮片乙件，则亚细亚之亚尔倍亦将复见于远东矣。拭目俟之，当不远矣。

东邻强横已达极点，以军人充外长，统一军政，集中武力，作最后之努力，足证东日将暮，已走上末路矣。承示国内工作，于国计民生有绝大的关系，交通系一国的命脉，中山总理全国铁道计划惜未实行，救亡之道不外乎此。我弟竟中山未竟之志，羡羡贺贺。风使由外交转入交通，更见交通之于国计民生的重要性。外交部未确定养老金之前，望弟勿作冯妇。小兄前者之赞同，正想在战事中有所活动，以便利政府，此时已失，亦冥冥者之示意于我二人也。

兹有恳者：小兄去年面托天津义品公司友人 Monsieur Gustave Volckaert[②] 回天津后，前往北平，面呈北堂满主教前比王铜像乙方，加刻年月日，以作记念。现据伏君来信，刻字费十二元，业已代付云云。此债可否老弟代价？感荷不尽矣，并请设法径汇天津，以省手续，何如？屡屡以债务恳请代偿，不安之至，尚祈鉴谅是幸。

---

① “教”前原信被挖掉三字。

② 古斯塔夫·沃尔卡厄君。

夫人、金龄常在念中，赵、杨世兄妹亦代为祈祷。专此奉恳。祇请双绥。

如小兄　征祥手泐

廿七、六、十四

附件二纸。

七十三

（1938 年 8 月 26 日）

黼斋老弟爱鉴：

月之廿三接奉越南寄来航空信，藉悉弟驾改缓情形，夫人、金龄先回巴黎各节，慰慰。前寄马赛公司行转信乙件，内有耶稣铜章三枚，未识递达无误否？念念。此章颇有历史价值，刊有小本，说明来源，俟来比面赠。

读我弟前信，欣悉行务进行顺利，惟国事日非云云。我人但求本身职务可告无亏，已属不易，要望处处稳妥，事事得手，难如登天矣。国事当有转危为安之希望，但期之远近，势难逆料，我辈惟有一心仰主，默祝心祷耳。匆匆先复。祇请双绥。

金龄问好。

如小兄　征祥手启

廿七、八、廿六，灯下

七十四

（1938 年 8 月 30 日）

黼斋老弟爱鉴：

顷间奉廿八日手书，欣悉弟驾安抵巴黎。前寄马赛信件及纪念章等均到，慰慰。九月三日恭候我弟，爱铎闻之喜形于色，惟于公忙之中抽闲前来，未免加忙，好在欧西行旅交通便利，或作 Weekend[①] 看，何如？匆复，以表欢迎。祇请日安。

夫人前请安，金龄问好。

如小兄　征祥手启

廿七、八、卅，午后

七十五[②]

（1938 年 8 月 31 日）

昨奉寸笺，谅可先此登览。想到前次我弟带来航空信纸、信封，甚为得用，南院长时来索取。倘我弟能带一二份来面送，物虽微而意可感，尚祈大酌，如有不便，可作罢论。此请黼斋老弟日安。

如小兄　征祥手启

廿七、八、卅一

七十六

（1938 年 9 月 4 日）

黼斋老弟爱鉴：

昨今畅叙，快慰难以言喻，虽未克躬送回法，心神偕弟同往矣。明日夫人往见医士，深盼获得国手对症方案，尤所切祷。悬测此种症候不在用药，而在静养，饮食调和，起居有时，节劳力，要行之久，持之恒，必有效果。质诸我弟，以为何如？

小兄适由中年进入晚年，未敢以老自许，亦不愿老之意，处处留心，刻刻注意者，提起精神向上，不使下坠，寻快乐心境，以祈祷追随我主之后。尚望我弟勤务、卫生相互并行，至祷至

---

① 周末。

② 此封为明信片。

盼。匆匆布臆。祇请旅安。

如小兄　征祥手启

廿七、九、四，灯下

七十七

（1938年9月28日）

黼斋老弟爱鉴：

今晨院内修士起启赴前线充救护工作者廿六人，比国已下动员令，谅法国亦必动员全国。兹寄上维希客店店主介绍片，又维希医士介绍片，以备我弟作备而不用之小计划，何如？倘我弟能抽暇前往调查，或一人前往，或偕夫人、金龄前往，尚祈大酌进行。兹将愚见奉告如下：

一、巴黎当系敌军必轰之要点，亟应远避。

二、维希坐汤饮泉之名胜地，小兄曾两次前往休养，一次在一八九九，二次在一九一九。两次均携眷前往，第二次曾携礼立及石孙公使同去。该店虽系中等栈房，饮食招待甚为周到，一九一四年战事未曾殃及维希，谅或能在彼得一清静避难地点。

三、医士亦系多年熟人，虽非名医，人甚老实可靠。倘我弟已有更好计划，则维希之行可作罢论。

总之，巴黎焦点，亟宜早日离开他适。我弟为行务所牵，不得不冒险居留，夫人、金龄早离为是。匆匆。祇请旅安。

如小兄　征祥手启

廿七、九、廿八

夫人、金龄、女仆三人居住该店，远避焦点，心神安适，必甚相宜也。祥又及

附相片四纸，爱铎寄赠。

七十八

（1938年10月4日）

黼斋老弟爱鉴：

接奉十月一日惠书，欣悉一是。赵颂南兄别庄离巴黎既近，来往更便，我弟亦已想到，甚好甚妥。但夫人未予同意，足证伉俪情切。先室平日于离别一事，亦最难予以同意，同一故耳。

承示注使内召，闻之快慰。注使擅长策划，胸有成作［竹］，且有胆识，非驻外小国足发展伊之才略也。伯言乞我弟为伊筹划一节，小兄绝对赞同，惟来院居住一节，面商代理院长，未得同意，嘱代告我弟，务祈鉴谅。缘院内迎宾馆专为神职班避静之用，偶有修士亲友前来勾留，亦不过一二星期。杨安然一弟一表弟来院避暑，实视同无家可归，颇有流落之苦，院内特发慈悲，作为例外。倘伯言兄欲来稍事休息，勾留一二星期，当可得代理院长同意，且可免费也。

《泛美维持和平条约》一册，系最后一本，我弟留念，暇时读之，窥见罗斯福胸中怀抱，令人钦佩。《教廷公约》一书译竣，亟愿拜读，并代作序言，亦所乐为。教廷驻使一节，早晚终须实行，此书可先作引导先锋，亦快事也。

回想日俄战事，前罗斯福居间调停。此次中日战争虽未宣战，事实存在，议和手续势所难免，倘由后罗斯福出场调停，亦天造地设之绝好机缘及难得的和事郎也。质诸我弟，以为可能否？英能从旁作友好之劝告，并介绍罗氏作调停人，必可得双方之同意，则国日战争，当可于捷克与德国的交涉案同时告一结束。世界幸甚，民国幸甚。小兄已加入祈祷中，望弟代祷尤感。匆匆奉复。祗请双绥。

金龄问好。

如兄　征祥手启

廿七、十、四

七十九

（1938 年 10 月 13 日）

黼斋老弟爱鉴：

奉十月八日手书，藉悉不久又将拔［跋］涉海洋，风尘辛劳，羡羡佩佩。承示注使调回内容，此系意中事，亦外交一途不可逃免之影响，小兄一生能避免之，非人力也，乃天命也。前盼弟重入外交，为国增光，固所切望，然不幸而遇与波兰认伪满同一的问题发生，则与注使受同样的影响，故屡以“国计民生”四字诱弟，未知尚记忆否？

另包寄上送宋前部长《本笃沿革小史》一册，内夹文肃《一字诀》小册子，送伊世兄妹，望便中面交，并代请安。前年在比都晤面，宋君迄今未忘于怀也。另纸附上书名，可否恳弟代购一册，并嘱铺中用红绒布装订，以寄桂林，赠马老夫子，预祝百岁之用。小兄去信，拟告老人作我两人名义之小纪念品，何如？值此全国焦土，人民涂炭，未便铺张，以此书作纪念，且望老人多活十年、廿年、卅年、四十年以至百六十九年（四十四页统计表），必可得老人欢心而鼓舞，提精振神也。屡次扰弟，不安之至，小兄实未敢以弟久作后方粮台，尚祈鉴谅是幸，统容面谢。专复。祇请双绥。

金龄问好。

如小兄　征祥手启

廿七、十、十三

前次吾弟回法，陪同夫人就医，未承示及一二，谅医士甚满足，无□碍也。附件阅后掷还，不急急也。祥又及

金龄读书一目十行，今日见之矣，喜出望外，老弟于女胜得一子，贺贺。

八十

(1938年11月2日)

黼斋吾弟爱鉴:

奉十月十六日惠书，承示夫人近体佳像及金龄每星期课程，快慰之至。“古之学者为己，今之学者为人”，金龄侄女当之无愧矣。小兄所放心者，老弟于忙碌之中读诗，安神寄心，最为难能而最可钦佩，养身养心两得之矣。

粤广、武汉之失陷，与我弟行期有加速或延缓之影响否？船期确定搭何国公司船以及船名，便中示知为盼。《长生秘诀》一书，拟加一小注，夹在书之首页，兹将拟稿附上，尚祈分神酌夺斧正寄下，以便缮写加入为祷。

俄国顾问葛诺发君与小兄多年旧交，五年以来，每届年终，伊寄赠比币千方，又由汉口茶叶公司寄送红茶四匣，成为惯例。小兄即以茶匣面赠院长，以千方购致邮票，历蒙南院长面允办理。此次我军退出武汉，谅葛君年终之举势必停止，因伊积资于公司股分居多。数年来此间邮资以宣扬公教刊物加倍，故已向比京友人借得千方，购买邮票，说明年前归还，故不得不告贷于我弟，以清此债，不致失信于比友。小兄已有我弟来比时留下之二百方，如荷慨汇比京友人八百方，凑成千方，于年前归清，则感谢不尽矣。既承厚爱，敢以作无厌之请，尚祈格外鉴谅是幸。专此。祗请日安。

如小兄　征祥手启

廿七、十一、二

附上拟稿乙件，去岁葛君汇款通知乙纸，阅后付丁可也。祥又及

另封寄上呈宋部长刊物一封，望便中面致尤感。祥又及

八十一

（1938年11月8日）

黼斋老弟爱鉴：

昨接比京友人信，欣悉我弟慨助比币千方，且感且惭，难以言喻，感弟恩爱，惭兄无厌。值此国难严重，个人生活困难之时，弟之用度有增，小兄未能体谅而反以加益之，扪心自问实有愧，尚祈格外原宥。

南文院长自今夏为小兄特立一流水账于本院，意隐示可取消院外账目，昨已函告比友，清算结账。此意由弟慷慨成全之，亦弟之赐也，感感谢谢。专此奉谢。祗请双绥。

如小兄　征祥手泐

廿七、十一、八，灯下

八十二

（1938年11月22日）

黼斋老弟爱鉴：

连接巴黎十一月七日、波萨义飞邮十一月十五日两信，欣悉此行海波不扬，顺风东渡，快慰快慰。

年终千方之请求，一因归还比都友人，以结束伊处流水账；二因葛诺发之每年赠款，亦拟先函致谢，并请停止。盖交情虽深，受之究觉不安于心，我弟代为想到，既有同心，更证爱我之无微不至，但不知何以报答。上主收我入院，佑助晋升铎品。每日登台献祭中，以我之祈祷，求主降福我弟全家，聊表感忱。铎品出诸主恩，降福亦出主赐，谓主代我报酬，非过言也。故弟之补助，受者小兄，报者上主也。

委办婚洗凭证，爱铎已拟定草稿，因双方生辰月日似有笔误之处，兹特另纸附上，以便核对寄还，即可缮正寄上。中航机桂林号被炸，副司机系子楷兄之亲弟。近接崇佺副司机遇险身死详情，及崇佑先生（长兄）追述亡弟生平，一家忠节，令人钦佩不置。小兄曾去函致唁，同时恳托子楷兄代订香港《大公报》一年，分五日或七日一寄。兹将子楷兄香港地址列下：香港巴丙顿道九号。倘我弟有便前往访问，并恳代询《大公报》定阅所费若干，望弟代还，如未代办，即托老弟代订一年。为免订双份，询明再订，较为妥帖。

又小兄入院已有十二个年头，除每日经课外，悉心研究我主救世工作，被钉十字架受难之□，乃救世工作之结晶也。苦难犹醉机，耶稣犹葡萄。葡萄藉醉机化发芬芳佳酿，耶稣以苦难完成救世工作，垂训后世，俾后人有所遵循而则效之。又于受难之前立祈祷，善长以教我人自卑自抑，恰恭恰敬，求主俯允所祷，藉得扶助慰藉。兹附上国际和平祈祷会祷文一纸，哂存作念。余容续闻。即请日安。

如小兄　征祥手启

廿七、十一、廿二

八十三

（1938年12月6日）

黼斋我弟爱鉴：

昨奉十一月廿六日哥伦布发手书，欣悉沿途海面镜平，亦无酷热，慰慰。屈指到港之日，即在目前，船中饱读史书，以作消遣尤慰。所谓友古人之友，有百利而无一弊者是也。

承示敌方民族之变迁，诚然以吾陈旧之手段，应付进化之兵器，势难制胜，亦系确论。然师出无名，古有明诫，众怒难犯，史证不爽。虽有坚甲利兵，尚须正其名，而得世界同情，谓之王师，庶几近矣。反之，惟有自取败亡耳。直质老弟，以为何如？我弟感想，小兄深知其隐，作我两人谈心，无恶不说，无隐不告，存诸心可也。

金龄论文以王维为题，小兄不知其详，容日内在《辞源》及《中国名人字典》翻阅考之。前由波萨义来信，并无致颂南兄信。《中国公教呼声》一书，现出有英文译版，交邮寄赠两册，其一仍请转呈。①

小兄平日注意祖国人物，性喜与之通问联络，宗旨在集思广益，增进识见，以彼此有益为本，并无私人希冀存其间也。我弟知我有素，敢且告之，故前途之接受，并有答复或无答复，既不计较，亦不介意，例如石曾先生之先例。故我弟对前方，亦无须稍露恢复之意思或神色也。

我弟欧亚奔走，风尘劳顿，加以时局之关心，小兄于季璋以作寿为乐事数语中，窥见弟之隐衷，实得小兄之同心而同以为乐事。此希望实现时，我两人之雀跃之手舞足蹈，真将不知老之将至矣，或竟有“三月不知肉味”之慨矣。可先发一笑，何如？

前函寄上生辰日期互相对换一节，望纠正见示，以便缮发证书。匆匆拉杂。祇请日安。

如小兄　征祥手泐

廿七、十二、六

① 原信“转呈”后被挖掉数字。

《近代史资料》总 146 号

主　　编　刘　萍
执行编辑　关　康
编　　辑　李学通
　　　　　张淑贤